LES NOUVELLES MENACES SUR NOTRE MONDE VUES PAR LA CIA

LES NOUVELLES MENACES SUR NOTRE MONDE VUES PAR LA CIA

Analyses, faits et chiffres

Préface d'Adrien Jaulmes
et Lucas Menget

ÉQUATEURS

Cet ouvrage est la traduction du rapport *Annual Threat Assessment of the US Intelligence Community*, de l'audition des responsables de la CIA devant la Chambre des Représentants au sujet de l'invasion de l'Ukraine par la Russie, des faits et chiffres tirés de *The World Factbook* publié par la CIA.

Traduction de l'anglais (États-Unis).

ISBN : 978-2-3828-4376-5.

Dépôt légal : avril 2022.

170 *bis*, boulevard du Montparnasse, 75014 Paris.

contact@editionsdesequateurs.fr
www.editionsdesequateurs.fr

SOMMAIRE

Préface 9

I. Évaluation annuelle des menaces de la communauté américaine du renseignement 21

Avant-propos 23

Chine 29

Russie 37

Iran 45

Corée du Nord 51

Sécurité sanitaire 55

Changement climatique et dégradation de l'environnement 61

Questions transnationales supplémentaires 65

Conflits et instabilité 79

II. Audition sur les menaces actuelles dans le monde 87

III. Analyses, faits et chiffres : Russie et Ukraine 121

Russie 123

Ukraine 147

IV. Analyses, faits et chiffres : anciens pays de l'empire soviétique 169

Pologne 173

Biélorussie 191
Sovaquie 209
Hongrie 225
Roumanie 241
Moldavie 257
Estonie 273
Lettonie 289
Lituanie 305

V. Analyses, faits et chiffres : Finlande 319
Finlande 321

PRÉFACE

La CIA est de retour. Depuis le début de la crise ukrainienne, la Compagnie a renoué avec sa mission première : le renseignement. Elle a aussi retrouvé son vieil adversaire : la Russie. Elle avait été créée pour la contrer il y a soixante-quinze ans, en 1947. Mais face à un ancien agent du KGB, Vladimir Poutine, maître des illusions et des manipulations, la CIA a inventé une nouvelle méthode : employer l'information non pas pour dissimuler, mais pour faire éclater la vérité. De façon inédite, les agents de l'ombre ont choisi comme arme la lumière.

Depuis les premières concentrations de troupes russes observées le long des frontières ukrainiennes en avril 2021, puis de nouveau à l'automne, l'administration américaine a choisi de pratiquement tout dévoiler de ce qu'elle savait des plans de Moscou. Jamais les États-Unis n'avaient rendu publiques autant d'informations et d'analyses, avec autant de détails, aussi rapidement et avec autant de constance. Au cours des mois et des semaines qui ont précédé l'invasion russe, les Américains ont fourni à leurs alliés et même publié des documents précis : des images satellites montrant les concentrations d'unités russes, les parcs d'artillerie et les blindés qui se massaient autour de l'Ukraine.

Vladimir Poutine et Sergueï Lavrov, son ministre des Affaires étrangères, répétaient qu'il ne s'agissait que de manœuvres d'entraînement, qu'ils n'avaient aucune intention d'envahir l'Ukraine et que les Américains lançaient de fausses accusations. Les Européens, qui avaient appris à se méfier des certitudes de la CIA, restaient circonspects. Même le gouvernement ukrainien de Volodymyr Zelensky considérait que Washington exagérait la menace. Et pourtant les informations fournies par la CIA ont continué d'affluer, précises, implacables, mises à jour régulièrement comme des observations météorologiques d'une tornade en formation.

Les renseignements divulgués n'étaient pas seulement des estimations numériques. Les Américains ont aussi dévoilé ce qu'ils savaient des plans russes. Ils ont révélé à l'avance l'existence d'équipes de sabotage envoyées en Ukraine pour désorganiser le pays, de complots visant à fomenter un coup d'État à Kiev, ou les opérations de provocation destinées à justifier une intervention. Ils sont allés jusqu'à révéler les opérations de désinformation du FSB et du GRU en préparation, comme la mise en scène filmée d'une attaque ukrainienne contre les territoires séparatistes du Donbass, avec des acteurs jouant les victimes, faux blessés et cadavres, qui aurait servi de prétexte à la Russie pour voler au secours de populations prétendument en danger. Ils sont même allés jusqu'à prévoir la date de l'attaque, après la fin des Jeux olympiques de Pékin.

L'ampleur et la qualité de ces révélations était sans précédents. Le monde de l'espionnage est un univers où le renseignement est précieux. Les services secrets ne partagent leurs trésors qu'avec parcimonie, uniquement avec leurs plus proches alliés, et souvent en échange d'autres informations. Aux États-Unis, seuls le Président et une poignée d'élus au Congrès, membres des commissions du renseignement au Sénat et à la Chambre, sont destinataires des renseignements classifiés de la CIA.

Par peur à la fois de compromettre leurs sources et de révéler à leurs adversaires l'étendue de leur savoir, les agences de renseignements ont aussi la hantise des fuites. La légèreté avec laquelle Donald Trump traitait les secrets de la CIA, montrant parfois des documents confidentiels à des responsables étrangers (comme Sergueï Lavrov) ou divulguant des informations mettant en danger les agents et les sources de la CIA, avait à plusieurs reprises alarmé les professionnels de Langley. L'extraction en 2017 d'un agent haut placé au Kremlin, exfiltré avec sa famille pendant de prétendues vacances au Monténégro, avant de réapparaître en Virginie dans la banlieue de Washington, DC, avait été attribuée à l'époque aux craintes de la CIA que sa couverture ait été compromise.

Le renseignement américain avait aussi perdu de sa crédibilité. Une succession d'échecs, comme de n'avoir pas pu empêcher les attentats du 11 septembre 2001, ou d'avoir dû monter de toutes pièces le dossier des armes de destruction massive de Saddam Hussein pour justifier l'invasion de l'Irak en 2003, avaient porté un coup à son aura, tout comme les révélations sur ses activités de surveillance domestique.

La guerre contre le terrorisme islamiste avait aussi transformé la CIA. L'agence avait dû justifier la pratique des « interrogatoires poussés », euphémisme désignant la torture, dans des centres secrets à l'étranger. Elle avait développé une force aérienne secrète de drones tueurs, indépendante de l'US Air Force, éliminant ses cibles grâce à ses avions sans pilote. Les années Trump, qui se méfiait de ses propres services de renseignement, et avait tendance à faire plus confiance aux autocrates étrangers, avaient porté un coup supplémentaire au moral de l'agence.

En renouant avec sa mission première, la CIA a retrouvé sa crédibilité en Ukraine.

Deux personnages ont joué un rôle clef.

Avec sa fine moustache, ses cheveux argentés et son élégance un peu désuète, William Burns, le nouveau directeur de la CIA, ressemble à un personnage de Graham

Greene. Ce diplomate de carrière a gardé les manières affables et le vocabulaire précis du Département d'État. Mais ce polyglotte, qui parle russe aussi couramment que l'arabe, a aussi une idée précise quant au rôle d'une agence de renseignement face à la subversion russe. Ancien ambassadeur à Moscou, il connaît la Russie, a vu son armée à l'œuvre en Tchétchénie, et surtout a rencontré à plusieurs reprises Vladimir Poutine.

Burns est un disciple de George Kennan, le grand ambassadeur américain qui mit en garde son pays contre les intentions de l'URSS en 1946, un an avant la création de la CIA et le début de la guerre froide. Son *Long Telegram* est resté l'un des documents fondateurs de la politique américaine vis-à-vis de Moscou. Ses mots résonnent encore aujourd'hui : « Le manque de respect des Russes pour la vérité objective – en fait, leur incrédulité quant à son existence même – les conduit à considérer les faits comme des instruments destinés à servir un objectif ou un autre. »

L'autre est Avril Haines, la directrice nationale du Renseignement, qui supervise les 16 agences fédérales américaines en charge du renseignement, et est la principale conseillère de Biden en la matière. Cette femme discrète a un profil encore moins classique. Ancienne adjointe au conseiller à la Sécurité nationale d'Obama, puis numéro deux de la CIA, cette juriste de formation au parcours excentrique, qui apprend le judo au Japon, tente de traverser l'Atlantique en Cessna, avant de devenir la patronne d'un café littéraire, suscite le respect partout où elle travaille.

Vous lirez dans ces pages leurs audiences devant la Commission du Renseignement de la Chambre des représentants. Leurs réponses sont précises, professionnelles, exemptes de spéculations.

Leur nouvelle méthode de lutte contre la désinformation, par la diffusion rapide de renseignements et analyses d'habitude classifiés, n'a pas dissuadé la Russie de lancer son offensive. Mais elle a privé Poutine de l'effet de surprise, et surtout lui a retiré l'initiative. Le maître ès manipulations s'est retrouvé constamment sur la défensive, contraint de réagir face à ses adversaires. L'ancien agent secret, paranoïaque et manipulateur, a aussi douté de son propre entourage, finissant par laisser ses propres généraux dans le doute sur ses intentions. Cette méthode a ensuite permis d'atténuer l'effet des fausses informations de Poutine. En inoculant la vérité comme un vaccin, elle a privé de leur effet les campagnes de désinformation russes.

La guerre de l'information n'est pas nouvelle. Dans les années 1970, sous la direction de Youri Andropov et au moment où Poutine rejoint ses rangs, le KGB lançait déjà des campagnes de désinformation contre les États-Unis, semant le doute et la zizanie, profitant de la crédulité des opinions publiques occidentales : la CIA a inventé le sida ou le virus Ebola, ou bien est responsable de l'assassinat de Kennedy. Le développement d'Internet a permis de reprendre ces méthodes à une échelle sans précédent. Via Facebook et les réseaux sociaux, la Russie désinforme, manipule, transforme sans vergogne les faits, semant la suspicion. L'enquête de Robert Mueller, ex-directeur du FBI, a exonéré faute de preuves Donald Trump de collusion avec la Russie mais a révélé l'ampleur phénoménale de la campagne de désinformation russe qui a semé les doutes et brouillé les cartes pendant la campagne électorale américaine de 2016.

La crise sanitaire mondiale de Covid, première pandémie de l'ère contemporaine, a partiellement masqué une autre épidémie, plus sournoise encore, et pour laquelle personne n'a encore trouvé de traitement efficace : la méfiance envers les faits, la croyance en des vérités multiples ou cachées. Le doute était déjà bien présent. Mais la Covid a donné une impulsion majeure à toutes les théories du complot, venant apporter une forme de « preuve », par exemple, de la collusion entre États et laboratoires pharmaceutiques dans le but évident de massacrer une partie de la population de la planète pour faire de la place à une élite mondialisée. En France, la méfiance a pu se déployer rapidement, à cause d'un terreau fertile. Une étude précise de la fondation Jean-Jaurès et de Conspiracy Watch de janvier 2018 montre que 55 % des Français estimaient alors que le ministère de la Santé travaillait avec le « Big Pharma » pour cacher la nocivité des vaccins. Une fois l'épidémie de Covid déclarée, cette portion de la population a vu sa croyance enfin « démontrée », et les sites conspirationnistes ont déployé toute leur puissance via les réseaux sociaux. Une partie de la population avait, de son côté, perdu toute foi dans l'Amérique après l'élection de Donald Trump, et les mensonges répétés à l'envi du plus puissant président du monde. Pourquoi croire, puisque tout portait à ne plus croire personne ? La vérité est finie, débarquée de son piédestal, et chacun peut construire la sienne. Médias, politiques, scientifiques, tous menteurs ! Des deux côtés de l'échiquier des extrêmes, ce complotisme s'est déployé pendant la campagne présidentielle française de 2022 : les Américains mentent (Trump en est la preuve), l'Europe et l'OTAN sont des émanations de ce mensonge mondial. Il y a un agenda caché, organisé en haut lieu et particulièrement à Washington, qui menace la planète. Vladimir Poutine, lui, n'a probablement rien manqué de ce spectacle offert par un Occident fracturé, où les manifestations contre le pouvoir alternaient avec la crise du « politique », envers qui est tournée toute la défiance. De sa datcha ou du Kremlin, entouré de conseillers aussi serviles qu'effrayés, il a dû savourer une réécriture de l'Histoire allant dans son sens. En France particulièrement, où l'antiaméricanisme est ancien et ancré.

La débâcle américaine de Kaboul, en août 2021, a été à ce titre déterminante pour construire une vérité alternative. La théorie selon laquelle la CIA avait créé les talibans et Al-Qaïda a repris du service à une vitesse impressionnante. Le choix de Joe Biden de se désengager et de laisser les talibans en maîtres de l'Afghanistan était la preuve que les Américains avaient tout prévu, depuis le début. Alors que la guerre soviétique de 1979 à 1989 dans le même pays était au contraire une opération «humanitaire» destinée à aider un pays ravagé par les bandits... Une terminologie qui va dès lors parfaitement coller à la fabrication du mensonge destiné à justifier l'invasion de l'Ukraine. Le pouvoir russe n'eut qu'à imposer à ses médias relais, nationaux et internationaux, cette réécriture de la tragédie afghane pour la faire coller à ses plans, là aussi relayée par hommes et femmes politiques de premier plan en France. À force d'être répétée («la communication est la répétition», disent les publicitaires), la petite musique d'une Amérique machiavélique devenue impuissante a fini par se faire une place, se diluer dans les discours et les croyances, chaque «camp» s'enfermant dans des silos cognitifs. Vladimir Poutine et Sergueï Lavrov annonçaient la nécessité d'un changement de régime à Kiev, pays dirigé par des bandits drogués et néonazis. Au mieux, on n'y croyait guère, au pire, on les prenait au sérieux.

C'était sans compter le changement de stratégie de la CIA. Quelque part entre les bureaux de Langley et ceux de la Maison Blanche, a été prise la décision de faire de la diffusion de l'information une arme.

Semaine après semaine, la CIA a rendu publics des documents inédits, prouvant par les faits l'avancée inéluctable de la machine de guerre russe sur le front ukrainien. Pourtant, peu ont accepté de les prendre au sérieux. Ces années noires de la CIA avaient laissé trop de traces pour qu'on les prît pour argent comptant. Journalistes et décideurs ont tordu le nez. La crise de confiance, majeure, a contraint les politiques, même s'ils ne doutaient pas forcément de la vérité des informations américaines, à les minimiser pour ne pas donner l'impression de suivre naïvement « une fois de plus » les espions américains. De nombreux alliés européens ont douté jusqu'au bout de ces informations. Le chef du BND, les services secrets allemands, se trouvait même à Kiev pour des rendez-vous le jour de l'invasion russe, et a dû repartir par la route.

Sauf que tout était vrai, et que William Burns ne mentait pas. Les faits, précis, documentés, analysés, comme ceux que vous allez lire dans les pages qui suivent, permettaient de comprendre à la fois la stratégie russe et sa duplicité permanente. Le combat à distance mené par la centrale américaine était en fait simple : faire éclater la vérité au grand jour pour empêcher la guerre.

Il a fallu un 24 février à 5 h 40 pour comprendre que la CIA disait la vérité. Bien sûr, elle avait son intérêt, et la Russie de Poutine reste son meilleur ennemi. Mais la réalité des bombes lâchées sur des habitations, des écoles, des hôpitaux en a surpris plus d'un. Y compris en Ukraine où la machine de propagande russe avait relativement bien fonctionné. En quelques jours, les documents fournis par les Américains sont ressortis. Ils étaient, la plupart du temps, exacts. La parole américaine, considérablement dévaluée, a été revalorisée. Et les mises en garde vérifiées ont obligé les pays européens les plus réticents à prendre position.

La puissance des réseaux sociaux a fait le reste pour convaincre les réticents. Le moindre bâtiment bombardé a été filmé, diffusé, comme les victimes civiles et militaires. Vladimir Poutine, engoncé dans sa vérité alternative, n'avait ni compris ni prévu la modernité et la force de la résistance ukrainienne. La promenade de santé pour prendre Kiev a rapidement tourné à une offensive militaire complexe et risquée pour ses propres troupes. L'Information, avec un grand I, l'a gênée. Elle n'émanait plus seulement d'une CIA honnie, mais d'hommes et de femmes, parfois russes, témoignant sur le terrain. Ça aussi, Burns l'avait anticipé, contrairement à ses homologues de Moscou. Le mur de censure érigé par le Kremlin dans toute la Russie se lézarde. Même à toute petite dose, les réseaux sociaux informent une partie des Russes de l'échec militaire probable de leur armée. Et si, à la fin, l'information pouvait gagner contre la propagande ?

Les informations que vous allez lire décrivent un état des menaces dans le monde, et pas uniquement dans le domaine militaire. On le sait, la guerre en Ukraine aura des répercussions alimentaires, et donc sociales, parce que le blé ukrainien nourrit une partie du monde. Mais il se peut aussi que la crise climatique rende caducs tous nos espoirs, ou qu'une nouvelle pandémie émerge, plongeant les dirigeants dans une stratégie de survie collective. Les auditions du directeur de la CIA à la Chambre des représentants nous éclairent sur l'intérêt du partage de l'information. Un dirigeant est rarement seul : son entourage et son opposition doivent l'aider à décider. À condition d'être informés, et pour ne pas avoir à dire bêtement : « On ne savait pas. »

L'Ukraine n'est pas la seule crise qui préoccupe les analystes de Langley, tant s'en faut. D'autres fronts gelés de la guerre froide sont vus comme des conflits potentiels. Le détroit de Formose est considéré par le renseignement américain comme le lieu d'un possible affrontement avec la Chine communiste, si Pékin recourt à la force contre Taïwan. Xi Jinping, qui a annoncé avec Poutine l'« amitié sans limites » entre leurs deux pays quelques semaines avant l'invasion russe de l'Ukraine, partage avec son allié une certaine franchise sur ses intentions. Il n'a jamais exclu le recours à la force pour « réunifier » l'île rebelle.

Entre les deux Corées, où la paix n'a jamais été signée depuis les années 1950, la course aux armements est une source supplémentaire d'instabilité. La Corée du Nord a depuis le début de l'année multiplié les tests de missiles balistiques et hypersoniques, dont des missiles intercontinentaux qui mettraient le territoire continental des États-Unis à portée de tir, et pourraient inciter Pyongyang à un aventurisme militaire.

Les capacités balistiques croissantes de l'Iran et celles de ses alliés houthis au Yémen continuent aussi de préoccuper le renseignement américain.

Toujours aux prises avec une pandémie mal jugulée, soumis à des soubresauts économiques aux effets imprévisibles, et à des changements climatiques qui s'accélèrent, notre monde est entré dans une zone de turbulences. Les puissances «révisionnistes» considèrent que le moment est venu de remettre en question les règles et les frontières. Le monde multipolaire souhaité depuis longtemps par les critiques de l'«hyperpuissance» américaine est là, et il n'est pas très stable. Une vision claire est plus que jamais nécessaire. Là non plus, les analystes de la CIA n'inventent rien. Tout est mis sous nos yeux.

Aux portes européennes de la Russie, les dirigeants savent bien ce qu'il peut se passer. Vladimir Poutine n'a jamais fait mystère de son envie de «reprendre» des territoires qu'il considère sortis par erreur de l'influence russe. Dès le déclenchement de l'offensive russe en Ukraine, les pays de l'est et du nord-est de l'Europe ont tremblé. Leur intégration progressive dans l'Union européenne et l'OTAN a provoqué la fureur du Kremlin, contenue et discrète d'abord, puis assumée et franche. Les armées de ces États ont placé tout ou partie de leurs troupes en état d'alerte, pendant que des avions russes survolaient leurs territoires, parfois équipés d'armes nucléaires. Intimidation ou provocation: si en Europe de l'Ouest ces manœuvres sont minimisées, elles sont prises très au sérieux à Varsovie, Tallin, Riga ou Vilnius.

Notre connaissance de la géographie et de l'histoire des pays de l'Europe de l'Est est souvent limitée. La partie orientale de notre continent a pourtant vécu au XXe siècle une expérience assez différente de la nôtre. La Seconde Guerre mondiale ne s'est pas achevée par une joyeuse libération en 1945 pour ces pays-là, mais par quarante-cinq ans d'occupation russe, qui ne s'est achevée qu'en 1989.

Et le souvenir de leur partage par Staline et Hitler en 1940, période historique rarement évoquée par Poutine, est resté vif. Les souverainistes ne se préoccupent guère de ces souverainetés-là, mais pour les trois pays baltes, la Lettonie, la Lituanie et l'Estonie, pour la Pologne, la Roumanie, la Bulgarie, la Moldavie et la Roumanie, l'OTAN n'est pas vue comme une expression de l'impérialisme américain, mais plutôt comme une garantie de leur indépendance et de leur récente expérience démocratique.

On lira ainsi dans les pages qui suivent que Moscou se préoccupe régulièrement du sort des 26 % de russophones qui vivent aujourd'hui en Lettonie. Un pays que la Russie n'a quitté qu'en 1994, et qu'elle considère encore dans son orbite naturelle, malgré l'indépendance acquise. On apprendra aussi que Vladimir Poutine a dénoncé l'accord frontalier signé en 2005 avec l'Estonie, estimant que le texte faisait référence à une occupation soviétique pour lui parfaitement normale. La Lituanie, membre de l'OTAN depuis 2004, compte 16 000 soldats d'active, a 1 768 kilomètres de chemin de fer, et 84 166 kilomètres de chaussée goudronnée. 13 % de ses exportations partent en Russie, et 61 aéroports sont en état de marche. Ces chiffres peuvent paraître arides : ils sont en fait essentiels pour connaître et comprendre le dynamisme et la modernité des voisins de la Russie. La CIA rend ces informations publiques et accessibles pour une raison simple : les Russes, eux, s'intéressent à ces données de très près.

Les analyses, faits et chiffres sont indispensables parce qu'ils sont ce que les démagogues de tous bords nient : des faits. On voudrait souvent nous faire croire qu'une opinion en vaut une autre. Peut-être. Un fait, lui, est une information. Et c'est sans doute ce qui éclaire le mieux dans le brouillard.

Adrien Jaulmes & Lucas Menget.

Note de l'éditeur. Cet ouvrage se compose du rapport intégral sur les nouvelles menaces, émanant du Renseignement américain, qui vient d'être rendu publique, des principaux passages de l'audition devant la Chambre des représentants des responsables du Renseignement, et notamment de la CIA, au sujet de ce rapport, des faits et chiffres donnés par la CIA sur la Russie, l'Ukraine, la Pologne, la Biélorussie, la Slovaquie, la Hongrie, la Roumanie, la Moldavie, l'Estonie, la Lettonie, la Lituanie et la Finlande.

PREMIÈRE PARTIE

ÉVALUATION ANNUELLE DES MENACES DE LA COMMUNAUTÉ AMÉRICAINE DU RENSEIGNEMENT

(7 février 2022)

AVANT-PROPOS

Au cours de l'année à venir, les États-Unis et leurs alliés seront confrontés à un environnement de plus en plus complexe et interconnecté en matière de sécurité mondiale, marqué par le spectre croissant de la concurrence et des conflits entre grandes puissances, tandis que les menaces collectives et transnationales qui pèsent sur toutes les nations et tous les acteurs se disputeront notre attention et nos ressources limitées.

Ces défis se joueront au milieu de perturbations mondiales continues causées par la pandémie de Covid-19, la controverse concernant les efforts mondiaux visant à faire face au changement climatique, les acteurs non étatiques de plus en plus puissants et l'évolution rapide de la technologie, le tout dans le contexte d'un ordre mondial en évolution, dans lequel la diffusion continue du pouvoir conduit les acteurs à réévaluer leur place et leurs capacités dans un monde de plus en plus multipolaire. Ces défis se recouperont et interagiront de manière imprévisible, entraînant des effets qui se renforceront les uns les autres et pourraient remettre en question notre capacité à réagir, mais aussi à saisir de nouvelles opportunités pour agir collectivement avec alliés et partenaires contre la menace renouvelée d'agression des États-nations et les menaces émergentes envers la sécurité humaine. L'évaluation annuelle des menaces 2022 met en évidence certains de ces liens, car elle fournit les évaluations fondamentales de la communauté du renseignement (CR) au sujet des menaces les plus urgentes pour les intérêts nationaux des États-Unis, tout en mettant l'accent sur leurs principaux adversaires et concurrents. Il ne s'agit pas d'une évaluation exhaustive de tous les défis mondiaux et elle exclut notamment toute évaluation de la vulnérabilité des adversaires des États-Unis. Elle tient compte des préoccupations opérationnelles, telles que les armes de destruction massive et le cyberespace, principalement dans les sections sur les acteurs de la menace, tels que la Chine et la Russie. La concurrence et les conflits potentiels entre États-nations demeurent une menace critique pour la sécurité nationale. Pékin, Moscou, Téhéran et Pyongyang ont démontré leur capacité et leur intention de promouvoir leurs intérêts aux dépens des États-Unis et de leurs alliés. La Chine est un concurrent de plus en plus sérieux, défiant les États-Unis dans de multiples domaines – en particulier l'économie, l'armée et la technologie –, qui fait pression pour changer les normes mondiales et menace potentiellement ses voisins. La Russie fait reculer Washington là où elle peut – localement et mondialement – en employant des techniques allant jusqu'à l'utilisation de la force.

En Ukraine, nous observons les résultats de la volonté accrue de la Russie d'utiliser les menaces militaires et la force pour imposer sa volonté aux pays voisins.

L'Iran restera une menace régionale s'adonnant à des activités d'influence malveillantes plus générales, et la Corée du Nord étendra ses capacités en matière d'armes de destruction massive tout en demeurant un élément perturbateur sur les scènes régionale et mondiale. Les principaux adversaires et concurrents des États-Unis améliorent leurs capacités militaires, cybernétiques et autres, et n'hésitent pas à s'en servir, ce qui augmente les risques pour les États-Unis et leurs alliés, affaiblissant notre dissuasion conventionnelle et aggravant la menace de longue date que représentent les armes de destruction massive. Alors que des États tels que la Chine et la Russie considèrent de plus en plus l'espace comme un domaine de combat, les discussions multilatérales sur la sécurité spatiale ont pris une plus grande importance comme moyen de réduction du risque d'une confrontation : elle affecterait la capacité de chaque État à opérer en toute sécurité dans l'espace.

Les effets persistants de la pandémie de Covid-19 continueront de peser sur les gouvernements et les sociétés, alimentant les crises humanitaires et économiques, les troubles politiques et la concurrence géopolitique alors que certains pays, tels que la Chine et la Russie, cherchent à prendre l'avantage en empruntant des voies comme la « diplomatie du vaccin ». Aucun pays n'a été complètement épargné et, même si un vaccin est largement distribué dans le monde, les répliques économiques et politiques se feront ressentir pendant des années. Certains pays à faible revenu fortement endettés sont confrontés à des reprises particulièrement difficiles et à la possibilité de crises en cascade conduisant à l'instabilité régionale, tandis que d'autres se replieront sur eux-mêmes ou seront inquiétés par d'autres défis. La Communauté du Renseignement continue d'enquêter sur l'impact préoccupant des incidents de santé anormaux et le danger qu'ils représentent pour le personnel américain. La dégradation écologique et le changement climatique alimenteront les épidémies, menaceront la sécurité alimentaire et hydrique et exacerberont l'instabilité politique et les crises humanitaires. La concurrence entre grandes puissances et les différends entre les nations riches et à faible revenu menaceront les progrès de l'action collective nécessaire pour atteindre les objectifs mondiaux de réduction des émissions de gaz à effet de serre.

D'autres défis transnationaux constitueront un éventail de menaces directes et indirectes pour les États-Unis. Ils interagiront de manière complexe les uns avec les autres et avec les menaces imposées par la concurrence des grandes puissances, les acteurs non étatiques de plus en plus puissants, la pandémie et le changement climatique. Les technologies émergentes et perturbatrices, la prolifération et l'imprégnation de la technologie dans tous les aspects de nos vies, posent des défis uniques. Le fléau de la criminalité transnationale organisée, des drogues illicites, de l'extrémisme violent et de la corruption endémique dans de nombreux pays alimentera les ravages sur la vie, la prospérité et la sécurité des Américains. Les cyber-acteurs étatiques et non étatiques bravent notre infrastructure et ouvrent la voie aux menaces d'influence étrangères contre notre démocratie. Nous verrons sans doute une augmentation de la migration en provenance d'Afghanistan, d'Amérique latine et d'autres pays pauvres, qui sont sous le choc des conflits et des retombées économiques de la pandémie de Covid-19. Les conditions économiques et politiques en Amérique latine continuent de déclencher des vagues de migration déstabilisant nos voisins du Sud et exercent une pression sur notre frontière. Enfin, l'État islamique, Al-Qaïda ainsi que l'Iran et ses alliés militants profiteront de la faiblesse de la gouvernance pour continuer à préparer des attaques terroristes contre les individus et les intérêts américains, y compris à des degrés divers aux États-Unis, et exacerberont l'instabilité dans des régions telles que l'Afrique et le Moyen-Orient.

L'instabilité régionale et les conflits menacent toujours les individus et les intérêts américains. Certains ont des implications directes pour la sécurité des États-Unis. Par exemple, la prise de contrôle de l'Afghanistan par les talibans met en péril les intérêts américains, notamment à cause d'une possible renaissance des refuges terroristes et d'une catastrophe humanitaire.

La poursuite des combats en Syrie a une incidence directe sur l'armée américaine, alors que les tensions entre l'Inde et le Pakistan, dotés de l'arme nucléaire, demeurent une préoccupation mondiale.

La violence répétée entre Israël et l'Iran, et les conflits dans d'autres régions – y compris l'Afrique, l'Asie et le Moyen-Orient –, ont le potentiel de s'intensifier ou de se propager, alimentant les crises humanitaires et menaçant les États-Unis, comme dans le cas d'Al-Shabaab, qui tire parti de l'instabilité persistante en Afrique de l'Est et du manque de capacité en matière de sécurité des États de la région pour menacer les intérêts et les vies américaines.

Le rapport annuel d'évaluation 2022 soutient les engagements de transparence du Bureau du directeur du renseignement national et perpétue la tradition qui consiste à fournir au public et au congrès américain des mises à jour régulières sur les menaces. La Communauté du Renseignement est vigilante dans la surveillance et l'évaluation des menaces directes et indirectes envers les intérêts américains et alliés. Dans le cadre de cet effort, les agents nationaux du renseignement travaillent en étroite collaboration avec des analystes de l'ensemble de la Communauté du Renseignement pour étudier l'éventail des menaces et mettre en évidence et à plus grande échelle les risques à court terme les plus probables et importants.

CHINE

ACTIVITÉS ET OBJECTIFS RÉGIONAUX ET MONDIAUX

Le Parti communiste chinois (PCC) poursuivra ses efforts pour réaliser la vision du président Xi Jinping : faire de la Chine la plus grande puissance en Asie de l'Est et une puissance majeure sur la scène mondiale. Le PCC s'efforcera d'exercer une pression sur Taïwan au sujet de l'unification, de saper l'influence américaine, de creuser des fossés entre Washington et ses partenaires et de favoriser certaines normes appuyant son système autoritaire. Cependant, les dirigeants chinois chercheront probablement des occasions de réduire les tensions avec Washington lorsque cela conviendra à leurs intérêts. La Chine maintiendra ses politiques économiques étatistes parce que les dirigeants chinois considèrent que l'orientation de l'État est nécessaire pour réduire la dépendance aux technologies étrangères, permettre la modernisation militaire et soutenir la croissance – assurer le règne du PCC et la réalisation de son projet de rajeunissement national.

- Pékin considère les relations américano-chinoises de plus en plus compétitives comme faisant partie d'un changement géopolitique historique et considère les mesures diplomatiques, économiques et militaires de

Washington contre Pékin comme une stratégie américaine pour empêcher la montée en puissance de la Chine et saper la domination du PCC.

- Le PCC intensifie ses critiques sur les échecs américains et ce qu'il considère comme leur hypocrisie, y compris le retrait d'Afghanistan et les tensions raciales aux États-Unis.
- Pékin combine de plus en plus sa puissance militaire croissante avec son poids économique, technologique et diplomatique pour renforcer le pouvoir du PCC, sécuriser ce qu'il considère comme son territoire souverain et sa prééminence régionale, et continuer sa quête d'influence mondiale.
- Cependant, la Chine est confrontée à une myriade de défis nationaux et internationaux – dans certains cas croissants – qui entraveront probablement les ambitions des dirigeants du PCC. Il s'agit notamment d'une population vieillissante, d'un niveau élevé de dettes des entreprises, des inégalités économiques et de la résistance croissante aux tactiques brutales de la Chine à Taïwan et dans d'autres pays.

La Chine utilise des outils coordonnés et pangouvernementaux pour démontrer sa force et obliger ses voisins à se soumettre aux préférences de Pékin, y compris ses revendications territoriales et maritimes et ses affirmations de souveraineté sur Taïwan.

- Pékin fera pression sur Taïwan pour qu'il s'oriente vers l'unification et réagira à tout ce qu'il considère comme un engagement accru entre les États-Unis et Taïwan. Nous nous attendons à l'intensification des frictions à mesure de l'accroissement par la Chine de son activité militaire autour de l'île et de la résistance des dirigeants taïwanais à la pression de Pékin en faveur de l'unification. Le contrôle de la Chine sur Taïwan perturberait probablement les chaînes d'approvisionnement mondiales en puces semi-conductrices, car Taïwan domine la production.

- En mer de Chine méridionale, Pékin continuera d'utiliser un nombre croissant de plates-formes d'application de la loi aériennes et maritimes pour intimider les demandeurs rivaux et signaler que la Chine a un contrôle efficace des zones contestées. La Chine fait également pression sur le Japon sur les zones contestées de la mer de Chine orientale.

Pékin continuera à promouvoir l'initiative «la Ceinture et la Route» pour étendre la présence économique, politique et militaire de la Chine à l'étranger. Il ajustera son approche de «la Ceinture et la Route» en réponse aux défis de la publicité et de la durabilité, et diversifiera la sélection des projets dans le but d'améliorer l'image de marque de l'initiative et de minimiser les critiques internationales. La Chine promouvra également de nouvelles normes internationales en matière de technologie et de droits de l'homme, mettra l'accent sur la souveraineté des États et la stabilité politique plutôt que sur les droits individuels. Elle continuera d'éroder les vestiges de la liberté à Hong Kong.

La Chine restera la principale menace pour la compétitivité technologique américaine alors que Pékin cible des secteurs clés et des technologies commerciales et militaires exclusives appartenant à des compagnies et institutions américaines et alliées. Pékin utilise une variété d'outils, de l'investissement public à l'espionnage, pour faire progresser ses capacités technologiques.

La volonté de Pékin d'utiliser l'espionnage, les subventions et la politique commerciale pour donner à ses entreprises un avantage concurrentiel représente non seulement un défi permanent pour l'économie américaine et ses travailleurs, mais fait également progresser la capacité de

Pékin à assumer le leadership des progrès technologiques et des standards mondiaux.

La Chine approfondira la coopération diplomatique, technologique et de défense avec la Russie pour défier les États-Unis.

CAPACITÉS MILITAIRES

La Chine continuera de poursuivre son objectif de former une armée de classe mondiale qui lui permettra de sécuriser ce qu'elle considère comme son territoire souverain, d'établir sa prééminence dans les affaires régionales et de projeter sa puissance à l'échelle mondiale tout en venant contrebalancer la supériorité militaire perçue des États-Unis.

- Pékin accélère le développement de capacités clés dont il pense que l'Armée populaire de libération (APL) a besoin pour affronter les États-Unis dans un conflit durable à grande échelle.

La marine et l'armée de l'air de l'APL sont les plus importantes de la région et continuent de déployer des bases et des moyens avancés qui améliorent la capacité de la Chine à établir une supériorité aérienne et déployer sa puissance. Les systèmes conventionnels à courte, moyenne et portée intermédiaire de la Force des fusées de l'APL (FFAPL) peuvent mettre en danger les forces et les bases américaines dans la région. En 2020, la FFAPL a mis en service son premier système d'armes hypersoniques opérationnel, le missile balistique à moyenne portée (MRBM) DF-17, qui pourrait défier les systèmes de défense antimissile américains.

Nous nous attendons à ce que l'APL continue de poursuivre la mise en place d'installations militaires à l'étranger et de signer des accords afin d'améliorer sa capacité à projeter sa puissance et à protéger les intérêts de la Chine à l'étranger.

ARMES DE DESTRUCTION MASSIVE

Pékin poursuivra la plus grande expansion de la force nucléaire et la plus large diversification de l'arsenal de son histoire. Il n'est pas intéressé par les accords restreignant ses plans et n'acceptera pas de négociations qui favoriseraient les États-Unis ou la Russie. La Chine est en train de constituer une force de missiles et de bombardiers nucléaires plus grande et de plus en plus efficace, plus résistante, plus diversifiée et en état d'alerte plus élevé que par le passé, y compris des systèmes de missiles nucléaires conçus pour gérer l'escalade régionale et assurer une capacité de frappe intercontinentale dans n'importe quel scénario.

- La Chine construit des centaines de nouveaux silos de missiles balistiques intercontinentaux (ICBM).
- En 2020, la Force aérienne de l'Armée populaire de libération (FAAPL) avait mis en service le bombardier H-6N à capacité nucléaire, fournissant une plateforme pour la composante aérienne de la triade nucléaire naissante de la RPC.
- La Chine a effectué un essai en vol de véhicule de glisse hypersonique qui a fait le tour du monde entier et atterri en Chine.

ESPACE

Pékin s'efforce d'égaler ou de dépasser les capacités spatiales américaines pour obtenir les avantages militaires, économiques et de prestige que Washington a accumulés grâce à son leadership spatial.

- La station spatiale chinoise a commencé ses missions d'assemblage et d'équipage en 2021, avec une capacité opérationnelle complète attendue entre 2022 et 2024. La Chine prévoit également de mener d'autres missions d'exploration lunaire, et elle a l'intention d'établir une station de recherche robotique sur la Lune et, plus tard, une base lunaire avec équipage intermittent.
- L'APL continuera d'intégrer des services spatiaux – tels que la reconnaissance et le positionnement par satellite, la navigation et le chronométrage – et les communications par satellite dans ses armes et ses systèmes de commandement et de contrôle afin de diminuer l'avantage américain en matière d'information militaire.

Les opérations de contre-espace feront partie intégrante des campagnes militaires potentielles de l'APL, et la Chine dispose d'armes spatiales destinées à cibler les satellites américains et alliés. L'APL met en service de nouvelles armes antisatellites terrestres et spatiales (ASAT) destructrices et non destructrices.

CYBERSÉCURITÉ

Nous estimons que la Chine représente la menace de cyberespionnage la plus large, la plus active et la plus persistante pour les réseaux gouvernementaux et ceux du secteur privé américains. Les projets de la Chine et l'exportation de technologies connexes augmentent les menaces d'attaques contre les États-Unis, la suppression du contenu de l'internet américain que Pékin considère comme une menace envers sa souveraineté et l'expansion de l'autoritarisme axé sur la technologie à l'échelle mondiale.

- La Chine est presque certainement capable de lancer des cyberattaques qui perturberaient les services d'infrastructures essentielles aux États-Unis, y compris contre les oléoducs, les gazoducs et les systèmes ferroviaires.

La Chine est à l'avant-garde mondiale dans la mise en place de surveillance et de censure pour surveiller sa population et réprimer la dissidence, en particulier parmi les minorités. Pékin mène des cyberintrusions affectant les citoyens américains et autres au-delà de ses frontières – comme le piratage contre les journalistes – pour contrer les menaces perçues contre le PCC et adapter ses tentatives d'influence.

- Les opérations de cyberespionnage de la Chine comprennent la compromission des entreprises de télécommunications, des fournisseurs de services gérés et de logiciels largement utilisés, et d'autres cibles potentiellement riches en opportunités en matière de collecte de renseignements, d'attaque ou d'influence.

INFLUENCE MALVEILLANTE

La Chine continuera d'étendre son service de renseignements mondial et sa posture d'influence secrète pour mieux soutenir les objectifs politiques, économiques et sécuritaires du PCC, défiant de plus en plus l'influence américaine. La Chine tente d'exploiter les doutes qui planent sur le leadership américain, de saper la démocratie et d'étendre son influence, en particulier en Asie de l'Est et dans le Pacifique ouest, qu'elle considère comme sa sphère d'influence traditionnelle.

- La Chine continuera à répandre la désinformation sur la Covid-19 et à minimiser ses échecs précoces tout en rejetant la faute sur l'Occident. Cette désinformation comprend des allégations selon lesquelles les États-Unis auraient créé la Covid-19.

- Pékin examine probablement les opérations d'influence russes divulguées publiquement et gagne de l'expérience grâce à des opérations sur les réseaux sociaux et d'autres technologies contre des sociétés en Asie et ailleurs.
- Pékin intensifie ses efforts pour façonner le discours public américain, faisant pression sur les opposants politiques et étouffant les critiques sur des questions comme la liberté religieuse, la répression de la démocratie à Hong Kong et l'oppression des Ouïghours ainsi que d'autres minorités.

RUSSIE

ACTIVITÉS ET OBJECTIFS RÉGIONAUX ET MONDIAUX

Nous nous attendons à ce que Moscou reste une puissance influente et un formidable défi pour les États-Unis dans un contexte géopolitique en mutation au cours de la prochaine décennie. La Russie continuera à poursuivre ses intérêts de manière compétitive, parfois conflictuelle et provocatrice, notamment en faisant pression pour dominer l'Ukraine et d'autres «pays proches», tout en explorant les possibilités de parvenir à une relation plus stable avec Washington.

- Nous estimons que la Russie ne veut pas d'un conflit direct avec les forces américaines. La Russie cherche un arrangement avec les États-Unis sur la non-ingérence mutuelle dans les affaires intérieures des deux pays et la reconnaissance par les États-Unis de la sphère d'influence revendiquée par la Russie sur une grande partie de l'ex-Union soviétique.
- Les responsables russes croient depuis longtemps que les États-Unis tentent de saper la Russie, d'affaiblir le président Vladimir Poutine et d'installer des régimes favorables à l'Occident dans les anciens États soviétiques et ailleurs, ce qui donne à la Russie une marge de manœuvre pour riposter.

La Russie continue de se préparer à une attaque militaire contre l'Ukraine, avec plus de 100 000 soldats massés près de la frontière ukrainienne, y compris les forces militaires russes en Biélorussie, en Crimée occupée et les forces séparatistes dans l'est de l'Ukraine. Moscou continue d'envoyer des renforts. À la mi-décembre 2021, la Russie a publié une déclaration exigeant que l'OTAN fournisse des garanties de sécurité formelles, notamment en mettant fin à la possibilité de l'Ukraine de rejoindre l'Alliance.

Nous estimons que Moscou continuera d'utiliser une gamme d'outils pour promouvoir ses propres intérêts ou saper les intérêts des États-Unis et de leurs alliés. Il s'agira principalement d'outils militaires, de sécurité et de renseignement, la coopération économique jouant un rôle moindre. Nous nous attendons à ce que Moscou s'insère dans des crises lorsque les intérêts de la Russie sont en jeu, que les coûts d'action anticipés sont faibles ou que la Russie voit une opportunité de capitaliser sur un vide de pouvoir.

La Russie continuera probablement d'étendre son empreinte militaire, de renseignement, de sécurité, commerciale et énergétique mondiale et de nouer des partenariats visant à saper les influences américaines et renforcer la sienne.

- Au Moyen-Orient et en Afrique du Nord, Moscou utilise son implication en Syrie, en Libye et au Soudan pour accroître son influence, saper le leadership des États-Unis, se présenter comme un médiateur indispensable et obtenir des droits d'accès militaires et des opportunités économiques.
- Dans l'hémisphère ouest, la Russie a élargi son engagement avec le Venezuela, soutenu Cuba et utilisé des ventes d'armes et des accords énergétiques pour tenter d'élargir l'accès aux marchés et aux ressources natu-

relles en Amérique latine, en partie pour compenser certains des effets des sanctions.

- Dans les anciennes républiques soviétiques, Moscou est bien placé pour accroître son rôle dans le Caucase et, s'il le juge nécessaire, intervenir en Biélorussie et en Asie centrale pour mettre fin à l'instabilité après des manifestations antigouvernementales généralisées, comme cela a été le cas en Biélorussie après les élections frauduleuses de 2020 et au début de cette année au Kazakhstan.
- Nous nous attendons à ce que la Russie continue d'utiliser l'énergie comme outil de politique étrangère pour contraindre la coopération et forcer les États à la table des négociations, comme elle l'a fait récemment en 2021, en arrêtant les exportations de charbon et d'électricité vers l'Ukraine. La Russie utilise également ses capacités dans le développement de vaccins contre la Covid-19 et la construction de réacteurs nucléaires civils comme un outil de puissance douce dans sa politique étrangère.

La Russie utilise la corruption comme un outil de politique étrangère efficace pour promouvoir ses objectifs géopolitiques et acheter de l'influence dans d'autres pays; cependant, il s'agit également d'une vulnérabilité intérieure à long terme ainsi que d'un frein à la performance économique de la Russie et à sa capacité à attirer les investissements.

- La Russie a utilisé la corruption pour aider à développer des réseaux privilégiés dans des pays tels que la Hongrie, la Bulgarie, la Slovaquie et l'Ukraine, afin d'influencer la prise de décision et d'aider à mener à bien ses objectifs de politique étrangère.
- Les Russes identifient régulièrement la corruption comme l'un des plus gros problèmes du pays, une

cause récurrente de manifestations et un thème clé de la campagne d'Alexeï Navalny, figure de l'opposition russe emprisonnée, contre le Kremlin.

- Nous estimons que la Russie devrait réduire la corruption et le contrôle de l'économie par l'État, et améliorer l'État de droit en Russie pour attirer les investissements et étendre la croissance au-delà de 1 à 3 % par an.

CAPACITÉS MILITAIRES

Nous nous attendons à ce que Moscou soutienne sa modernisation militaire et renforce ses armées, ce qui lui permettra de défendre la sécurité nationale de la Russie tout en accroissant son influence mondiale et en défiant les intérêts des États-Unis et de leurs alliés. Malgré la faible croissance des dépenses de défense, la Russie mettra l'accent sur le développement et l'acquisition de nouvelles armes qui présentent des menaces accrues pour les États-Unis et les acteurs régionaux tout en poursuivant ses engagements militaires à l'étranger, en menant des formations et en incorporant les enseignements tirés de son implication dans les conflits en Syrie et en Ukraine.

- Moscou a les moyens de déployer des forces dans des régions stratégiquement importantes, mais plus il se déploie loin de la Russie, moins il sera en mesure de soutenir des opérations de combat intensives.
- Le groupe Wagner et d'autres sociétés de sécurité privées gérées par des oligarques russes proches du Kremlin étendent la portée militaire de Moscou à faible coût dans des zones allant de la Syrie à la République centrafricaine et au Mali, permettant à la Russie de nier son implication et de se distancier des victimes sur le champ de bataille.

ARMES DE DESTRUCTION MASSIVE

Nous estimons que la Russie restera le rival le plus important et le plus puissant des États-Unis en matière d'armes de destruction massive dans un futur proche à mesure qu'elle étendra et modernisera ses capacités en matière d'armes nucléaires et augmentera les capacités de ses armes stratégiques et non stratégiques. La Russie reste également une préoccupation au sujet de la sécurité des matières nucléaires, malgré les améliorations apportées à la protection, au contrôle et à la comptabilité des matières sur les sites nucléaires russes depuis les années 1990.

- Moscou considère ses capacités nucléaires comme nécessaires pour maintenir la dissuasion et atteindre ses objectifs dans un conflit potentiel contre les États-Unis et l'OTAN, et considère qu'une dissuasion crédible par les armes nucléaires reste la caution ultime de la Fédération de Russie.
- Moscou continue de développer des systèmes de missiles à capacité nucléaire longue portée et des systèmes de distribution sous-marins capables de pénétrer ou de contourner les défenses antimissiles américaines.
- La Russie est en train d'étendre et de moderniser son ensemble vaste, diversifié et moderne de systèmes non stratégiques, capables de transporter des ogives nucléaires ou conventionnelles, car Moscou croit que de tels systèmes offrent des options pour dissuader ses ennemis, contrôler l'escalade des hostilités potentielles et contrer les troupes américaines et alliées près de sa frontière.

CYBERSÉCURITÉ

Nous estimons que la Russie restera l'une des principales cybermenaces à mesure qu'elle affinera et utilisera ses capacités d'espionnage, d'influence et d'attaque. Nous estimons que la Russie considère les cyberperturbations comme un levier de politique étrangère pour façonner les décisions d'autres pays, ainsi que comme un outil militaire et dissuasif.

- La Russie se concentre particulièrement sur sa capacité à cibler les infrastructures critiques, y compris les câbles sous-marins et les systèmes de contrôle industriel, aux États-Unis ainsi que dans les pays alliés et partenaires, car compromettre une telle infrastructure améliore et démontre sa capacité à endommager les infrastructures en cas de crise.
- La Russie utilise également des cyberopérations pour attaquer des entités qu'elle considère comme travaillant à saper ses intérêts ou à menacer la stabilité du gouvernement russe. La Russie tente de pirater des journalistes et des organisations du monde entier qui enquêtent sur les activités du gouvernement russe et, dans plusieurs cas, ont divulgué leurs informations.

INFLUENCE MALVEILLANTE

La Russie présente l'une des influences étrangères les plus menaçantes pour les États-Unis, en utilisant ses services de renseignement, ses intermédiaires et ses outils d'influence de grande envergure pour tenter de diviser l'Occident et accroître son influence dans le monde entier, tout en tentant de saper la position mondiale des États-Unis, d'amplifier la discorde à l'intérieur des États-Unis et d'influencer les électeurs et les décideurs américains. Nous estimons que Moscou s'appuiera probablement sur ces approches pour tenter de saper les États-Unis au fur et à mesure que des opportunités se présenteront – la Russie et ses acteurs d'influence sont doués pour capitaliser sur les événements actuels aux États-Unis et promouvoir des positions favorables à Moscou auprès du public occidental.

- Moscou considère presque certainement les élections américaines comme une opportunité d'influence malveillante dans le cadre de sa stratégie plus large de politique étrangère. Moscou mène des opérations d'influence contre les élections aux États-Unis depuis des décennies, y compris très récemment lors de l'élection présidentielle de 2020. Nous estimons que la Russie tentera probablement de renforcer les liens avec les Américains dans les médias et la politique dans l'espoir de développer de futures opérations d'influence. Moscou poursuivra presque certainement ces opérations en ligne aux États-Unis et dans des pays tels que la Biélorussie, l'Ukraine et d'autres pays clés pour la Russie. Il continuera également à chercher de nouvelles méthodes pour contourner les activités anti-désinformation des entreprises technologiques afin d'étendre davantage sa propagande à l'échelle mondiale.

ESPACE

La Russie restera un concurrent spatial clé, conservant un vaste réseau de satellites de reconnaissance, de communication et de navigation. Moscou se concentrera sur l'intégration des services spatiaux, comme les communications, le positionnement, la navigation et le chronométrage. La géolocalisation, le renseignement, la surveillance et la reconnaissance – dans ses armes et ses systèmes de commandement et de contrôle – permettront à Moscou d'identifier, de suivre et de cibler plus rapidement les satellites américains pendant un conflit.

Ces dernières années, la Russie a concentré ses efforts sur le développement de ses capacités spatiales civiles et commerciales. Moscou est capable d'utiliser ses satellites de télédétection civils et commerciaux pour compléter les capacités militaires dédiées qui réduisent la capacité des

États-Unis à effectuer des activités militaires sensibles sans être détecté. En plus d'améliorer sa capacité de lancement, la Russie s'efforce de financer les vols spatiaux habités pour les futures missions dans l'espace.

La Russie continue d'entraîner ses éléments spatiaux militaires et de déployer de nouvelles armes antisatellites pour perturber et affaiblir les capacités spatiales américaines et alliées, et elle développe, teste et met en service une gamme d'armes antispatiales destructrices ou non – comprenant des capacités de brouillage et de cyberespace, des armes à énergie dirigée, des moyens en orbite et des missiles antisatellites (ASAT) basés au sol – pour cibler les satellites américains ou alliés.

- La Russie investit dans la guerre électronique et les armes à énergie dirigée pour contrer les actifs occidentaux en orbite. Ces systèmes fonctionnent en perturbant ou en désactivant les capacités C4ISR de l'ennemi et en perturbant le GPS, les communications tactiques et satellitaires ainsi que les radars.
- La Russie continue de développer des armes antisatellites (ASAT) à ascension directe au sol capables de détruire des cibles spatiales en orbite terrestre basse.

IRAN

ACTIVITÉS ET OBJECTIFS RÉGIONAUX ET MONDIAUX

L'Iran continuera de menacer les intérêts américains alors que ce pays tente d'éroder l'influence des États-Unis au Moyen-Orient, d'enraciner son influence et de projeter sa puissance sur les États voisins, et de réduire les menaces envers la stabilité du régime. Téhéran tentera de tirer parti de son programme nucléaire en expansion, de la force de ses intermédiaires et de ses partenaires, de sa diplomatie et de ses ventes et acquisitions militaires pour faire avancer ses objectifs. Le régime iranien se considère comme coincé dans une lutte existentielle avec les États-Unis et leurs alliés régionaux, tout en poursuivant ses ambitions de longue date pour obtenir le leadership régional.

L'élection du président Ebrahim Raïssi en 2021 a encouragé le guide suprême Ali Khamenei à tenter de faire avancer son projet de transformer à long terme l'Iran en une puissance panislamique capable de défendre les causes musulmanes mondiales tout en resserrant son régime théocratique chez lui.

- Le régime est réticent à s'engager diplomatiquement avec les États-Unis sur un renouvellement du Plan d'action global commun (PAGC), même s'il aspire toujours à obtenir un allègement des sanctions. Les responsables de la ligne dure de l'Iran se méfient profondément de Washington et ne croient pas que les États-Unis puissent offrir ou maintenir des avantages qu'un PAGC renouvelé pourrait offrir.

Nous estimons que l'Iran menacera les citoyens américains directement et par le biais d'attaques par procuration, en particulier au Moyen-Orient. L'Iran reste également déterminé à développer des réseaux à l'intérieur des États-Unis – un objectif qu'il poursuit depuis plus d'une décennie. Les mandataires soutenus par l'Iran lanceront des attaques contre les forces et les personnes américaines en Irak et en Syrie, et peut-être contre d'autres pays et régions. L'Iran a menacé de riposter contre les responsables américains anciens et actuels pour l'assassinat du commandant Qasem Soleimani du Corps des gardiens de la révolution islamique-Force al-Qods (GRI al-Qods) en janvier 2020, et a déjà tenté de mener des opérations meurtrières aux États-Unis.

- L'Iran reste une menace pour Israël, à la fois directement par ses forces de missiles et indirectement par son soutien au Hezbollah libanais et à d'autres groupes terroristes.
- L'Iran restera un acteur problématique dans toute la région avec son soutien aux milices chiites irakiennes, qui sont la principale menace pour le personnel américain en Irak. Le soutien économique et militaire de l'Iran à un régime syrien voyou et la propagation de l'instabilité à travers le Yémen grâce à son soutien aux Houthis – comprenant une gamme de systèmes militaires avancés – constituent également une menace pour les partenaires et intérêts américains, y compris l'Arabie saoudite.

CAPACITÉS MILITAIRES

L'approche hybride de l'Iran au sujet de la guerre – utilisant à la fois des capacités conventionnelles et non conventionnelles – constituera une menace pour les intérêts américains dans la région dans un futur proche. Le GRI al-Qods et ses mandataires resteront au cœur de la puissance militaire iranienne.

- Malgré les défis économiques de l'Iran, Téhéran cherchera à améliorer et acquérir de nouveaux armements conventionnels.
- Les opérations de guerre non conventionnelles de l'Iran et le réseau de partenaires militants et de mandataires permettent à Téhéran de promouvoir ses intérêts dans la région et de maintenir une profondeur stratégique.

Les programmes de missiles balistiques de l'Iran, qui comprennent le plus grand inventaire de missiles balistiques de la région, constituent toujours une menace pour les pays du Moyen-Orient. Le travail des Iraniens sur un lanceur spatial (SLV) – y compris le Simorgh – les rapproche de la création d'un missile balistique intercontinental (MBIC), s'ils décidaient d'en développer un, parce que les SLV et les MBIC utilisent des technologies similaires.

QUESTIONS NUCLÉAIRES

Nous estimons toujours que l'Iran n'entreprend pas actuellement les principales activités de développement d'armes nucléaires qui, selon nous, seraient nécessaires pour produire un dispositif nucléaire. En juillet 2019, après le retrait des États-Unis des accords de Vienne de mai 2018, l'Iran a commencé à reprendre certaines activités qui dépassent les limites du PAGC. Si Téhéran ne reçoit pas d'allègement des sanctions, les responsables iraniens envisageront probablement d'enrichir davantage l'uranium jusqu'à 90 %.

- L'Iran a toujours présenté sa reprise des activités nucléaires comme une réponse réversible au retrait des États-Unis du PAGC et envoyé un message indiquant qu'il reviendrait à une conformité totale si les États-Unis levaient les sanctions et respectaient également leurs engagements envers le PAGC.
- L'Iran continue d'augmenter la taille et le niveau d'enrichissement de son stock d'uranium au-delà des limites du PAGC. Il persiste à ignorer les restrictions sur la recherche et le développement de centrifugeuses avancées et poursuit les opérations d'enrichissement d'uranium dans l'installation profondément enfouie de Fordow. L'Iran enrichit l'hexafluorure d'uranium (UF_6) jusqu'à 60 % d'uranium 235 depuis avril 2021 et continue d'accumuler de l'UF_6 enrichi jusqu'à 20 %. L'AIEA a vérifié que l'Iran menait des activités de recherche et de développement sur l'uranium métal, notamment en produisant des quantités d'uranium métal enrichies jusqu'à 20 % d'uranium 235.

INFLUENCE CYBERNÉTIQUE ET MALVEILLANTE

L'expertise croissante de l'Iran et sa volonté de mener des cyberopérations agressives en font une menace majeure pour la sécurité des réseaux et des données des États-Unis et de leurs alliés. L'approche opportuniste de l'Iran face aux cyberattaques rend les propriétaires d'infrastructures aux États-Unis susceptibles d'être pris pour cible par Téhéran, en particulier lorsque Téhéran estime qu'il doit démontrer qu'il peut rivaliser avec les États-Unis dans d'autres domaines. De récentes attaques contre des cibles israéliennes et américaines montrent que l'Iran est plus disposé qu'auparavant à cibler des pays dotés de capacités plus fortes.

- L'Iran a été responsable de multiples cyberattaques entre avril et juillet 2020 contre les infrastructures hydrauliques israéliennes. Cette perturbation des infrastructures critiques en Israël – cyberpuissance supérieure à l'Iran – reflète la volonté croissante de Téhéran de prendre des risques lorsqu'il estime que les représailles sont justifiées.

CORÉE DU NORD

ACTIVITÉS ET OBJECTIFS RÉGIONAUX ET MONDIAUX

Le dirigeant nord-coréen Kim Jong-Un poursuivra ses efforts afin d'étendre et renforcer les capacités nucléaires et conventionnelles de Pyongyang visant les États-Unis et leurs alliés, en utilisant régulièrement des actions agressives et potentiellement déstabilisatrices pour remodeler l'environnement de sécurité régional en sa faveur. Ces actions comprendront le développement et la démonstration de ses capacités, peut-être jusqu'à la reprise des essais d'armes nucléaires et de missiles balistiques intercontinentaux (MBIC)

- Nous estimons que Kim considère les armes nucléaires et les missiles balistiques intercontinentaux comme la caution ultime de son régime totalitaire et autocratique en Corée du Nord et croit qu'avec le temps il se fera reconnaître sur la scène internationale comme puissance nucléaire. Il ne considère probablement pas que le niveau actuel de pression sur son régime, les difficultés économiques résultant des sanctions et ses contre-mesures nationales contre la Covid-19 l'obligent à changer d'approche fondamentale.
- Kim vise également à atteindre le prestige comme puissance nucléaire et à exercer une domination stratégique sur la Corée du Sud. Kim continuera probablement à

essayer de saper l'alliance américano-sud-coréenne en alternant des périodes d'escalade et des gestes symboliques envers le Sud pour exploiter les différences entre l'approche de Washington et celle de Séoul pour résoudre le problème coréen.

- Nous estimons que la Corée du Nord continue de se livrer à des activités illicites, y compris le cybervol et l'exportation de produits interdits par l'ONU afin de financer les priorités du régime, y compris le programme d'armes de destruction massive de Kim.

CAPACITÉS MILITAIRES

La Corée du Nord constituera une menace sérieuse pour les États-Unis et leurs alliés en continuant d'investir dans des capacités de niche qui fourniront à Kim une gamme d'options pour dissuader toute intervention extérieure, compenser les lacunes persistantes des forces conventionnelles du pays, et faire avancer de manière coercitive ses objectifs politiques.

- Début 2021, dans un rapport public au huitième Congrès du Parti, Kim a identifié des priorités pour le développement de nouveaux systèmes d'armes, tels qu'un sous-marin à propulsion nucléaire, des planeurs hypersoniques, des missiles à propergol solide longue portée et plusieurs missiles à multiples ogives (MIRV). Bien que certaines de ces capacités soient des projets à plus long terme, nous estimons qu'elles représentent la volonté de Kim d'élargir et diversifier son arsenal au fil du temps.

Kim continue de donner la priorité aux efforts visant à construire une force de missiles de plus en plus performante conçue pour échapper aux défenses antimissiles américaines et régionales. Kim continuera probablement à commander des essais de missiles – y compris des missiles balistiques à courte portée, des missiles de croisière, des missiles balistiques lancés par des sous-marins et des planeurs hypersoniques – pour valider les objectifs techniques, renforcer la dissuasion et normaliser les essais de missiles de Pyongyang.

- En septembre 2021, la Corée du Nord a affirmé pour la première fois avoir testé un planeur hypersonique qui serait probablement capable d'atteindre des cibles dans la région. Elle a enchaîné avec deux autres essais en vol de missiles hypersoniques revendiqués en janvier 2022, démontrant son engagement à poursuivre le développement d'armes hypersoniques.

ARMES DE DESTRUCTION MASSIVE

Kim reste fermement engagé à élargir l'arsenal d'armes nucléaires du pays, à poursuivre la recherche et le développement de missiles balistiques. Le développement continu par la Corée du Nord de missiles balistiques intercontinentaux, à portée intermédiaire et à courte portée démontre son intention de renforcer sa capacité de frappe nucléaire.

- La production de matières fissiles se poursuit en Corée du Nord, qui maintient son programme de plutonium et élargit probablement son programme d'enrichissement de l'uranium.

En janvier, la Corée du Nord a commencé à poser les bases pour un accroissement des tensions, qui pourraient inclure l'utilisation de missiles balistiques intercontinentaux voire un essai nucléaire cette année – des mesures que Pyongyang n'a pas prises depuis 2017. Les essais en vol font partie des efforts de la Corée du Nord pour étendre le nombre et le type de systèmes de missiles capables d'envoyer des ogives nucléaires sur tout le territoire américain.

- La Corée du Nord continue de développer sa capacité de frappe nucléaire en mer. En octobre 2021, la Corée du Nord a testé en vol un nouveau missile balistique à courte portée.

Les capacités de la Corée du Nord dans le domaine des armes chimiques et biologiques restent une menace, et la Communauté du Renseignement craint que Pyongyang n'utilise de telles armes pendant un conflit, ou dans une attaque non conventionnelle ou clandestine.

CYBERSÉCURITÉ

Le cyberprogramme de la Corée du Nord pose une menace complexe en matière d'espionnage, de cybercriminalité et d'attaques. Pyongyang est bien placé pour mener des cyberattaques surprises en raison de son sens de la dissimulation et de sa tendance à prendre des mesures téméraires.

- Pyongyang possède probablement l'expertise nécessaire pour provoquer des perturbations temporaires et limitées de certains réseaux d'infrastructures importants et déstabiliser les réseaux commerciaux aux États-Unis.

Les cyber-acteurs liés à la Corée du Nord ont déployé des efforts d'espionnage contre un éventail d'organisations, y compris les médias, les universités, les entreprises de défense et les gouvernements, dans plusieurs pays.

SÉCURITÉ SANITAIRE

LES MALADIES INFECTIEUSES ET L'IMPACT DE LA PANDÉMIE DE COVID-19

La pandémie de Covid-19 a tué des millions de personnes et perturbé les vies du monde entier, avec des effets de grande portée s'étendant bien au-delà de la santé mondiale sur les sphères économique, politique et sociétale. Bien que les impacts les plus graves de la Covid-19 sur la santé diminuent à mesure que la couverture vaccinale mondiale augmente et que l'immunité naturelle se renforce, les pays du monde entier continueront de lutter contre la Covid-19 pendant l'année à venir. Les implications socio-économiques et politiques de la pandémie se répercuteront dans le monde entier pendant des années.

Les retombées économiques de la pandémie devraient continuer à interpeller les gouvernements et à freiner le développement humain et le bien-être, en particulier dans les pays à faible revenu. Le mécontentement de la société résultant de ces conditions pourrait aggraver l'instabilité dans certains pays et alimenter les poussées migratoires internationales, à mesure que les gens deviennent de plus en plus désespérés face aux pressions comme les ralentissements économiques soutenus.

- La pandémie de Covid-19 continuera d'accroître le fardeau de la dette, de limiter les dépenses publiques des pays pauvres et de provoquer une insécurité persistante du secteur de l'emploi, ce qui compromettra la stabilité économique et politique, en particulier dans les pays à faible revenu. Bien que le commerce mondial montre des signes de rebond après la récession induite par la Covid-19, les économistes avertissent que toute reprise cette année pourrait être perturbée par la poursuite ou l'expansion des effets de la pandémie : cela contraint de nombreux gouvernements à se concentrer sur la stabilité économique interne.
- Les retombées économiques de la Covid-19, combinées aux conflits et aux conditions météorologiques extrêmes, ont accru la faim dans le monde à son plus haut niveau en plus d'une décennie, ce qui augmente le risque d'instabilité. Le nombre de personnes confrontées à une insécurité alimentaire aiguë a doublé, passant de 135 millions en 2019 à plus de 270 millions en 2020, et devrait encore croître.

La Covid-19 continuera probablement de mettre à rude épreuve les systèmes de santé et de créer des conditions qui pourraient faciliter la propagation d'autres maladies infectieuses à l'échelle mondiale, y compris aux États-Unis.

- La pandémie a considérablement perturbé les services de santé essentiels – provoquant par exemple des manques de travailleurs de la santé, des retards dans les procédures non urgentes ou le refus de se rendre dans les établissements de santé par crainte d'être infecté par la Covid-19 – ce qui est susceptible d'aggraver les résultats en matière de santé et de continuer à entraver la capacité des pays à contrôler la maladie, en particulier les pays à revenu faible et intermédiaire.

- La grippe et d'autres maladies respiratoires saisonnières pourraient atteindre des niveaux anormalement élevés en 2022 avec la réduction des mesures d'atténuation de la Covid-19, qui ont freiné la circulation de ces maladies depuis le début de 2020 et, à leur tour, réduit le taux de population immunisée à ces infections.

Les pays du monde entier restent vulnérables à l'émergence d'un nouvel agent pathogène susceptible de provoquer une nouvelle pandémie dévastatrice. Les facteurs d'émergence de maladies persistent et sont en hausse, notamment la déforestation et d'autres empiétements sur des terres inhabitées, l'exploitation et le commerce de la faune, la production animale et le changement climatique. Ces facteurs sont aggravés par des éléments qui facilitent la propagation mondiale, tels que les voyages et le commerce internationaux, la surveillance et le contrôle inadéquats des maladies à l'échelle mondiale, la méfiance à l'égard des autorités de santé publique, la désinformation en matière de santé et les tensions exercées sur le système médical par la pandémie de Covid-19. Les maladies émergentes liées à l'agriculture, même celles qui ne nuisent pas directement aux humains, menacent de causer d'immenses dommages économiques et de perturber les approvisionnements alimentaires si elles se propagent à l'échelle mondiale ou dans de nouvelles régions.

ÉVALUATION DES ORIGINES DE LA COVID-19

La Communauté du Renseignement continue d'enquêter sur la façon dont le SRAS-CoV-2, le virus qui cause la Covid-19, a commencé à infecter les humains.

Elle estime que le virus est probablement apparu et a infecté des humains lors d'une exposition initiale à petite échelle qui s'est produite au plus tard en novembre 2019. Tous les organismes estiment que les deux hypothèses suivantes sont des explications plausibles de l'origine de la Covid-19 : l'exposition naturelle à un animal infecté et un incident en lien avec un laboratoire.

- Quatre éléments de la Communauté du Renseignement et le Conseil national du Renseignement évaluent avec un faible taux de fiabilité que l'infection initiale par le SRAS-CoV-2 a été probablement causée par une exposition naturelle à un animal infecté ou un virus parent proche – un virus qui serait probablement à plus de 99 % similaire au SRAS-CoV-2. Un élément de la Communauté du Renseignement évalue avec une confiance modérée que la première infection humaine par le SRAS-CoV-2 a très probablement résulté d'un incident de laboratoire, impliquant sans doute des expériences, manipulations ou échantillonnages d'animaux par l'Institut de virologie de Wuhan. Les analystes de trois éléments de la Communauté du Renseignement restent incapables de se mettre d'accord sur l'une ou l'autre de ces explications sans informations supplémentaires.
- Pékin persiste à entraver l'enquête mondiale, à refuser le partage d'informations et à blâmer d'autres pays, y compris les États-Unis.

ARMES BIOLOGIQUES

Les lacunes mondiales dans la préparation à la pandémie et les questions liées aux origines du virus Covid-19 et à la biosécurité peuvent inciter certains adversaires à envisager des options liées au développement d'armes biologiques.

- Alors que la Chine, l'Iran et la Russie ont continué de vanter publiquement les efforts individuels ou collaboratifs pour améliorer la biosécurité, ils ont également mis en avant des éléments de propagande qui stimulent davantage la perception de la menace : notamment les liens hypothétiques entre les laboratoires américains à l'étranger et l'origine de la Covid-19, les violations de la biosécurité, les vaccins peu fiables et les armes biologiques. Ce message sera probablement amplifié à l'approche de la Conférence d'examen de la Convention sur les armes biologiques et à toxines, qui devrait se tenir à la mi-2022.

- Les progrès rapides de la technologie à double usage, comme la bioinformatique, la biologie synthétique et la modification du génome, pourraient permettre le développement de nouvelles armes biologiques qui compliquent la détection, l'attribution et le traitement.

INCIDENTS DE SANTÉ ANORMAUX

Nous continuons d'examiner de près les incidents de santé anormaux et d'assurer des soins appropriés pour les personnes touchées. Les agences de la Communauté du Renseignement évaluent avec différents niveaux de fiabilité que la plupart des incidents de santé signalés peuvent être expliqués par des conditions médicales, ou des facteurs environnementaux ou techniques : il est peu probable qu'un acteur étranger – y compris la Russie – mène une campagne mondiale soutenue impliquant des centaines d'incidents sans détection. Cette constatation ne change rien au fait que le personnel américain rapporte des expériences réelles, et n'explique pas non plus tous leurs comptes-rendus. La Communauté du Renseignement continue d'enquêter activement sur la question des incidents de santé anormaux, en se concentrant particulièrement sur un sous-ensemble de cas prioritaires pour lesquels aucune cause n'a été exclue, y compris la possibilité d'implication d'un ou plusieurs acteurs étrangers.

CHANGEMENT CLIMATIQUE ET DÉGRADATION DE L'ENVIRONNEMENT

Nous estimons que le changement climatique exacerbera de plus en plus les risques envers la sécurité nationale des États-Unis à mesure de l'augmentation des impacts physiques et des tensions géopolitiques concernant la bonne façon de relever le défi. Dans le même temps, la dégradation de l'environnement se recoupera de plus en plus avec les effets du changement climatique et l'aggravera dans de nombreux pays, en particulier les pays à faible revenu.

- Les tensions géopolitiques sont susceptibles de s'accroître à mesure que les pays se disputent de plus en plus sur la manière d'accélérer les réductions des émissions nettes de gaz à effet de serre nécessaires pour atteindre l'objectif de l'Accord de Paris visant à limiter la hausse de la température mondiale à 1,5 °C depuis l'époque préindustrielle. La trajectoire actuelle de croissance des émissions mondiales de gaz à effet de serre, reposant sur les politiques et les engagements actuels des gouvernements, entraînerait une hausse de la température mondiale qui atteindrait 1,5 °C vers 2030 et dépasserait 2 °C d'ici le milieu du siècle.

- Les pays débattront pour savoir qui porte le plus de responsabilités dans la réduction des émissions et qui devra payer – et ils seront en concurrence pour contrôler les ressources et dominer les nouvelles technologies nécessaires à une transition vers une énergie propre. La plupart des pays seront confrontés à des choix économiques difficiles et compteront probablement sur des percées technologiques pour réduire rapidement leurs émissions nettes à l'avenir. La Chine et l'Inde joueront un rôle essentiel dans la détermination de la trajectoire de la hausse des températures.
- Les effets physiques croissants du changement climatique sont susceptibles d'exacerber les points chauds géopolitiques nationaux et transfrontaliers, produisant une instabilité supplémentaire. La réduction de la banquise amplifie déjà la concurrence stratégique dans l'Arctique pour l'accès à ses ressources naturelles et à ses routes maritimes. Ailleurs, à mesure de l'augmentation des températures et de la manifestation des effets les plus extrêmes, il existe un risque croissant de conflit autour de l'eau et de la migration, en particulier après 2030, et une probabilité croissante que les pays testent et déploient unilatéralement la géo-ingénierie solaire à grande échelle, créant ainsi de nouvelles zones de litiges.
- Les prévisions scientifiques indiquent que l'intensification des effets physiques du changement climatique jusqu'en 2040 et au-delà se fera le plus sentir dans les pays à faible revenu, qui, selon nous, sont également les moins en mesure de s'adapter à de tels changements. Ces effets physiques accentueront le potentiel d'instabilité et peut-être de conflit interne dans certains pays, créant parfois des exigences supplémentaires pour les ressources diplomatiques, économiques, humanitaires et militaires américaines. Malgré les avantages géographiques et financiers sur le plan des

ressources, les États-Unis et leurs partenaires font face à des défis coûteux qui deviendront plus difficiles à gérer sans efforts concertés pour réduire les émissions de gaz et le réchauffement des pôles.

L'utilisation non durable des terres, la mauvaise gouvernance de l'eau et la pollution recouperont et aggraveront à court terme les effets du changement climatique, principalement (mais pas exclusivement) dans les pays à faible revenu. La combinaison de la dégradation de l'environnement, de la hausse des températures, du changement des régimes de précipitations et d'autres effets climatiques est susceptible d'engendrer tout un spectre de défis humains tels que l'insécurité alimentaire et hydrique et diverses menaces pour la santé humaine.

QUESTIONS TRANSNATIONALES SUPPLÉMENTAIRES

INTRODUCTION

La pandémie et le changement climatique mettent en évidence les défis qu'un large éventail de problèmes transnationaux pose à la sécurité des États-Unis ; nous allons maintenant aborder plusieurs autres questions prioritaires. Certaines d'entre elles ont une conséquence directe et immédiate sur les intérêts américains, telles que le trafic de stupéfiants et le terrorisme. D'autres ont pour but de préparer l'avenir ou posent des défis chroniques et indirects, comme la corruption. Ces questions varient également dans l'ampleur des menaces qu'elles représentent, ayant un impact large et mondial ou causant des dommages locaux, voire individuels.

Les menaces transnationales interagissent dans un système complexe avec des menaces plus traditionnelles comme la concurrence entre grandes puissances, se renforçant souvent les unes les autres et créant des risques cumulatifs et en cascade pour la sécurité nationale américaine. Bon nombre de ces menaces reposent sur une gouvernance faible ou médiocre et une concurrence géopolitique.

Au cours de la dernière décennie, une érosion de la démocratie dans le monde entier, des pressions au sein des alliances américaines et différentes entraves aux normes internationales établies ont rendu plus difficile la lutte contre les défis transnationaux tels que le changement climatique et la pandémie, tout en créant de plus grandes opportunités pour les gouvernements et les groupes voyous d'opérer en toute impunité. Les interconnexions croissantes entre les pays, allant des chaînes d'approvisionnement aux réseaux sociaux, ont également créé de nouvelles possibilités d'ingérence et de conflits transnationaux.

La corruption illustre la complexité des questions transnationales, les relations entre elles et l'étendue de leurs implications pour les intérêts américains. La corruption constitue un défi chronique, mais prospère particulièrement dans les pays mal gouvernés. Elle peut saper les gouvernements et les économies faibles, contribuant à l'instabilité politique, au crime organisé et aux différends sur la migration, qui à leur tour peuvent alimenter une plus grande corruption. La corruption dans les transactions internationales peut coûter directement aux exportateurs américains des milliards de dollars de ventes, donner aux adversaires des États-Unis des ouvertures géopolitiques et soutenir les régimes qui violent les droits de l'homme. Cependant, la corruption peut aussi être positive, sapant la capacité et la crédibilité des régimes autoritaires.

Plusieurs défis transnationaux se distinguent par les menaces claires et directes qu'ils représenteront pour les intérêts américains au cours des prochaines années. Parmi ceux-ci figurent le développement rapide de technologies déstabilisatrices, y compris certaines qui changent la donne sur le champ de bataille, les menaces posées par la criminalité transnationale organisée et le terrorisme, et le défi des migrations internationales.

UTILISATION INNOVANTE DES NOUVELLES TECHNOLOGIES

De multiples tendances façonnent le paysage technologique des prochaines décennies. La convergence croissante de domaines apparemment sans rapport et la montée de la concurrence mondiale pour générer et verrouiller des avantages conduisent à une diffusion mondiale des technologies émergentes, à des délais de développement et de maturation des technologies de plus en plus courts, et à des frontières de plus en plus floues entre les milieux commerciaux et militaires, en particulier dans des domaines ayant un large impact sur les sociétés et les économies, tels que l'intelligence artificielle (IA), les biotechnologies, la robotique, l'automatisation, ainsi que dans les secteurs des matériaux intelligents et de la production industrielle

- Les technologies émergentes améliorent rapidement un large éventail d'expériences et de capacités humaines, mais au moins à court terme ces mêmes technologies perturbent les systèmes de longue date et la dynamique sociétale, forçant les individus, les communautés et les gouvernements à s'adapter et trouver de nouvelles façons de vivre, de travailler et de diriger. Comme pour toute perturbation, certaines prospéreront tandis que d'autres rencontreront des difficultés, potentiellement confrontées à des inégalités et des déséquilibres croissants.

Les utilisations novatrices des technologies éprouvées et nouvelles prolifèrent parmi un nombre croissant d'acteurs étatiques et non étatiques, ce qui constitue une menace directe et croissante pour les piliers traditionnels de la puissance militaire américaine que sont les lignes sécurisées de communication et d'organisation de l'arrière, la domination de l'air et de l'espace et la capacité de projection de puissance du pays.

Les menaces posées par les nouvelles technologies dépendront en fin de compte de la façon dont elles seront rendues opérationnelles par des acteurs individuels, chacun motivé par des objectifs, des perceptions, des forces et des vulnérabilités uniques.

- L'une des tendances les plus importantes et les plus actuelles dans les nouvelles technologies et armements militaires consiste en une combinaison croissante de grande vitesse, de longue portée, d'une plus grande maniabilité et d'une précision extrême. Ces progrès améliorent la capacité des acteurs à frapper à travers les continents ainsi qu'au niveau régional ou local avec des drones, des roquettes guidées, des obus d'artillerie et des mortiers. Les inventaires de frappes de précision à longue portée sont susceptibles d'inclure un nombre croissant de systèmes hypersoniques et hautement manœuvrables représentant un défi de taille pour ceux qui tentent de développer des contre-mesures pour détecter, suivre et intercepter ces armes rapides et faciles à manœuvrer. De nombreuses technologies auparavant réservées aux pays industrialisés avancés se répercutent sur des systèmes plus petits et moins coûteux, devenant ainsi plus disponibles dans le monde entier, comme on le voit dans l'utilisation récente de drones sur les champs de bataille par l'Azerbaïdjan et l'Éthiopie.
- Certaines technologies, telles que les systèmes hypersoniques et les efforts naissants pour rendre opérationnelle l'intelligence artificielle militaire, resteront probablement du ressort des grandes puissances et des États plus riches, mais à un coût relativement faible, et des systèmes plus largement disponibles, allant des cyber-outils aux véhicules aériens et navals sans pilote, pourraient être exploités par des puissances moindres et des acteurs non étatiques pour obtenir un impact élevé et même des bénéfices stratégiques.

- Nous sommes au milieu d'une expansion rapide de l'utilisation par les États et les non-États de véhicules sans pilote dans les domaines aérien et maritime : cela pourrait perturber le statu quo en partie car la défense aérienne et navale repose souvent sur l'hypothèse que la menace principale provient d'un nombre relativement faible d'unités avec équipage ou de missiles terrestres.

CRIMINALITÉ TRANSNATIONALE ORGANISÉE

Les organisations criminelles transnationales mondiales constituent une menace directe pour les États-Unis par le biais de la traite des êtres humains, de la production et du trafic de drogues illicites mortelles, de la cybercriminalité, de la criminalité financière et des stratagèmes de blanchiment d'argent qui érodent l'intégrité du système financier international. Les cybercriminels, en plus du hameçonnage et d'autres stratagèmes de fraude en ligne, augmentent également leurs attaques à l'aide de logiciels de rançon. Ces activités criminelles menacent également indirectement la sécurité nationale américaine en aggravant la corruption, la violence et les défis pour la gouvernance : elles sapent l'État de droit dans les pays partenaires, stimulent la violence, conduisent à des atrocités, et contribuent à la migration.

- La traite des êtres humains, y compris la traite à des fins sexuelles et le travail forcé, n'est pas seulement une violation des droits de l'homme et des libertés, mais aussi une menace pour la sécurité nationale américaine et le développement économique. Elle est rendue possible par des acteurs et des réseaux corrompus qui alimentent la croissance de la criminalité transnationale organisée.

Drogues illicites étrangères

Le trafic illicite de drogues par les organisations criminelles transnationales, en particulier les drogues synthétiques, met en danger la santé et la sécurité de millions de personnes aux États-Unis et entraîne jusqu'à mille milliards de dollars de pertes économiques directes et indirectes. La menace des drogues illicites atteint des niveaux historiques, avec plus de 100 000 décès par surdose de drogue aux États-Unis pour la première fois chaque année, principalement en raison d'un approvisionnement conséquent en opioïdes synthétiques provenant des organisations criminelles transnationales mexicaines.

- Les organisations criminelles transnationales mexicaines sont les principales productrices et fournisseuses de drogues illicites sur le marché américain. Elles produisent du fentanyl, de l'héroïne, de la méthamphétamine et de la marijuana au Mexique, et obtiennent de la cocaïne d'Amérique du Sud pour la faire entrer clandestinement aux États-Unis. Les organisations criminelles transnationales mexicaines chercheront probablement à continuer d'accroître leur capacité à produire du fentanyl fini.
- Depuis 2019, les organisations criminelles transnationales mexicaines sont passées de l'importation de fentanyl fini de Chine à la synthèse de fentanyl à partir de précurseurs chimiques, principalement venus de Chine aussi, en partie à cause du système de contrôle du fentanyl chinois. Les organisations criminelles transnationales mexicaines sont en mesure de contourner les contrôles internationaux sur les produits chimiques précurseurs en modifiant les équivalents et les méthodologies de synthèse et de production de produits synthétiques.
- Les batailles de territoire entre les organisations criminelles transnationales mexicaines qui se disputent les

routes et le territoire de la drogue ont entraîné des taux d'homicides constants et élevés depuis 2018, soit quatre fois plus hauts que les homicides aux États-Unis. Dans certaines parties du Mexique, les organisations criminelles transnationales utilisent des milliards de dollars issus du trafic de drogue pour intimider les politiciens et influencer les élections, aini que pour recruter et armer des combattants capables d'affronter les forces de sécurité gouvernementales.

Blanchiment d'argent et crimes financiers

Les organisations criminelles transnationales exploitent la finance américaine, les services et les secteurs manufacturiers en utilisant des stratagèmes complexes de blanchiment d'argent et de fraude.

- Les organisations criminelles transnationales génèrent des centaines de milliards de dollars de revenus en trafiquant des drogues illicites, d'autres biens et des personnes, par l'extorsion et le racket qui ciblent les citoyens américains, la production et la vente de marchandises contrefaites et volées aux marchés américains, et la gestion de stratagèmes de fraude financière.

Cybercriminalité

Les cybercriminels transnationaux augmentent le nombre, l'échelle et la sophistication des attaques de rançonnage alimentant un écosystème virtuel qui menace de provoquer de plus grandes perturbations des services critiques dans le monde entier. Ces criminels sont motivés par la promesse de profits importants, de zones sûres à partir desquelles opérer et d'une barrière technique empêchant l'entrée de nouveaux acteurs.

- De nombreux grands groupes transnationaux de cybercriminalité emploient des méthodes diverses qui touchent à la fraude directe par virement bancaire, ou utilisent d'autres formes d'extorsion à côté ou à la place des logiciels de rançonnage. En 2020, la compromission des e-mails professionnels, le vol d'identité, l'usurpation d'identité et d'autres stratagèmes d'extorsion se sont classés parmi les cinq stratagèmes cybercriminels les plus coûteux.

Les entités gouvernementales, les entreprises et autres organisations des États-Unis sont confrontées à un large éventail de menaces de rançonnage. En se concentrant sur les victimes dont les opérations commerciales manquent de résilience ou dont le socle de consommateurs est incapable de supporter les interruptions de service, les agresseurs innovent dans leur stratégie de ciblage, augmentant ainsi les paiements de rançon.

MIGRATION

Dans l'hémisphère ouest, des facteurs tels que les mauvaises conditions socio-économiques de longue date, les changements perçus sur la politique d'immigration et les possibilités d'emploi aux États-Unis continueront de stimuler la migration vers la frontière entre le Mexique et les États-Unis ; un nombre croissant de personnes du monde entier voient le transit par le Mexique comme un moyen d'atteindre les États-Unis. Les taux de criminalité élevés, la violence, la corruption, la faiblesse des marchés du travail et les mauvaises conditions de vie demeurent les principaux facteurs d'incitation à la migration à destination des États-Unis en provenance d'Amérique centrale et de Haïti parce que les pays d'origine n'ont pas la capacité de relever ces défis.

- L'assouplissement des restrictions de voyage liées à la Covid-19 et les perceptions de plus grandes possibilités d'emploi dans un contexte de reprise de l'économie américaine contribuent à une augmentation de la migration. Ces dynamiques, ainsi que les perceptions des politiques d'immigration américaines, détermineront le flux de migrants cette année.

Les disparités économiques et les effets des conflits et des conditions météorologiques extrêmes encourageront les migrations internes et internationales et augmenteront les flux de réfugiés. La migration et les déplacements augmenteront les besoins humanitaires et le risque de bouleversements politiques, exacerberont le risque d'autres crises sanitaires et faciliteront le recrutement et la radicalisation par les groupes militants, en particulier parce que la Covid-19 met à rude épreuve les mécanismes mondiaux de réponse humanitaire.

- Le nombre de personnes déplacées à l'intérieur de leurs propres frontières nationales continue d'augmenter, mettant à rude épreuve les capacités des gouvernements à prendre soin de leurs populations nationales et à atténuer le mécontentement public. L'Afghanistan est susceptible d'être une source croissante de migration mondiale en 2022, en raison de la réduction du soutien international, de la détérioration des conditions économiques et de la gouvernance répressive du régime taliban.

Les groupes criminels organisés transnationaux exploitent les migrants par l'extorsion, l'enlèvement, la traite des êtres humains et le travail forcé.

Les conflits au Moyen-Orient, en Afrique et en Europe, les actions agressives de la Russie à la périphérie de l'Europe, le possible renouvellement des efforts biélorusses pour alimenter la crise des migrants le long de la frontière avec la Pologne et la Lituanie, et la prise de contrôle de l'Afghanistan par les talibans pourraient déclencher davantage de migration vers l'Europe cette année ainsi que des réactions nationalistes. Les pays assistent à la montée de politiciens et de partis populistes qui font campagne sur la perte de souveraineté et d'identité.

- Le Haut-Commissariat des Nations unies pour les réfugiés (UNHCR) a estimé que 500 000 réfugiés afghans pourraient tenter de traverser vers les pays voisins si la situation en Afghanistan ne se stabilisait pas, et travaille avec les pays voisins pour se préparer à l'arrivée de réfugiés afghans.
- Depuis novembre 2020, le conflit dans la région éthiopienne du Tigré a fait empirer les conditions humanitaires et entraîné le déplacement d'au moins 2,1 millions de personnes à l'intérieur du pays. Le conflit en cours a également conduit les réfugiés à fuir vers les pays voisins, ce qui pourrait déstabiliser la région et entraînerait des migrants supplémentaires cherchant à se rendre en Europe.

TERRORISME MONDIAL

Le terrorisme demeure une menace persistante pour les citoyens et les intérêts américains dans le pays et à l'étranger. Les individus et les petites cellules terroristes inspirés par une variété d'idéologies et de motivations personnelles – y compris l'extrémisme violent sunnite, l'extrémisme violent à motivation raciale ou ethnique et l'extrémisme violent des milices – représentent probablement la plus grande menace terroriste pour les États-Unis. ISIS, Al-Qaïda et les terroristes alignés sur l'Iran tels que le Hezbollah libanais constituent probablement la plus grande menace pour les individus et les intérêts américains à l'étranger. La pression antiterroriste constante des États-Unis et de ses alliés a dégradé les capacités d'attaque extérieure de l'EI et d'Al-Qaïda, mais ces derniers aspirent toujours à mener des attaques aux États-Unis. Les conflits communautaires, l'insurrection et l'instabilité offriront presque certainement aux groupes terroristes des occasions constantes de recrutement de membres, d'acquisition de fonds financiers et d'établissement ou d'extension des bases sûres à partir desquelles préparer des attaques, notamment en reprenant des bases en Afghanistan. Les insurrections locales ont parfois renforcé leur légitimité djihadiste sunnite pour s'assimiler pleinement à l'EI et à Al-Qaïda, ce qui leur a permis de se renforcer et entraîné plus d'attaques, de morts, une plus grande influence territoriale et un meilleur contrôle. Les terroristes restent intéressés par l'utilisation d'agents chimiques et biologiques dans des attaques contre les intérêts américains, voire sur le sol américain.

État islamique

Les dirigeants de l'État islamique restent attachés à leur projet de création d'un soi-disant califat mondial basé en Irak et en Syrie et travaillent à reconstruire leurs capacités d'action et à user leurs opposants jusqu'à ce que les conditions soient mûres pour saisir et conserver le territoire. La menace de l'État islamique contre les personnes et les intérêts américains restera probablement plus grande dans les régions où le groupe a une présence opérationnelle ; l'idéologie et la propagande de l'État islamique, cependant, continueront presque certainement à inspirer des attaques en Occident, y compris aux États-Unis.

- En Irak et en Syrie, l'État islamique donnera probablement la priorité aux attaques contre des cibles militaires et civiles locales pour éroder la volonté guerrière de ses opposants, maintenir sa pertinence aux yeux des membres et partisans, et attiser les tensions religieuses et ethnosectaires. L'État islamique a ralenti son rythme opérationnel en Irak et en Syrie, probablement en raison de manques logistiques, financiers, de personnel et de leadership. Le groupe reste déterminé à libérer certains des 10 000 combattants de l'État islamique toujours détenus dans le nord-est de la Syrie.

- En Afghanistan, l'État islamique au Khorassan tente d'exploiter un afflux de fonds et de prisonniers évadés pour saper les talibans et se constituer une capacité d'attaque extérieure s'il arrive néanmoins à résister à la pression talibane.

Al-Qaïda

Al-Qaïda a de plus en plus transféré la responsabilité opérationnelle aux affiliés régionaux à mesure qu'elle s'est éloignée des complots centralisés. En raison des revers de leadership et sur le champ de bataille, Al-Qaïda est limitée dans ses efforts pour diriger un mouvement mondial unifié, mais elle tentera de maintenir sa présence en Afghanistan et de tirer parti des environnements opérationnels permissifs.

Al-Qaïda reste déterminée à frapper les intérêts américains ; elle est plus capable de les atteindre dans les régions où ses affiliés opèrent plutôt que directement sur le territoire américain. La principale menace d'Al-Qaïda pour les États-Unis à l'étranger émane des pays où ses principaux affiliés opèrent actuellement – le Yémen, la Somalie et l'Afrique de l'Ouest – et variera en fonction des circonstances locales, y compris les priorités des dirigeants affiliés et les conditions sur le champ de bataille.

Les hauts dirigeants d'Al-Qaïda n'ont pas de présence opérationnelle en Afghanistan, et la filiale du groupe, Al-Qaïda dans le sous-continent indien (AQIS), est faible. Al-Qaïda et AQIS ont salué le retour des talibans au pouvoir et sont susceptibles de maintenir leurs liens avec le régime.

- Al-Qaïda évaluera probablement sa capacité à opérer en Afghanistan sous les restrictions des talibans et se concentrera sur la conservation d'une zone sûre avant de chercher à mener ou à soutenir des opérations extérieures.

Hezbollah

Le Hezbollah libanais continuera de travailler avec l'Iran pour développer des capacités terroristes en complément des capacités militaires conventionnelles croissantes du groupe.

- Le Hezbollah cherche à affaiblir les influences américaines au Liban et au Moyen-Orient élargi, et maintient sa capacité de cibler les citoyens et les intérêts américains dans la région, dans le monde entier et, dans une moindre mesure, aux États-Unis.

Extrémistes violents étrangers à motivation raciale ou ethnique

Les extrémistes violents étrangers dont la motivation est raciale ou ethnique continueront très probablement de constituer une menace pour les États-Unis et leurs alliés. Ces acteurs s'appuient sur des liens transnationaux et adaptent les récits extrémistes violents autour des événements actuels, y compris lors du départ d'Afghanistan des États-Unis et de leur coalition en août 2021.

Ces extrémistes s'appuient sur une diversité d'idéologies, notamment la suprématie blanche, le néonazisme, les croyances culturelles et nationalistes d'exclusion et les théories du complot racial. Ils s'organisent principalement sur un certain nombre de plateformes en ligne, en particulier les podcasts, les applications et les réseaux sociaux cryptés.

- À la mi-2021, les extrémistes violents étrangers dont la motivation est raciale ou ethnique ont cherché en Europe à exploiter les craintes populaires d'une crise potentielle des réfugiés afghans similaire à l'afflux de réfugiés en provenance de Syrie en 2015 et 2016. Les sentiments xénophobes ont incité un nombre croissant de personnes à s'engager avec des groupes étrangers en Europe.

CONFLITS ET INSTABILITÉ

ASIE DU SUD

Afghanistan

La prise de pouvoir des talibans fait reculer les changements sociaux des deux dernières décennies et aggrave la crise humanitaire en Afghanistan, accentuant ainsi les perspectives de migrations et de déplacements.

- Les talibans organisent leur nouveau régime avec un parti pris pour les acteurs de longue date. Bon nombre des personnes nommées à des postes de haut niveau ont servi dans le dernier gouvernement des talibans et font l'objet de sanctions internationales. Peu de minorités ethniques et aucune femme n'ont été sélectionnées, et les talibans continueront probablement à résister à la pression internationale pour gouverner de manière plus inclusive.
- Dans tout le pays, la plupart des écoles de filles sont fermées et toutes les femmes, sauf quelques-unes, ont reçu l'ordre de rester à la maison après le travail. Dans certaines régions, les sanctions publiques sont revenues, ainsi que les restrictions sur la longueur de la barbe et les contrôles des médias. Cependant, les perspectives à court terme de résistance menaçant le régime sont faibles parce que de larges pans de la

population afghane sont las de la guerre et craignent des représailles des talibans, et les groupes armés restants manquent d'un fort leadership et de soutien externe.

- Les dirigeants talibans n'ont pas les ressources et les capacités techniques nécessaires pour empêcher une contraction économique majeure. Ils dépendront probablement de l'aide humanitaire pour soutenir certains services de base et préféreraient présider à un système économique plus rudimentaire et taxer le commerce de la drogue que d'accepter les conditions internationales afin d'obtenir une aide supplémentaire.
- Une majorité d'Afghans souffrent d'insécurité alimentaire en raison des effets du conflit, de la sécheresse et des perturbations liées à la Covid-19, et une nouvelle détérioration augmentera presque certainement les déplacements internes, pouvant entraîner des migrations internationales. Les flux de réfugiés pourraient augmenter si les talibans tentaient d'alléger la pression en permettant à des populations plus importantes de quitter l'Afghanistan ou si les conditions se détérioraient fortement.
- Les puissances régionales continueront de restreindre leurs intérêts et de chercher à élaborer des accords transactionnels avec les talibans tout en procédant prudemment avec une reconnaissance officielle. Ils auraient préféré un gouvernement plus inclusif, mais ils donnent la priorité à la stabilité et il est peu probable qu'ils interviennent d'une manière qui changerait considérablement le comportement des talibans.

Inde-Pakistan

Les crises entre l'Inde et le Pakistan sont particulièrement préoccupantes en raison du risque, aussi faible soit-il, d'un cycle d'escalade entre deux États dotés d'armes nucléaires. Le Pakistan soutient depuis longtemps des groupes militants anti-indiens. Sous la direction du Premier ministre Narendra Modi, l'Inde est plus susceptible que par le passé de répondre par la force militaire aux provocations pakistanaises perçues ou réelles. La perception des tensions accrues de chaque côté accroît le risque de conflit, avec des troubles violents au Cachemire ou une attaque militante en Inde comme potentielles poudrières.

Inde-Chine

Les relations entre New Delhi et Pékin resteront tendues à la suite de l'affrontement meurtrier de 2020, le plus grave depuis des décennies. Nous estimons que les positions militaires élargies de l'Inde et de la Chine le long de la frontière contestée augmentent le risque d'une confrontation armée entre deux puissances nucléaires qui pourrait impliquer des menaces directes pour les citoyens et intérêts américains et appellerait à une intervention des États-Unis. Les impasses précédentes ont démontré que la friction persistante de faible niveau sur la ligne de contrôle réel (LAC) a le potentiel de s'intensifier rapidement.

AUTRES RÉGIONS

Les conflits internes et interétatiques et l'instabilité continueront de constituer des menaces directes et indirectes pour les citoyens et les intérêts américains au cours de l'année à venir. Plusieurs menaces, que nous estimons particulièrement importantes, sont abordées ci-dessous.

Proche-Orient

Le Moyen-Orient restera une région caractérisée par des conflits persistants, avec des insurrections actives dans plusieurs pays, des affrontements entre l'Iran et d'autres pays, des mouvements de terrorisme et de protestation déclenchant des violences occasionnelles. La volatilité intérieure persistera alors que le mécontentement populaire et les griefs socio-économiques augmenteront, en particulier parce que la région fait face aux retombées économiques de la pandémie de Covid-19, ce qui renforce le risque de conflit interne ou international qui menacerait les citoyens et les intérêts de sécurité nationale américains.

- Les milices chiites soutenues par l'Iran sont susceptibles de poursuivre leurs attaques contre des cibles américaines en Irak, et l'EI reste une menace persistante. Le personnel américain serait également confronté à un danger si les manifestations populaires contre la corruption du gouvernement, le dysfonctionnement persistant à la suite des élections d'octobre 2021 et les mauvaises conditions économiques prenaient un tournant plus violent, ou si Bagdad était impliqué dans un conflit régional plus large.
- Les conflits, les difficultés économiques et les crises humanitaires vont accabler la Syrie au cours des prochaines années, et les menaces à l'encontre des forces américaines s'intensifieront. Le président Bachar al-Assad comptera sur le soutien de la Russie et de l'Iran et sur les progrès naissants qu'il a réalisés autour de la réintégration de la Syrie dans la région pour bloquer des négociations de paix significatives. Les forces américaines dans l'est de la Syrie seront confrontées à des menaces incessantes de la part de l'Iran, des milices soutenues par l'Iran et des groupes alignés sur le régime syrien. L'État islamique et Hurras al-Din planifieront probablement des attaques contre l'Occident à partir de leurs zones sécurisées dans le pays, et l'intensification des combats et du déclin économique pourrait entraîner une autre vague de migration.

Il y a une certaine volonté de réduire les conflits qui menacent les citoyens et les intérêts américains au Moyen-Orient. Des facteurs compensatoires – la peur accrue de l'Iran, les doutes sur la fiabilité des États-Unis et les impératifs économiques – encouragent les efforts visant à désamorcer les conflits. Les relations entre Israël et certains États arabes continuent de se réchauffer, l'isolement du Qatar de ses voisins diminue, certains États arabes s'efforcent de normaliser leurs relations avec Damas et d'encourager son retour dans la Ligue arabe, et les principaux États du Golfe discutent avec l'Iran, y compris son principal rival, l'Arabie saoudite.

Asie de l'Est

En plus du comportement provocateur de Pékin dans de nombreuses régions d'Asie, les développements intérieurs dans certains pays d'Asie de l'Est risquent d'exacerber les tensions sous-jacentes susceptibles de produire des conflits et de la violence.

- Les conditions sécuritaires et économiques de la Birmanie continueront probablement de se détériorer parce que le régime et l'opposition comptent sur le recours à la force pour tenter de mettre fin à l'impasse politique en cours et faire avancer leurs positions respectives. Les deux parties restent retranchées dans leurs positions et aucune n'est en mesure de l'emporter de manière décisive. La détérioration économique et la violence persistante, en plus de la pandémie actuelle de Covid-19, amplifieront la dégradation des conditions humanitaires dans le pays, comme les déplacements de population, l'insécurité alimentaire, et un système de soins de santé qui fonctionne mal.

Hémisphère ouest

L'Amérique latine et les Caraïbes vivront certainement des épisodes chauds d'instabilité au cours de cette année, sapant ou empêchant les partenaires fiables des États-Unis d'améliorer les conditions de vie, de lutter contre les flux illicites, contre le changement climatique et de repousser les influences étrangères. Dans de nombreux cas, la pandémie de Covid-19 a intensifié les niveaux élevés de mécontentement de la population face à l'aggravation des mauvaises conditions socio-économiques et des services publics qui a conduit à de grandes manifestations anti-gouvernementales. Les niveaux élevés de migration à destination des États-Unis en provenance d'Amérique latine et des Caraïbes persisteront au moins jusqu'à la mi-2022 car les facteurs économiques et d'insécurité sous-jacents restent inchangés et les migrants voient d'un œil favorable le marché du travail américain, les politiques d'immigration américaines et leur mise en application.

Afrique

Les gouvernements d'Afrique subsaharienne feront preuve d'une grande liberté dans leurs affaires étrangères, la communauté internationale reconnaissant l'importance de la région pour ses intérêts économiques et sécuritaires. Un grand nombre de citoyens américains seront menacés par un conflit dans plusieurs pays. Alors que la région cherche à redynamiser sa trajectoire ascendante à la suite des effets sociaux et économiques de la pandémie de Covid-19, elle continuera de faire face à des prix instables des marchandises, à une mauvaise prestation de services et à une corruption endémique, au stress des phénomènes météorologiques extrêmes et à l'insécurité due au terrorisme, à l'insurrection, à la violence sectaire et à l'instabilité politique.

- L'Afrique de l'Est connaîtra probablement de nouveaux épisodes de conflit au cours de l'année, car la région devient de plus en plus tendue par la guerre civile en Éthiopie, les luttes de pouvoir au sein du gouvernement de transition au Soudan, l'instabilité persistante en Somalie et une élection controversée au Kenya. En Éthiopie, les perspectives d'un cessez-le-feu à long terme restent minces car les belligérants ne croient probablement pas que l'autre partie négociera de bonne foi ou n'aura pas le droit d'être à la table, ce qui accroît les chances de conflits prolongés, d'atrocités et d'insécurité alimentaire. Il est presque certain que le Soudan s'engagera sur une voie longue et difficile vers une gouvernance civile qui dépendra de la réconciliation entre trois éléments opposés : le leadership des gardes armés, la coalition politique fragmentée et l'instabilité dans les rues. En Somalie, l'obsession aveugle des dirigeants pour le battage politique a conduit à la paralysie du gouvernement, élargissant l'ouverture pour al-Shabaab et augmentant le risque de flambées récurrentes de violence à Mogadiscio.
- En Afrique de l'Ouest, un mélange instable de recul démocratique, de violence intercommunautaire et de terrorisme menacera la stabilité de la région. Les récents transferts de pouvoir non démocratiques au Burkina Faso, au Tchad, en Guinée et au Mali mettent en évidence la fragilité de la région et, dans certains cas, la conviction parmi les citoyens que leurs gouvernements ne sont pas en mesure de fournir efficacement des services ou de gérer l'insécurité croissante. Certains des dirigeants qui restent au pouvoir se tournent vers des pratiques de gouvernance autocratiques, religieuses et centrées sur l'État, certains donnant la priorité à la sécurité dans les centres urbains clés tout en cédant des territoires ruraux aux djihadistes.

DEUXIÈME PARTIE

AUDITION SUR LES MENACES ACTUELLES DANS LE MONDE

Chambre des Représentants des États-Unis,
Commission permanente sur le renseignement

Washington, D.C.
Mardi 8 mars 2022

LA Commission se réunit, sur convocation, à 10h03, dans la salle 2175 du Rayburn House Office Building, sous la présidence de l'honorable Adam Schiff (Président de la Commission).

Présents : les Représentants Schiff, Himes, Carson, Speier, Quigley, Swalwell, Castro, Maloney, Demings, Krishnamoorthi, Cooper, Crow, Turner, Wenstrup, Stewart, Crawford, Stefanik, Mullin, Kelly, LaHood, Fitzpatrick, et Gallagher[1].

INTRODUCTION : LE FAISCEAU DES MENACES

ADAM SCHIFF (*Représentant Démocrate de la Californie*) : Nous tenons cette audition sur les menaces mondiales dans un contexte de crise internationale. Alors que nous sommes réunis ici aujourd'hui, la Russie poursuit une guerre contre l'Ukraine – coupable d'aucune provocation – et qui a fait des milliers de victimes, des millions de réfugiés, et un conflit qui ne semble que s'aggraver.

Au cours des deux dernières semaines, l'administration

1. Nous publions les principaux extraits de cette audition. Le découpage et les titres des interventions sont de l'éditeur. Les formules de convention ou de politesse ont été supprimées (NdE).

américaine a mené une campagne internationale massive pour s'assurer que Poutine et ses oligarques ressentent le coût de cette guerre horrible et brutale. En tant que démocrates et républicains, en tant qu'Américains, nous sommes solidaires du peuple ukrainien dans sa lutte héroïque. Alors que nous nous efforçons d'aider l'Ukraine à se défendre et d'obliger la Russie à faire face aux conséquences de son agression, nous sommes aujourd'hui dans une position plus assurée grâce au travail extraordinaire de la Communauté du renseignement. Au cours des derniers mois, la Communauté du renseignement a fourni des informations exceptionnelles sur la plausibilité d'une invasion russe.

La Communauté du renseignement a contribué à exposer le plan d'action de Poutine aux décideurs politiques, à nos alliés, à nos partenaires en Ukraine et au reste du monde. Et, dans une mesure sans précédent depuis que je suis membre de cette Commission, nous avons également rendu publics des renseignements très sensibles afin de perturber la planification et les activités malveillantes de la Russie. Nous sommes disposés à préparer le gouvernement ukrainien à se défendre et à rallier la communauté internationale.

La décision de la communauté internationale d'imposer des conséquences économiques sans précédent à la Russie et d'apporter une assistance militaire à l'Ukraine n'aurait pas été possible sans le travail de la Communauté du renseignement. Cette audition est l'occasion pour vous tous de mettre en lumière les menaces auxquelles nous sommes confrontés dans un monde plus complexe et plus dangereux. Nous assistons au plus grand conflit militaire en Europe depuis la Seconde Guerre mondiale. L'administration a clairement indiqué que nous ne placerons pas de forces militaires américaines dans le conflit en Ukraine. En conséquence, nous devrons compter sur d'autres capacités et accroître la coopération avec nos alliés de l'OTAN.

Nous sommes également confrontés à de nombreux autres défis stratégiques, de la montée en puissance d'une Chine de plus en plus belliqueuse aux menaces représentées par l'Iran et la Corée du Nord. Parmi les défis posés par ces États-nations et par des acteurs non étatiques figure l'utilisation de cyber-opérations qui continuent de cibler le gouvernement américain et le secteur privé. Les cyber-opérations offensives présentent un risque important pour notre pays et, alors que la crise en Ukraine se poursuit, nous devons être extrêmement vigilants.

Si certains de ces risques, comme le changement climatique ou les pandémies, sont souvent présentés comme des menaces douces, la réalité est tout autre. Les près d'un million d'Américains qui sont morts du Covid-19 le démontrent. En outre, le changement climatique est en passe de devenir le problème le plus urgent auquel les États-Unis et le reste du monde doivent faire face.

En octobre de l'année dernière, le Bureau du directeur du renseignement national a publié un rapport sur le changement climatique dans lequel il prévoit l'exacerbation des risques pour les intérêts de la sécurité nationale des États-Unis, à mesure que les impacts physiques augmentent et que les tensions géopolitiques s'intensifient sur la manière de relever ce défi. C'est un euphémisme. Au milieu de toutes ces menaces, il se joue une lutte globale entre la démocratie et l'autocratie. Les gouvernements autoritaires se sont enhardis grâce à la force et la technologie qui leur permettent d'imposer leur volonté tout en ignorant les droits de l'homme et les libertés fondamentales et en diffusant de dangereuses fausses informations. Pour répondre efficacement à l'une ou l'autre des menaces auxquelles nous sommes confrontés aujourd'hui, les États-Unis doivent rester fidèlement attachés à leurs valeurs et à la promotion de la démocratie et des droits de l'homme fondamentaux.

LA GUERRE EN EUROPE ET LES AUTRES MENACES NUCLÉAIRES

MIKE TURNER (*Représentant Républicain de l'Ohio, ancien président de l'Assemblée parlementaire de l'OTAN*) : Traditionnellement, lorsque nous organisons notre audition sur les menaces mondiales, la plupart des discussions sont théoriques : comment pouvons-nous nous préparer aux menaces émergentes ? Comment vérifier les menaces qui peuvent être imminentes ? Aujourd'hui, cette audition est très différente car la guerre a de nouveau éclaté en Europe.

Le président Zelensky a demandé à notre pays de lui fournir des armes afin qu'il puisse défendre sa nation et son peuple. Le président Zelensky a déclaré ouvertement que, si ces armes avaient été là plus tôt, elles auraient pu faire la différence. Il réclame maintenant des Mig (avions d'interception supersoniques) afin de pouvoir rivaliser avec les forces russes dans le ciel, et, une fois de plus, l'administration américaine tarde à répondre à cette demande.

Vladimir Poutine jette une ombre sur cette audition. C'est une guerre qui ne répond à aucune provocation contre un pays validement élu.

Le président Zelensky a demandé la création d'une zone d'exclusion aérienne au-dessus de l'Ukraine afin de mettre un terme au massacre d'innocents, hommes et femmes, qui fuient.

Malheureusement, nous ne sommes pas en mesure de les aider. L'administration et l'OTAN se tiennent à l'écart parce que Vladimir Poutine représente une menace nucléaire.

Les questions que je vous poserai aujourd'hui porteront sur la menace nucléaire à laquelle nous sommes confrontés en tant que nation, et pas seulement sur la guerre qui se déroule en Ukraine, mais sur la manière dont elle nous affecte, étant donné que Vladimir Poutine a ouvertement menacé nos alliés de l'OTAN et les États-Unis en ce qui concerne leurs capacités nucléaires.

Le président Obama, le 19 juin 2013, dans son discours en Allemagne, a appelé à une décroissance nucléaire. Malheureusement, comme nous le savons, davantage de pays détiennent aujourd'hui l'arme nucléaire que lors de la prise de parole du président Obama.

Cependant, nos capacités n'ont pas continué à croître. Elles ont continué à être négligées. Et cette administration n'a pas cherché à modifier nos politiques dans un sens qui renforcerait notre force de dissuasion.

Actuellement, un examen de la posture nationale est en cours, et je vais vous poser quelques questions sur votre participation à cet exercice et sur les conseils que vous pourriez prodiguer à ceux qui entreprennent cet examen, car le monde change.

Nous savons que la Russie développe Skyfall, une arme nucléaire en orbite, Poseidon, une arme nucléaire sous-marine sans équipage censée surgir sur les côtes d'un pays comme les États-Unis et attaquer nos villes, et Avangard, avec ses missiles hypersoniques déjà déployés. Par ailleurs, la Chine, qui vient de démontrer une capacité hypersonique orbitale ou suborbitale et a également été identifiée comme étendant ses champs de missiles balistiques intercontinentaux (ICBM), suscite des interrogations qui doivent être prises en considération dans les menaces auxquelles les États-Unis sont confrontés.

En ce sens, les gros titres se sont multipliés dans la presse : la Chine menace l'Australie d'une attaque de missiles ; la Corée du Nord menace d'une attaque nucléaire contre Washington, D.C. ; la Corée du Nord menace le Japon d'un véritable missile balistique ; la Corée du Nord menace de couler le Japon, de réduire les États-Unis en cendres et à l'obscurité ; l'Iran menace de rayer Israël de la surface de la Terre. Et, bien sûr, maintenant Poutine menace l'Occident d'une réponse russe immédiate aux conséquences jamais connues dans l'histoire.

Nous avons vu à Hawaï, lors de la fausse alerte d'une potentielle attaque nucléaire, la panique qui s'est ensuivie. Qu'y a-t-il de commun à tous ces pays en dehors du fait qu'ils sont dotés de la puissance nucléaire ? Ce sont aussi des régimes autoritaires, des pays qui ont un bilan terrible dans le domaine des droits de l'homme. Ils menacent notre population, leurs voisins, et leurs capacités nucléaires déstabilisantes constituent une menace pour les États-Unis.

Avec notre révision du dispositif nucléaire, nous avons l'occasion de modifier l'investissement dans nos moyens afin de nous élever au niveau de dissuasion nécessaire lorsque ces nations menacent les États-Unis et d'investir aussi dans nos capacités de défense antimissile.

EXPOSÉ D'AVRIL HAINES, DIRECTRICE DU RENSEIGNEMENT NATIONAL AMÉRICAIN, SUR LES MENACES EN 2022

AVRIL HAINES : De manière générale, l'évaluation de l'année se concentre sur les menaces et les conflits transnationaux des adversaires ainsi que sur les conflits et l'instabilité. Ces catégories se chevauchent souvent, et l'un des principaux défis est d'évaluer le croisement possible de ces menaces et tendances diverses afin d'identifier les cas où leurs interactions peuvent entraîner un risque fondamentalement plus élevé pour nos intérêts par rapport à ce qu'on pouvait attendre, ou les cas où elles pourraient présenter de nouvelles opportunités.

L'évaluation annuelle des menaces en 2022 met en évidence certains de ces liens, car elle fournit la base de référence de la Communauté du renseignement sur les menaces les plus pressantes pour l'intérêt national des États-Unis. L'évaluation commence par les menaces émanant d'acteurs étatiques clés, en commençant par la République populaire de Chine, qui reste une priorité incontestée pour la Communauté du renseignement, puis se tourne vers la Russie, l'Iran et la Corée du Nord. Ces quatre gouvernements ont démontré leur capacité et leur intention de promouvoir leurs intérêts d'une manière qui va à l'encontre des intérêts de la communauté internationale, de l'intérêt des États-Unis et de celui de ses alliés.

La République populaire de Chine fait de plus en plus concurrence à ses pairs dans des domaines importants pour la sécurité nationale, fait pression pour réviser les normes et les institutions mondiales à son avantage et défie les États-Unis dans de multiples domaines, mais surtout sur le plan économique, militaire et technologique.

La Chine est particulièrement efficace dans sa mobilisation de tout son gouvernement pour démontrer sa force et obliger ses voisins à se plier à ses préférences, y compris ses revendications territoriales et maritimes et ses affirmations de souveraineté sur Taïwan.

Le président Xi Jinping et les autres dirigeants chinois sont déterminés à imposer l'unification de Taïwan aux conditions de Pékin. La Chine préférerait une unification forcée afin d'éviter un conflit armé. En ce sens, elle intensifie depuis des années la pression diplomatique, économique et militaire sur l'île pour l'isoler et affaiblir la confiance dans ses dirigeants démocratiquement élus. Dans le même temps, Pékin se prépare à recourir à la force militaire si elle décide que cela est nécessaire.

La République populaire de Chine investit également, et de façon inégalée dans son histoire, dans l'expansion de sa force nucléaire et la diversification de son arsenal, s'efforce d'égaler ou de dépasser les capacités américaines dans l'espace et représente la menace de cyber-espionnage la plus large, la plus active et la plus persistante contre les intérêts du gouvernement et du secteur privé américains.

La Russie, bien sûr, reste également une priorité essentielle et fait l'objet d'une attention particulière en ce moment, à la lumière de la récente et tragique invasion de l'Ukraine par le président Poutine, qui a provoqué un choc dans l'ordre géopolitique, avec des implications futures que nous commençons seulement à comprendre, mais qui seront certainement lourdes de conséquences.

Comme vous le savez, la Communauté du renseignement nous a avertis des plans du président Poutine, mais il s'agit d'un cas dans lequel, je pense, nous souhaiterions tous avoir eu tort. L'invasion s'est en fait déroulée conformément à nos prévisions pour l'armée russe, mais se heurte à une résistance des Ukrainiens beaucoup plus importante que prévu et à de graves lacunes militaires.

L'incapacité de la Russie à s'emparer rapidement de Kiev et à submerger les forces ukrainiennes a privé Moscou de la victoire militaire rapide qu'elle escomptait probablement à l'origine et qui aurait empêché les États-Unis et l'OTAN de pouvoir fournir une aide militaire significative à l'Ukraine.

En outre, nous estimons que Moscou a sous-estimé la force de la résistance de l'Ukraine et les défis militaires sur place que nous pouvons observer : un plan d'action mal élaboré, des difficultés liées au moral des troupes et des problèmes logistiques considérables.

Ce qui n'est pas clair à ce stade, c'est si la Russie va poursuivre un plan maximaliste pour capturer la totalité ou la majeure partie de l'Ukraine, ce qui, selon nous, nécessiterait davantage de ressources alors même que l'armée russe a commencé à assouplir ses règles d'engagement pour atteindre ses objectifs militaires. Et s'ils poursuivent le plan maximaliste, nous estimons qu'il sera particulièrement difficile pour les Russes de tenir et de contrôler le territoire ukrainien et d'installer un régime pro-russe durable à Kiev face à ce que nous estimons être une insurrection persistante et importante.

Et, bien sûr, le bilan humain du conflit est déjà considérable et croissant. Les armées russe et ukrainienne ont probablement subi des milliers de pertes, on compte de nombreux décès de civils, et, bien sûr, plus d'un million de personnes ont fui l'Ukraine depuis l'invasion russe[1].

De plus, lorsque des unités russes lancent des frappes d'artillerie et aériennes sur des zones urbaines, comme elles l'ont fait dans des villes d'Ukraine et sur des infrastructures sensibles telles que la centrale nucléaire de Zaporizhzhia, les forces russes opèrent au minimum avec un mépris impudent pour la sécurité des non-combattants.

La Communauté du renseignement s'est engagée à fournir les informations à son réseau d'agences pour tenir la Russie et les acteurs russes responsables de leurs actions.

La réaction des pays du monde entier à cette invasion a été sévère. L'unité de l'Occident et l'imposition de sanctions et de contrôles des exportations ainsi que les décisions commerciales étrangères ont des effets en cascade sur l'économie russe. La crise économique que traverse la Russie exacerbe également l'opposition politique intérieure à la décision de Poutine d'envahir l'Ukraine.

La réponse unifiée de l'OTAN, la forte résistance des Ukrainiens sur le champ de bataille, la réponse rapide de l'Europe à l'invasion menée par la Russie – tant les mesures économiques que les actions que l'on a longtemps crues hors de portée, comme la fourniture d'une aide d'armement létal à l'Ukraine ou la fermeture de l'espace aérien de l'Union européenne aux avions russes – ont sans doute surpris Moscou.

Si Poutine a probablement anticipé bon nombre des sanctions actuelles lorsqu'il a évalué le coût de l'invasion, nous estimons qu'il n'a prévu ni le degré des mesures

1. À ce jour, plus de 3,5 millions (NdE).

punitives prises par les États-Unis, leurs alliés et leurs partenaires, ni le retrait de Russie d'acteurs du secteur privé. Néanmoins, nos analystes estiment qu'il est peu probable que Poutine soit dissuadé par de tels revers et qu'il préfère l'escalade, en redoublant d'efforts pour atteindre ses objectifs en Ukraine : la neutralité de celle-ci en matière de désarmement, pour l'empêcher de s'intégrer davantage aux États-Unis et à l'OTAN en l'absence d'une négociation diplomatique.

Nous estimons que Poutine se sent lésé par le manque de déférence de l'Occident à son égard et qu'il perçoit cette guerre comme celle qu'il ne peut se permettre de perdre. Mais ce qu'il pourrait être prêt à accepter comme une victoire est susceptible de changer au fil du temps étant donné les pertes importantes qu'il encourt. Les agitations du sabre nucléaire par Poutine vont dans le sens de cette évaluation.

L'annonce publique par Poutine de l'ordre donné aux forces nucléaires stratégiques de la Russie de passer en état d'alerte spéciale en réponse aux déclarations agressives, comme il les a appelées, des dirigeants de l'OTAN était extrêmement inhabituelle. Nous n'avons pas vu d'annonce publique de la part des Russes concernant un état d'alerte nucléaire renforcé depuis les années 1960, mais nous n'avons pas non plus observé de changements de posture nucléaire à l'échelle des forces qui aillent au-delà de ce que nous avons vu dans les moments précédents de tensions accrues au cours des dernières décennies.

Nos analystes estiment que la posture actuelle de Poutine vise probablement à dissuader l'Occident d'apporter un soutien supplémentaire à l'Ukraine alors qu'il anticipe une escalade du conflit. Poutine reste probablement convaincu que la Russie peut vaincre militairement l'Ukraine et veut éviter que le soutien occidental ne fasse pencher la balance et ne force à un conflit avec l'OTAN.

Quoi qu'il en soit, notre priorité numéro un en matière de renseignement est la défense de la patrie, et nous resterons vigilants en surveillant chaque aspect des forces nucléaires stratégiques de la Russie. Dans un climat aussi tendu, il existe toujours un risque accru d'erreur de calcul et d'escalade involontaire, que nous espérons contribuer à atténuer.

En outre, au-delà de l'invasion de l'Ukraine, Moscou représente une menace cybernétique sérieuse, un concurrent spatial clé et l'une des plus grandes menaces d'influence étrangère pour les États-Unis. À l'aide de ses services de renseignement, de ses mandataires et de ses outils d'influence de grande envergure, le gouvernement russe cherche non seulement à défendre ses propres intérêts, mais aussi à diviser les États-Unis, ses alliances occidentales, miner la position des États-Unis dans le monde, amplifier la discorde à l'intérieur des États-Unis et influencer les électeurs et la politique intérieure des États-Unis.

Enfin, l'Iran continue de menacer les intérêts des États-Unis en essayant d'éroder l'influence américaine au Moyen-Orient, d'asseoir son influence et de projeter sa puissance dans les États voisins, et de minimiser les menaces pour la stabilité du régime.

Pendant ce temps, Kim Jong-un continue d'étendre et d'améliorer régulièrement les capacités nucléaires et conventionnelles de Pyongyang en ciblant les États-Unis et leurs alliés, en recourant périodiquement à des actions agressives et potentiellement déstabilisantes pour remodeler l'environnement sécuritaire régional en sa faveur et pour renforcer son statut de puissance nucléaire *de facto*.

L'évaluation se concentre ensuite sur un certain nombre de menaces mondiales et transnationales clés, notamment la sécurité sanitaire mondiale, la criminalité transnationale organisée, le développement rapide de technologies déstabilisantes, les migrations climatiques et le terrorisme. Je soulève ces questions parce qu'elles présentent des défis d'une nature fondamentalement différente pour notre sécurité nationale de ceux issus des actions des États-nations, même aussi puissants que la Chine.

Nous observons la guerre entre la Russie et l'Ukraine et pouvons imaginer des solutions pour résoudre la crise, les étapes nécessaires pour y parvenir, même si elles sont désagréables et difficiles. De même, nous avons conscience de l'ensemble des défis résultant des actions de la Chine et nous pouvons discuter de mesures à prendre pour parvenir à des compromis.

Mais les questions transnationales sont plus complexes, nécessitent une collaboration multilatérale et, bien que nous puissions discuter des moyens de les gérer, elles demandent toutes de faire face à un ensemble de choix difficiles à démêler et qui nécessiteront peut-être plus de sacrifices pour apporter de réels changements.

. . . .

Cela ne reflète pas seulement l'étroitesse du lien entre tous ces problèmes mais le rôle déterminant que jouent certains acteurs non étatiques, de plus en plus puissants, dans leurs résolutions. Ils se substituent alors aux États qui ne sont plus en mesure de faire face aux menaces pesant sur eux.

Par exemple, les effets persistants de la pandémie de Covid-19 mettent à rude épreuve les gouvernements et les sociétés, alimentant les crises humanitaires et économiques, les troubles politiques et la concurrence géopolitique, notamment parce que des pays comme la Chine et la Russie cherchent à exploiter la crise à leur avantage.

Aucun pays n'a été complètement épargné et, même lorsqu'un vaccin sera largement distribué dans le monde, les contrecoups économiques et politiques se feront sentir pendant des années encore.

Les pays à faible revenu fortement endettés sont confrontés à des redressements particulièrement difficiles et au risque de crises en cascade menant à l'instabilité régionale, tandis que d'autres se replieront sur eux-mêmes ou seront accaparés par d'autres défis.

Ces changements vont stimuler les migrations dans le monde entier, y compris à notre frontière sud. L'impact économique a ramené de nombreux pays pauvres et à revenu intermédiaire des années en arrière en matière de développement économique et pousse certains pays d'Amérique latine, d'Afrique et d'Asie à se tourner vers la Chine et la Russie pour obtenir rapidement une aide économique et sécuritaire afin de gérer leur nouvelle réalité.

Nous constatons la même combinaison complexe de défis interdépendants découlant du changement climatique, qui exacerbe, aux États-Unis, les risques de sécurité nationale dans tous les domaines, mais en particulier concernant la dégradation de l'environnement et des défis sanitaires à l'échelle planétaire.

Le terrorisme, bien sûr, reste une menace persistante pour les citoyens comme pour l'État américain, tant sur notre sol qu'à l'étranger, bien que les implications du problème évoluent. En Afrique, par exemple, où les groupes terroristes gagnent clairement en puissance, le chevauchement croissant entre le terrorisme, l'activité criminelle et les réseaux de contrebande a sapé la stabilité du gouvernement, contribué aux coups d'État et à l'érosion de la démocratie, et a conduit les pays à se tourner vers des entités russes pour les aider à gérer la situation.

Les organisations criminelles transnationales continuent de poser un problème direct à la communauté internationale et constituent une menace pour les États-Unis à travers la production et le trafic de drogues illicites mortelles, les vols massifs, y compris la cybercriminalité, la traite des êtres humains, les crimes financiers et les systèmes de blanchiment d'argent.

Les drogues représentent aujourd'hui une menace inédite, causant plus de 100 000 décès par overdose aux

États-Unis chaque année, principalement en raison d'un approvisionnement important en opioïdes synthétiques provenant d'organisations criminelles mexicaines transnationales. En bref, l'environnement de sécurité mondial interconnecté est marqué par le spectre croissant de la concurrence et des conflits entre grandes puissances, tandis que les menaces transnationales qui pèsent sur toutes les nations et tous les acteurs se disputent non seulement notre attention, mais aussi nos ressources limitées.

Enfin, l'évaluation se penche sur les conflits et l'instabilité en soulignant une série de défis régionaux importants pour les États-Unis, la violence itérative entre Israël et l'Iran, les conflits dans d'autres régions dont l'Afrique, l'Asie et le Moyen-Orient qui ont le potentiel de s'intensifier ou de s'étendre en alimentant des crises humanitaires et en menaçant les citoyens américains.

L'Afrique, par exemple, a connu six transferts de pouvoir irréguliers depuis 2020 et connaîtra probablement de nouveaux épisodes de conflit au cours de l'année à venir, la situation étant de plus en plus tendue dans la région en raison du recul de la démocratie, des violences intercommunautaires et de la menace constante de terrorisme transfrontalier : un cocktail explosif.

. . . .

Pour conclure, je tiens à souligner l'importance des efforts déployés pour améliorer notre capacité à partager les renseignements et les analyses avec nos partenaires et alliés au sein de la Communauté du renseignement. Nous avons vu, dans notre approche de la menace qui pèse sur l'Ukraine, que le partage des renseignements et des analyses a porté ses fruits en contribuant à faciliter l'action collective contre la menace renouvelée d'une agression par un État-nation.

. . . .

AUDITION DE WILLIAM BURNS, DIRECTEUR DE LA CIA, ET DU LIEUTENANT-GÉNÉRAL SCOTT BERRIER, DIRECTEUR MILITAIRE DU RENSEIGNEMENT, SUR LA GUERRE EN UKRAINE

ADAM SCHIFF (*Président de la Commission*) : La Russie rencontre une résistance plus importante que prévu en Ukraine et subit des revers significatifs face à une opposition ukrainienne très déterminée. Néanmoins, rien ne montre que Poutine cherche une désescalade. En effet, la campagne russe de plus en plus brutale suggère que Poutine compte bien redoubler d'efforts. Monsieur le Directeur Burns, vous avez traité avec Poutine pendant de nombreuses années. Tout d'abord, quelle est votre estimation du nombre de soldats russes tués jusqu'à présent ? Et combien de blessés ? Et, sur la base de votre expérience avec Poutine, que faudrait-il pour faire dévier les plans de Poutine en Ukraine ?

WILLIAM BURNS : Je pense que Poutine est déterminé à dominer et à contrôler l'Ukraine, à façonner son avenir. Vous savez, c'est une question de conviction personnelle profonde pour lui, il baigne dans un mélange inflammable de ressentiment et d'ambition depuis de nombreuses années. Cette conviction personnelle compte plus que jamais dans le système russe. Il a créé un système dans lequel son propre cercle de conseillers est de plus en plus étroit, encore davantage réduit par le Covid. C'est un système dans lequel le fait de remettre en question ou de contester son jugement peut sérieusement mettre en difficulté la carrière des individus. Je pense qu'il est donc parti en guerre sur la base, Monsieur le Président, d'un certain nombre d'hypothèses qui l'ont amené à croire qu'il faisait face, que la Russie faisait face, à un environnement favorable à une utilisation de la force contre l'Ukraine cet hiver. Premièrement, l'Ukraine, à son avis, était faible et facilement intimidable. Deuxièmement, les Européens, en particulier les Français et les Allemands, étaient occupés par les élections en France et la passation de pouvoir en Allemagne, et n'avaient aucune envie de prendre des risques. Troisièmement, il pensait avoir mis son économie à l'abri des sanctions, en créant un important trésor de guerre en devises étrangères. Et quatrièmement, il était convaincu d'avoir modernisé ses forces armées et d'être capable de remporter une victoire rapide et décisive à un coût moindre. Il s'est avéré qu'il avait tort sur toute la ligne. Ces hypothèses se sont révélées profondément erronées au cours des douze derniers jours de conflit. Le président Zelensky, comme vous l'avez mentionné, Monsieur le Président, et comme l'a mentionné le vice-président, s'est montré à la hauteur de la situation et a fait preuve d'un leadership courageux et admirable, et les Ukrainiens ont résisté avec acharnement. Deuxièmement, les Européens ont fait preuve d'une remarquable détermination, en particulier les Allemands. Troisièmement, les conséquences économiques des sanctions adoptées jusqu'à présent se sont révélées dévastatrices pour la Russie, notamment contre la Banque centrale russe, privant Poutine de la capacité qu'il supposait avoir de défendre le rouble. Et quatrièmement, les performances de sa propre armée ont été largement inefficaces.

Au lieu de s'emparer de Kiev dans les deux premiers jours de la campagne, ce sur quoi reposait son plan, après presque deux semaines les Russes n'ont toujours pas été en mesure d'encercler complètement la ville. Comme vous le savez, au fil des années, Poutine a répété, en privé et en public, qu'il ne considérait pas l'Ukraine comme un vrai pays. Il a tout à fait tort à ce sujet. Les vrais pays se défendent et c'est ce que les Ukrainiens ont fait de manière héroïque au cours des 12 derniers jours. Comme vous l'avez dit, Monsieur le Président, je pense que Poutine est en colère et frustré en ce moment, il est susceptible de redoubler d'efforts et d'essayer d'écraser l'armée ukrainienne sans se soucier des pertes civiles. Mais le défi auquel il est confronté, et c'est la plus grande question qui plane sur notre analyse de ses plans depuis des mois maintenant, comme l'a dit la directrice Haines, est son manque d'objectif politique durable face à ce qui va continuer à être une résistance féroce de la part des Ukrainiens. Je pense que c'était cela qu'il avait fait comme calcul, et je pense que c'est la réalité de ce qu'il affronte aujourd'hui. En termes de pertes, je sais que le général Berrier voudra peut-être faire des commentaires à ce sujet, mais elles ont été bien trop nombreuses. Les pertes militaires russes tuées et blessées dépassent de loin ce qu'il avait prévu parce que sa planification militaire et ses hypothèses étaient fondées sur une victoire rapide et décisive et cela ne s'est pas avéré être le cas.

ADAM SCHIFF : Directeur Berrier, pouvez-vous faire un commentaire à ce sujet? Aussi, les rapports publics suggèrent que la colonne massive qui se dirige vers Kiev – maintenant peut-être deux colonnes massives – serait à court de carburant. L'armée russe serait-elle beaucoup moins compétente que nous l'imaginions? Comment évaluez-vous leurs performances jusqu'à présent?

LIEUTENANT-GÉNÉRAL SCOTT BERRIER : Monsieur le Président, je pense que l'armée russe s'est réformée pour devenir ce que nous appelons l'Armée d'un nouveau style, et qu'elle s'organise en petits groupes tactiques de bataillons. Fondamentalement, ce n'est pas une mauvaise organisation, mais, à mon sens, ils avaient un mauvais plan d'action et leur soutien logistique n'est pas suffisant pour faire évoluer la situation comme ils l'entendaient. Nous pourrons entrer dans les détails à ce sujet durant la séance privée.

ADAM SCHIFF : Pouvez-vous dire en séance publique combien de soldats russes ont été tués?

LIEUTENANT-GÉNÉRAL SCOTT BERRIER : Avec un faible degré de fiabilité, quelque part entre deux et quatre mille soldats.

WILLIAM BURNS : Tout ce que j'ajouterais, chers membres du Congrès, c'est que le Directeur Coats[1] avait, à mon sens, raison et je pense, le cas échéant, que cette relation, le partenariat entre la Russie et la Chine, s'est renforcée depuis 2019. J'ajouterais, cependant, qu'il me semble que le président Xi et les dirigeants chinois sont un peu troublés par ce qu'ils voient en Ukraine. Ils n'avaient pas anticipé les difficultés importantes que les Russes ont rencontrées. Je pense qu'ils sont perturbés par l'atteinte à la réputation qui pourrait découler de leur étroite association avec le président Poutine. Mais aussi par les conséquences économiques à un moment où, vous le savez, ils font face à des taux de croissance annuels inférieurs à ceux qu'ils connaissaient depuis plus de trois décennies. Je pense qu'ils sont un peu troublés par l'impact sur l'économie mondiale. Enfin, je pense qu'ils sont un peu déboussolés par la façon dont Vladimir Poutine a rapproché les Européens et les Américains. Je pense qu'ils appréciaient leur relation avec l'Europe et valorisaient ce qu'ils croyaient être leur capacité à creuser un fossé entre nous et les Européens, et je crois que c'est très perturbant pour eux aussi.

SUR L'ÉTAT MENTAL DE VLADIMIR POUTINE

RAJA KRISHNAMOORTHI (*Représentant Démocrate de l'Illinois*) : Monsieur le Directeur Burns, bon nombre de mes électeurs pensent que Poutine est fou ou qu'il joue les fous. Dans un contexte ouvert, comment évaluez-vous l'état mental de Poutine ?

WILLIAM BURNS : Je pense que ses opinions, chers membres du Congrès, sur l'Ukraine et beaucoup d'autres questions, se sont durcies au fil des ans. Je pense qu'il est

1. Ancien directeur du renseignement américain (NdE).

beaucoup plus isolé des autres points de vue et des gens susceptibles de contester ou remettre en question ses points de vue. À mon avis, cela ne fait pas de lui un fou, mais le rend extrêmement difficile à gérer, en raison du durcissement de ses opinions au fil du temps et du rétrécissement de son cercle intime.

RAJA KRISHNAMOORTHI : Il semblerait que vous le décriviez comme quelqu'un qui baigne dans le ressentiment et l'ambition, mais il est aussi tempéré par la peur de l'agitation populaire. Comment évaluons-nous, au cours des 12 premiers jours ou des deux premières semaines de guerre, son soutien populaire en Russie ?

WILLIAM BURNS : Eh bien, je pense que c'est quelque chose que nous allons surveiller très attentivement au fil du temps. Vous savez, dans un environnement où les médias d'État russes contrôlent ce que beaucoup de gens entendent sur ce qui se passe en Ukraine, il faudra du temps, je pense, pour que les gens encaissent les conséquences de ses choix.

RAJA KRISHNAMOORTHI : Mais n'y a-t-il pas de plus en plus de reportages sur les réseaux sociaux russes sur les morts au combat et les victimes ? Parce qu'ils doivent forcément avoir des nouvelles du front et de la situation de leurs proches, d'une façon ou d'une autre, n'est-ce pas ?

WILLIAM BURNS : On voit déjà ce genre de choses. On voit des enterrements de jeunes soldats russes rapatriés tués en Ukraine, et cela aura clairement un impact avec le temps. On voit aussi, en nombre relativement faible, des Russes très courageux qui manifestent dans la rue. Près de 13000 ou 14000 d'entre eux ont été arrêtés depuis lors, ce qui n'est pas rien dans une société profondément répressive comme la Russie.

MIKE TURNER (*Représentant Républicain de l'Ohio*) : Vladimir Poutine a déclaré que si quiconque entrait dans le conflit il y aurait une escalade, y compris des attaques nucléaires, dans le cadre de ses exercices avant son invasion de l'Ukraine. Il a inclus une composante d'armes nucléaires. Il a fait grand bruit de la modernisation de ses armes nucléaires et des nouvelles capacités développées, notamment les missiles hypersoniques et l'Avangard, qu'il a maintenant déployés.

Ma première question à vous trois est donc : le croyez-vous ? Croyez-vous que, si les États-Unis ou leurs alliés de l'OTAN entraient dans ce conflit pour protéger les innocents que Vladimir Poutine tue dans cette attaque qui ne répond à aucune provocation, cela pourrait s'intensifier et qu'il serait prêt à mener ce conflit jusqu'à un conflit nucléaire ?

AVRIL HAINES : Comme je l'ai indiqué, sa déclaration publique sur l'état d'alerte spécial – qui, soit dit en passant, n'est pas dans leur système un terme technique tel que nous le comprenons et ne se rapporte pas à un état d'alerte spécifique – était très inhabituelle, et nous prenons évidemment cela très au sérieux lorsqu'il émet un signal de cette manière.

Mais nous pensons, comme je l'ai précisé, qu'il évalue la situation, qu'il envoie un signal efficace, qu'il tente de dissuader. Il l'a fait d'autres manières, en organisant, par exemple, l'exercice des forces nucléaires stratégiques qui, comme nous l'avons indiqué, avait été reporté à février, puis en utilisant ses forces nucléaires comme une méthode de dissuasion efficace pour dire que la situation pourrait s'aggraver et que l'OTAN ne devrait donc pas s'impliquer. Cela a été sa stratégie.

Une fois encore, comme je l'ai indiqué, nous surveillons de très près les mouvements, tout ce qui est lié aux forces nucléaires stratégiques, et nous ne voyons rien à ce stade qui indique qu'il agit différemment de ce que nous avons vu dans le passé. [...]

WILLIAM BURNS : En réponse à votre question directe sur un scénario dans lequel l'OTAN et les États-Unis seraient directement impliqués dans un conflit militaire avec la Russie, la doctrine russe veut qu'on escalade pour désescalader.

Je pense donc que le risque augmenterait, selon cette doctrine, que les dirigeants russes envisagent *in extremis* d'utiliser des armes nucléaires tactiques. Mais j'insiste sur le fait que cela ne concerne que la circonstance spécifique que vous avez décrite, à savoir un conflit militaire direct entre l'OTAN et la Russie.

LIEUTENANT-GÉNÉRAL SCOTT BERRIER : Poutine a investi très judicieusement dans ces armes de niche, et vous en avez mentionné certaines dans votre déclaration liminaire. Je crois qu'il pense que cela lui donne un avantage asymétrique, et il a également investi dans les armes nucléaires tactiques.

Je crois aussi que, lorsqu'il dit quelque chose, nous devrions l'écouter très, très attentivement et peut-être le prendre au mot. Cette question est donc celle à laquelle les analystes réfléchissent en ce moment, et je pense que nous devons vraiment y travailler davantage. Je serais heureux de pouvoir approfondir cette question lors de la séance à huis clos.

MIKE TURNER : Parfait ! J'apprécie, général Berrier, votre déclaration parce que cela m'amène à ma question suivante. En raison de la modernisation de l'infrastructure nucléaire de la Russie par Vladimir Poutine, je pense, comme vous l'avez dit, que cela l'a enhardi, c'est-à-dire qu'il croit qu'il s'achète un avantage.

Les États-Unis procèdent actuellement à une révision de leur dispositif nucléaire, dans le cadre duquel nous allons examiner nos programmes de modernisation, nos politiques, y compris une révision de la défense antimissile, ce qui est évidemment important lorsque l'on considère la menace d'escalade nucléaire d'un autre pays.

Êtes-vous ainsi chacun directement impliqué dans la révision de la posture nucléaire ? Et quel serait votre conseil, sachant que nous faisons désormais face à des régimes autoritaires menaçant ouvertement leurs voisins d'utiliser des armes nucléaires, au changement soudain de posture de Vladimir Poutine et à l'investissement significatif de la Chine dans ses champs de missiles balistiques intercontinentaux (ICBM) et dans ses missiles hypersoniques ? Que devrions-nous faire dans le cadre de notre révision du dispositif nucléaire afin de pouvoir dissuader ces régimes autoritaires à l'avenir ?

AVRIL HAINES : Mon personnel et l'ensemble de mon bureau sont impliqués dans l'enquête sur la révision de la posture nucléaire comme je le suis dans le cadre des réunions à ce sujet. Notre rôle, cependant, n'est pas politique. Je ne donne donc pas et n'ai pas donné mon avis sur l'opportunité d'adopter une position particulière dans le cadre de la révision. Ce que nous faisons, c'est de fournir essentiellement les évaluations des communautés du renseignement sur les questions qui nous sont posées dans le contexte de cet examen.

MIKE TURNER : Avant de passer au Directeur Burns, serait-il correct de caractériser votre évaluation en disant que la menace augmente ?

AVRIL HAINE : Que la menace augmente en général, oui, je pense que c'est juste.

MIKE TURNER : Directeur Burns…

WILLIAM BURNS : Tout ce que j'ajouterai, c'est que je suis absolument d'accord sur l'accroissement de la menace, et je pense que notre rôle est d'essayer de fournir un aperçu de la Communauté du renseignement sur les plans, les ambitions, le rythme auquel les adversaires, que ce soit la Chine ou la Russie, peuvent avancer sur ces questions. De plus, il me semble très important pour nous de ne sous-estimer ni la portée de ces ambitions ni le rythme auquel elles peuvent évoluer. Je pense que la Chine et les missiles hypersoniques en sont un exemple.

LIEUTENANT-GÉNÉRAL SCOTT BERRIER : Monsieur le Représentant, je crois que la menace augmente. Nous participons à l'étude et notre rôle consiste à fournir les meilleurs renseignements militaires fondamentaux dont nous disposons sur ces types de missiles d'armement, d'organisations et de doctrine, afin que les personnes en charge puissent prendre la bonne décision.

MIKE TURNER : Directeurs Haines et Burns, de toute évidence les gens sont très préoccupés par les négociations en cours sur le Plan d'action global commun (JCPOA) et la future menace nucléaire de l'Iran. Les inquiétudes portent sur la reprise d'un accord dont certaines dispositions étaient défectueuses, notamment sur le fait que les missiles n'étaient pas inclus dans les termes originaux et que certains termes très critiques de l'accord arrivaient à échéance. Pouvez-vous nous donner des informations sur les négociations en cours de l'administration pour savoir s'il s'agit simplement de réinstaurer l'ancien accord dont les termes expirent et qui ne couvre pas leur capacité à rechercher la technologie des missiles balistiques intercontinentaux (ICBM), ou si nous entreprenons de véritables négociations pour essayer de parvenir à un meilleur accord ?

AVRIL HAINES : Nous fournissons évidemment, encore une fois, une analyse qui, nous l'espérons, sera utile aux décideurs politiques dans la conduite des négociations. Je n'ai pas vraiment d'autres informations en dehors du fait qu'ils sont manifestement engagés dans les négociations et qu'ils cherchent à faire, je pense, ce que le Président a indiqué, c'est-à-dire traiter à la fois le dossier nucléaire et d'autres questions pour lesquelles l'Iran est un facteur de déstabilisation.

WILLIAM BURNS : La seule chose que j'ajouterai, Monsieur, c'est qu'ayant passé de nombreuses années de négociation sur ces questions avec les Iraniens, qui sont probablement l'origine de la plupart de mes cheveux blancs, je ne regrette absolument pas ces négociations. Elles sont incroyablement difficiles. Comme l'a dit la directrice Haines, nous devons toujours garder à l'esprit que la menace représentée par le régime iranien ne concerne pas seulement la question nucléaire ou même celle des missiles, comme vous l'avez souligné à juste titre, mais également nos intérêts au Moyen-Orient et ceux de nos partenaires dans cette région. Et, indépendamment de la façon dont les négociations sur le Plan d'action global commun (JCPOA) se déroulent, je pense que ces défis seront toujours présents pour nous tous.

SUR LA GUERRE DE L'INFORMATION, DE LA DÉSINFORMATION ET LE RÉCIT DES ÉVÉNEMENTS

JIM HIMES (*Représentant Démocrate du Connecticut*) : [...] J'avais l'intention d'utiliser mon temps ce matin pour explorer l'état de notre cybersécurité, qui est plus importante aujourd'hui que jamais, mais ce week-end, dans le Connecticut, d'une conversation à l'autre, j'ai été emporté par le raz-de-marée d'indignation face à la brutalité illégale et inadmissible de Poutine en Ukraine. Mes électeurs ne veulent savoir qu'une chose : que pouvons-nous faire de plus ? Ils comprennent qu'il ne s'agit pas seulement d'un combat entre la Russie et l'Ukraine, mais que nous sommes sur le bord sanglant d'une guerre entre les démocraties libres et l'autoritarisme sauvage. Et ils comprennent aussi que nous sommes en retard dans ce combat. Sous l'administration Trump, le monde a assisté à quatre années d'attaques contre l'OTAN et ses membres, quatre années à dorloter, croire et soutenir Vladimir Poutine, et quatre années à ridiculiser l'Ukraine avec une série de théories du complot toujours plus bizarres. Alors que la Russie resserrait son étau autour de l'Ukraine, le président Trump a clairement fait comprendre au président ukrainien Zelensky, lors d'un appel téléphonique en juillet 2019, que l'aide militaire dont Zelensky avait tant besoin serait suspendue jusqu'à ce que Zelensky lui accorde une faveur. Ainsi, à mon sens, nous portons le fardeau particulier en ce moment de réparer cela, parce que nous sommes en retard dans ce combat. Donc, Directrice Haines, et j'aimerais aussi entendre le Directeur Burns, je sais que vous devez répondre à cette question très prudemment, mais c'est la question que se posent mes électeurs. Quelles ressources, quel plan, quelle stratégie appliquez-vous dans vos organismes pour nous aider à gagner ce combat ? Je sais qu'il est très difficile d'être précis, mais, si vous pouvez donner au peuple américain une idée de ce que vous effectuez dans ce combat, nous vous en serons très reconnaissants.

AVRIL HAINES : Merci. Je pense que vous obtiendrez beaucoup d'informations de la part de tous les membres du panel sur cette question. Je vais essayer de trouver une façon de décrire les choses, mais je suis certaine que mes collègues seront meilleurs à ce sujet. Nous voulons évidemment, d'abord et avant tout, être en mesure de fournir autant d'informations que possible sur ce qui se passe réellement. Dans le contexte des événements, l'un des défis provient du fait que la Russie et le président Poutine promeuvent clairement un récit particulier sur les actions menées. En revanche, l'un des points forts de la Communauté du renseignement dans cette histoire c'est que nous avons été capables d'exposer ce récit comme faux et finalement prouver que ce qu'ils promeuvent comme un prétexte pour leur guerre n'est rien d'autre que cela : un prétexte.

JIM HIMES : Permettez-moi de vous arrêter très brièvement car je pense que ce point est important. En ont-ils fini avec leurs opérations sous une fausse bannière ? À quoi pouvons-nous nous attendre à cet égard ?

AVRIL HAINES : Comme j'allais le dire, je pense simplement qu'au fur et à mesure de l'évolution de la situation nous allons continuer à les voir présenter des récits qui sont faux, et nous espérons pouvoir fournir une voix crédible sur ce qui se passe réellement au fur et à mesure. C'est à la fois bénéfique, à mon sens, pour leur population nationale et pour le public international. Et à bien des égards, comme je l'ai indiqué dans ma déclaration liminaire, l'une des choses sur lesquelles nous nous concentrons est de nous assurer que nous pouvons fournir autant d'informations que possible pour tenir les Russes responsables des actions qu'ils entreprennent actuellement en Ukraine, des actions qui, je pense, sont largement inacceptables pour beaucoup. Je vais donc m'en tenir à cela.

WILLIAM BURNS : Tout ce que je peux dire, c'est que nous n'avons pas de plus grande priorité comme agence en ce moment que de fournir tout le soutien possible aux Ukrainiens. Nous serons heureux d'en parler davantage à huis clos. Dans cette session, je voudrais juste réitérer les propos d'Avril, à savoir que le travail que nous avons fait – et ce n'est pas sans risque – en tant que Communauté du renseignement, pour déclassifier les informations, a été très efficace. J'ai siégé pendant de nombreuses années du côté des décideurs politiques et je nous ai vus perdre des guerres de l'information, et, dans ce cas, je pense, en faisant preuve de prudence, que nous avons supprimé le prétexte que Poutine, en particulier, utilise souvent. Cela a été un réel avantage, je pense, pour les Ukrainiens. C'est un véritable investissement dans le type d'actions que nos alliés ont entreprises. La seule autre chose que j'ajouterais est que nous avons procédé à un véritable partage des renseignements et nous continuons à le faire avec les Ukrainiens, notamment lorsque j'ai vu le président Zelensky en janvier à Kiev. Nous avons partagé avec lui les renseignements que nous avions à l'époque sur certains des détails les plus graphiques et les plus inquiétants de la planification russe concernant Kiev, et nous avons continué à le faire chaque jour depuis lors.

JIM HIMES : Merci. Ainsi, l'un des aspects historiques remarquables de ces deux derniers mois est que la Communauté du renseignement a en fait anticipé et partagé avec le monde ce à quoi pourrait ressembler un attentat sous faux drapeau. Dans le temps très limité qui m'est imparti, à quoi pouvons-nous nous attendre ? À quoi cela ressemblerait-il si les Russes continuaient à faire de la propagande ou à mener des opérations sous faux drapeau ?

WILLIAM BURNS : Non, je pense, comme l'a dit le Directeur Haines, qu'ils vont continuer à essayer de tourner la situation à leur avantage et à créer et diffuser de faux récits. Cela a été fait par des hauts fonctionnaires russes, alléguant qu'il y aurait des attaques aux armes chimiques, par exemple, dans le Donbass ou ailleurs. Je pense que cela donne une idée du genre de choses ou de rumeur qu'ils pourraient facilement essayer de fabriquer ou de lancer à l'avenir, en particulier s'ils sont de plus en plus désespérés par leur propre – du moins jusqu'à présent – relative inefficacité militaire.

DE QUOI POUTINE EST-IL COUPABLE ?

ERIC SWALWELL (*Représentant Démocrate de la Californie*) : Directeur Burns, on compte désormais probablement deux générations n'ayant pas grandi dans la peur d'une menace nucléaire soviétique. Et j'espère que nous pourrons nous unir dans ce pays autour de la menace qu'est Vladimir Poutine. Cela n'a pas forcément été le cas. Certaines personnes l'ont encouragé, ici en Amérique. Et je veux juste passer en revue ce boucher des droits de l'homme qui décapite toute opposition face à lui. Le gouvernement russe est-il responsable de l'empoisonnement et de la mort en 2006 d'Alexandre Litvinenko, un ancien agent des services de renseignement ; oui ou non ?

WILLIAM BURNS : Oui, au meilleur de nos connaissances.

ERIC SWALWELL : Qui était le président de la Russie à cette époque ?

WILLIAM BURNS : Vladimir Poutine.

ERIC SWALWELL : En 2018, la famille Skripal a-t-elle été victime d'une attaque russe ? D'un empoisonnement du gouvernement ?

WILLIAM BURNS : Oui.

ERIC SWALWELL : Qui était le président de la Russie à cette époque ?

WILLIAM BURNS : Vladimir Poutine.

ERIC SWALWELL : En 2020, Alexei Navalny, leader de l'opposition au régime russe, a-t-il été empoisonné par le gouvernement russe ?

WILLIAM BURNS : Oui.

ERIC SWALWELL : Qui était le président de la Russie à cette époque ?

WILLIAM BURNS : Le président Poutine.

ERIC SWALWELL : Est-ce que le gouvernement russe est responsable de la mort de multiples journalistes qui ont critiqué le gouvernement russe ?

WILLIAM BURNS : Oui, Monsieur.

ERIC SWALWELL : Cela inclut-il le règne de Vladimir Poutine ?

WILLIAM BURNS : Certainement durant les vingt dernières années, oui, Monsieur.

ERIC SWALWELL : En dehors de la Russie, il a également été un perturbateur de la démocratie. La Russie a-t-elle interféré dans les élections américaines de 2016, 2018 et 2020 ?

WILLIAM BURNS : Oui, Monsieur.

ERIC SWALWELL : Ont-ils interféré dans l'élection française de 2017 ?

WILLIAM BURNS : Pour autant que je sache, oui, Monsieur.

ERIC SWALWELL : Ont-ils interféré dans l'élection allemande de 2017 ?

WILLIAM BURNS : Je m'en remets à mes collègues sur ce point, Monsieur.

ERIC SWALWELL : Est-il établi que la Russie est responsable de l'écrasement d'un avion de l'OTAN ? Le vol en 2014 de l'avion de ligne malaisien au-dessus de l'Ukraine où 300 âmes innocentes ont perdu la vie ?

WILLIAM BURNS : Je pense que c'est la conclusion que beaucoup de gens ont tirée, oui, Monsieur.

ERIC SWALWELL : Décririez-vous donc Vladimir Poutine comme un génie avisé ou un tyran impitoyable ?

WILLIAM BURNS : Oh, je pense que « tyran impitoyable » se rapproche le plus de l'idée.

ERIC SWALWELL : Merci, Monsieur le Directeur.

SUR LES INTENTIONS DE VLADIMIR POUTINE AU-DELÀ DE L'UKRAINE, DE LA CYBER-GUERRE ET DES CRIMES DE GUERRE

JACKIE SPEIER (*Représentante Démocrate de la Californie*) : Je crois que le peuple américain pense que nous devons faire plus et ce serait modeste de dire que c'est injustifié. C'est prémédité, c'est sauvage, c'est une brutalité inadmissible et nous allons assister à un génocide en Ukraine si nous ne traçons pas nos propres lignes rouges. J'aimerais donc commencer par vous, Directeur Burns, car vous connaissez Vladimir Poutine mieux que quiconque dans cette salle. Il a déjà dit qu'il avait une ligne rouge, à savoir les sanctions économiques, et que ce serait le début de la troisième guerre mondiale. Il veut clairement recréer l'Union soviétique et récupérer tous les États des Balkans. Pourquoi sommes-nous en quelque sorte réticents à reconnaître qu'il est prêt à aller aussi loin qu'il le faut ?

WILLIAM BURNS : Eh bien, Madame la Représentante, je pense que les actions de Poutine, en particulier au cours des deux dernières semaines – et elles ont été préméditées et elles ont été sauvages comme vous l'avez décrit –, devraient lever tout doute sur la profondeur de sa détermination. Pas seulement au sujet de l'Ukraine, mais aussi concernant la manière dont il exerce le pouvoir russe. Je dirais cependant que tous les obstacles qu'il a rencontrés sur sa route depuis – avant tout de la part des Ukrainiens eux-mêmes, avec leur courage, leur héroïsme et la force de leur leadership – l'ont surpris et déstabilisé. Je pense qu'il a également été déstabilisé par la réaction occidentale et la détermination des alliés, et en particulier par certaines des décisions prises par le gouvernement allemand. Je pense enfin qu'il a été déstabilisé par les performances de sa propre armée.

JACKIE SPEIER : Excusez-moi de vous interrompre mais, sachant tout ce que vous savez de lui, vous pensez qu'il ne s'arrêtera pas à l'Ukraine, n'est-ce pas ?

WILLIAM BURNS : Je pense que c'est ce qui rend plus important que jamais le fait de démontrer qu'il ne va pas réussir en Ukraine. Et je pense que c'est là le défi pour nous tous, car ce qui est en jeu, aussi importante que soit la souveraineté de l'Ukraine, va bien plus loin que cela. Il s'agit d'une règle incroyablement importante de l'ordre international, selon laquelle les grands pays n'ont pas le droit d'engloutir les petits pays juste parce qu'ils le peuvent. Et je pense qu'il s'agit d'un de ces moments charnières où nous, et tous nos alliés et partenaires, devons agir en ce sens et c'est, à mon sens, ce que nous faisons.

JACKIE SPEIER : Merci. Général Nakasone, la Russie ne s'est pas vraiment engagée dans une cyber-guerre à ce jour en Ukraine. Pouvez-vous nous dire pourquoi, d'après votre estimation ? Et les États-Unis doivent-ils se préparer à ce que ce soit l'une de ses prochaines actions contre nous ?

GÉNÉRAL NAKASONE : Madame la Représentante, permettez-moi de commencer par la dernière partie de votre question, à savoir oui, sans aucun doute. Nous devons être prêts à faire face aux Russes et à toute autre menace qui tenterait de nous mettre en danger dans le cyberespace. En ce qui concerne la Russie, elle a mené plusieurs attaques en Ukraine. Trois ou quatre que nous avons surveillées et suivies de très près. Pour ce qui est de la raison pour laquelle nous n'en avons pas décompté plus, c'est évidemment dû à une partie de l'action des Ukrainiens, à certains des défis auxquels les Russes ont dû faire face, et à une partie du travail que d'autres ont pu faire pour empêcher leurs actions. Cela n'a pas été conforme à ce que nous avions prévu lorsque nous nous sommes engagés dans cette voie il y a plusieurs semaines.

JACKIE SPEIER : Je ne sais pas si cela doit s'adresser à vous, général Nakasone, ou au général Berrier, mais pouvons-nous maintenant dire que Poutine s'est conduit de manière à provoquer des crimes de guerre ? Avons-nous des preuves ?

GÉNÉRAL NAKASONE : Je suis sûr que le général Berrier peut répondre à cette question de manière beaucoup plus efficace.

LIEUTENANT-GÉNÉRAL SCOTT BERRIER : Madame la Représentante, je ne sais pas si nous avons des preuves directes en dehors de ce que nous voyons sur les réseaux sociaux. Il est certain que le bombardement d'écoles et d'infrastructures qui ne sont pas associées à l'armée ukrainienne me laisse à penser qu'il est en train de passer à la vitesse supérieure, si ce n'est déjà fait.

TROISIÈME PARTIE

ANALYSES, FAITS ET CHIFFRES : RUSSIE ET UKRAINE

RUSSIE

CONTEXTE HISTORIQUE

Fondée au XIIe siècle, la Principauté de Moscovie a su émerger de plus de 200 ans de domination mongole (XIIIe-XVe siècles) et conquérir puis absorber progressivement les principautés environnantes. Au début du XVIIe siècle, la nouvelle dynastie Romanov a poursuivi cette politique d'expansion à travers la Sibérie jusqu'au Pacifique. Sous Pierre Ier (qui régna de 1682 à 1725), l'hégémonie s'est étendue jusqu'à la mer Baltique et le pays a été rebaptisé Empire russe. Au cours du XIXe siècle, d'autres furent conquis en Europe et en Asie. La défaite dans la guerre russo-japonaise de 1904-1905 a contribué à la révolution de 1905, qui a abouti à la formation d'un parlement et à d'autres réformes. Les défaites dévastatrices et les pénuries alimentaires de la Première Guerre mondiale ont entraîné des émeutes généralisées dans les grandes villes de l'Empire russe et au renversement en 1917 de la dynastie Romanov. Les communistes de Vladimir Lénine ont pris le pouvoir peu après et formé l'URSS. Le règne brutal de Joseph Staline (1928-1953) est venu renforcer le régime communiste et la domination russe de l'Union soviétique au prix de dizaines de millions de morts. Après avoir vaincu l'Allemagne pendant la Seconde Guerre mondiale dans le cadre d'une alliance avec les États-Unis (1941), l'URSS a étendu son territoire et son influence en Europe de l'Est pour devenir une puissance mondiale. Durant la guerre froide (1947-1991), elle fut ensuite le principal adversaire des États-Unis. L'économie et la société soviétiques ont stagné pendant les décennies qui ont suivi le règne de Staline, jusqu'à ce que le secrétaire général Mikhaïl Gorbatchev (1985-1991) introduise la glasnost (transparence) et la perestroïka (restructuration) dans une tentative de moderniser le communisme, mais ses initiatives ont libéré des forces qui, en décembre 1991, ont conduit à l'éclatement de l'URSS d'où ont émergé la Russie et 14 autres États indépendants. Après les crises économiques et politiques sous le mandat du président Boris Eltsine (1991-1999), la Russie s'est tournée vers un modèle d'État autoritaire centralisé sous la présidence de Vladimir Poutine (depuis 2000). Le régime cherche à légitimer son pouvoir par des élections truquées, des appels populistes, une politique étrangère axée sur le renforcement de l'influence géopolitique du pays et une croissance économique reposant sur les produits primaires. La Russie est confrontée à un mouvement rebelle largement maîtrisé en Tchétchénie et dans d'autres régions environnantes, bien que la violence marque encore tout le Caucase du Nord.

GÉOGRAPHIE

Emplacement

Asie du Nord en bordure de l'océan Arctique. S'étend de l'Europe (partie ouest de l'Oural) à l'océan Pacifique nord.

Superficie – comparatif

Environ 1,8 fois la taille des États-Unis.

Frontières terrestres

22 407 km. 14 pays frontaliers : Azerbaïdjan (338 km), Biélorussie (1 312 km), sud-est de la Chine (4 133 km) et sud de la

Chine (46 km), Estonie (324 km), Finlande (1 309 km), Géorgie (894 km), Kazakhstan (7 644 km), Corée du Nord (18 km), Lettonie (332 km), Lituanie – Kaliningrad Oblast – (261 km), Mongolie (3 452 km), Norvège (191 km), Pologne – Kaliningrad Oblast – (209 km), Ukraine (1 944 km).

Littoral

37 653 kilomètres.

Climat

Globalement continental humide, mais d'autres types de climats sont très présents : subarctique en Sibérie à climat de toundra dans le Grand Nord. Les hivers varient de frais le long de la côte de la mer Noire à glacial en Sibérie. Les étés sont chauds dans les steppes et frais le long de la côte arctique.

Altitude

Point le plus haut : mont Elbrouz (le plus haut d'Europe), 5 642 m. Point le plus bas : mer Caspienne, –28 m. Altitude moyenne : 600 m.

Ressources naturelles

Grande diversité de ressources naturelles comprenant d'importants gisements de pétrole, de gaz, de charbon, des réserves de minerais stratégiques, bauxite, éléments de terres rares (ETR), bois. Les contraintes géographiques (climat, terrain, étendue) entravent l'exploitation des ressources naturelles.

Principaux lacs (superficie km^2)

Lacs d'eau douce : Baïkal, 31 500 km^2. Ladoga, 18 130 km^2. Onega, 9 720 km^2. Khanka (partagé avec la Chine), 5 010 km^2. Peïpous, 4 300 km^2. Vygozero, 1 250 km^2. Beloïe, 1 120 km^2. Lacs d'eau salée : mer Caspienne (partagée avec l'Iran, l'Azerbaïdjan, le Turkménistan et le Kazakhstan), 374 000 km^2. Lac Tchany, 2 500 km^2. Lagune de Courlande (partagée avec la Lituanie), 1 620 km^2.

La mer Caspienne est le plus grand lac du monde.

Principaux cours d'eau (par longueur en km)

Ienisseï, 5 539 km. Ob, 5 410 km. Embouchure du fleuve Amour (partagé avec la Chine et la Mongolie), 4 444 km. Léna, 4 400 km. Volga, 3 645 km. Kolyma, 2 513 km. Source de la rivière Oural (partagée avec le Kazakhstan), 2 428 km. Source du Dniepr (partagée avec la Biélorussie et l'Ukraine), 2 287 km. Don, 1 870 km. Petchora, 1 809 km.

Risques naturels

Le pergélisol sur une grande partie de la Sibérie est un obstacle majeur au développement. Activité volcanique dans les îles Kouriles. Volcans et tremblements de terre sur la péninsule du Kamtchatka. Inondations printanières et incendies de forêt en été/automne dans toute la Sibérie et certaines parties de la Russie européenne.

Volcanisme

Activité volcanique importante sur la péninsule du Kamtchatka et les îles Kouriles. La péninsule abrite à elle seule quelque 29 volcans historiquement actifs, auxquels s'ajoutent des dizaines d'autres dans les îles Kouriles. Le Klioutchevskoï (4 835 m), entré en éruption en 2007 et 2010, est le volcan le plus actif du Kamtchatka. Les volcans Avatchinski et Koriakski, qui menacent la ville de Petropavlovsk-Kamtchatski, sont considérés comme les volcans de la décennie par l'Association internationale de volcanologie et de chimie de l'intérieur de la Terre, dignes d'être étudiés en raison de leur histoire explosive et de leur proximité avec les populations humaines. Autres volcans historiquement actifs notables : Bezymianny, Tchikouratchki, Ebeko, Gorely, Grozny, Karymski, Ketoï, Kronotski, Ksudach, Medvezhia, Mutnovski, Sarytchev, Chiveloutch, Tiatia, Tolbatchik et Zheltovsky.

Notes. 1. Plus grand pays du monde en termes de superficie mais défavorablement situé par rapport aux grandes voies maritimes du monde. Une grande partie du pays ne dispose ni de sols et ni de climats favorables à l'agriculture (trop froids ou trop secs). – **2.** L'extrême est de la Russie, en particulier la péninsule du Kamtchatka, est située le long de l'anneau de feu, une ceinture de volcans actifs et d'épicentres de tremblements de terre bordant l'océan Pacifique. Jusqu'à 90 % des tremblements de terre et environ 75 % des éruptions volcaniques du monde s'y produisent. – **3.** Le mont Elbrouz est le plus haut sommet d'Europe. Le lac Baïkal, le plus profond du monde, est réputé contenir un cinquième de l'eau douce à la surface du globe. – **4.** La région de Kaliningrad est une enclave annexée à l'Allemagne après la Seconde Guerre mondiale (elle faisait autrefois partie de la Prusse orientale). Sa capitale, Kaliningrad – anciennement Koenigsberg –, est le seul port de la Baltique en Russie à ne pas être pris par la glace en hiver.

POPULATION ET SOCIÉTÉ

Population

142 320 790 (est. juillet 2021).

Nationalité

Nom : Russe. Adjectif : russe.

Groupes ethniques

Russes : 77,7 %. Tatars : 3,7 %. Ukrainiens : 1,4 %. Bachkirs : 1,1 %. Tchouvaches : 1 %. Tchétchènes : 1 %. Autres : 10,2 %. Non spécifié : 3,9 % (est. 2010).

Le recensement de 2010 faisait état de près de 200 groupes nationaux et/ou ethniques représentés en Russie.

Langues

Russe (officiel) : 85,7 %. Tatar : 3,2 %. Tchétchène : 1 %. Autres : 10,1 %.

Religions

Orthodoxes russes : 15-20 %. Musulmans : 10-15 %. Autres chrétiens : 2 % (est. 2006).

Les estimations concernent les fidèles pratiquants. La Russie abrite beaucoup de croyants non pratiquants et de non-croyants, héritage de plus de sept décennies d'athéisme officiel sous la domination soviétique. La Russie reconnaît officiellement le christianisme orthodoxe, l'islam, le judaïsme et le bouddhisme comme religions traditionnelles du pays.

Pyramide des âges

0-14 ans : 17,24 % (hommes 12 551 611/femmes 11 881 297).

15-24 ans : 9,54 % (hommes 6 920 070/femmes 6 602 776).

25-54 ans : 43,38 % (hommes 30 240 260/femmes 31 245 104).

55-64 ans : 14,31 % (hommes 8 808 330/femmes 11 467 697).

65 ans et plus : 15,53 % (hommes 7 033 381/femmes 14 971 679) (est. 2020).

Taux de croissance de la population

– 0,2 % (est. 2021).

Taux de migration nette

1,7 migrant/1 000 habitants (est. 2021).

Répartition de la population

Forte concentration dans le cinquième le plus à l'ouest du pays s'étendant de la mer Baltique, au sud, jusqu'à la mer Caspienne et parallèlement à l'est, à la frontière kazakhe. Ailleurs, notamment dans le sud, importants groupes de population isolés.

Grandes zones urbaines – population

Moscou (capitale) : 12,641 M. Saint-Pétersbourg : 5,536 M. Novossibirsk : 1,686 M. Iekaterinbourg : 1,521 M. Kazan : 1,286 M. Nijni Novgorod : 1,253 M (2022).

ENVIRONNEMENT

Enjeux actuels

Pollution de l'air par l'industrie lourde, les émissions des centrales électriques au charbon et les transports dans les grandes villes. Pollution industrielle, municipale et agricole des voies navigables intérieures et des côtes maritimes. Déforestation. Érosion du sol. Contamination du sol due à l'application de produits chimiques agricoles. Problème d'élimination des déchets nucléaires. Existence de zones dispersées de contamination radioactive parfois intense. Contamination des eaux souterraines par les déchets toxiques. Difficultés de gestion des déchets solides urbains. Présence de stocks abandonnés de pesticides obsolètes.

Exploitation des terres

Terres agricoles: 13,1 %. Forêt: 49,4 %. Autres: 37,5 % (est. 2018).

Urbanisation

Population urbaine: 75,1 % de la population totale (2022).

Revenus forestiers

0,29 % du PIB (est. 2018).

Revenus du charbon

0,53 % du PIB (est. 2018).

GOUVERNEMENT

Nom du pays

Forme longue conventionnelle: Fédération de Russie. Forme courte conventionnelle: Russie.

Étymologie: les terres russes étaient généralement appelées Moscovie jusqu'à ce que Pierre Ier le Grand proclame l'Empire russe en 1721. Le nouveau nom faisait référence à la Rus' de Kiev ou principauté de Kiev (Ruthénie), premier État formé en 862 dans une région occupée aujourd'hui par l'Ukraine, la Biélorussie et une partie de la Russie occidentale. Les Rus appartenaient à une élite varègue (Vikings de l'est). Ces envahisseurs ont imposé leurs règles et finalement leur nom à leurs sujets slaves.

Type de gouvernement

Fédération semi-présidentielle.

Capitale

Nom: Moscou. Étymologie: de la rivière Moskova qui la traverse. L'origine du nom du cours d'eau est obscure mais peut dériver de l'adjectif *mustajoki* donné à la rivière par les peuples finno-ougriens qui habitaient la région et qui signifierait « sombre » ou « agité ».

Divisions administratives

46 régions (oblasts). 21 républiques. 4 districts autonomes (okrugs). 9 kraïs («territoires»). 2 villes à statut fédéral (goroda). 1 région autonome.

Villes fédérales : Moscou, Saint-Pétersbourg.

Note. Les États-Unis ne reconnaissent pas l'annexion par la Russie de la République autonome d'Ukraine-Crimée et de la municipalité de Sébastopol, ni leurs nouvelles désignations : «République de Crimée» et «Ville fédérale de Sébastopol».

Indépendance

25 décembre 1991 : à la suite de l'éclatement de l'Union soviétique, la République socialiste fédérative soviétique de Russie (RSFSR) est renommée Fédération de Russie.

Dates antérieures notables. 1157 : avènement de la principauté de Vladimir-Souzdal. 16 janvier 1547 : Ivan le Terrible devient le premier tsar de Russie. 22 octobre 1721 : proclamation de l'Empire russe. 30 décembre 1922 : naissance de l'URSS.

Fête nationale

12 juin, jour anniversaire de l'adoption de la Déclaration de souveraineté de la RSFSR (1990).

Constitution

Rédaction achevée le 12 juillet 1993. Adoptée par référendum le 12 décembre 1993. Entrée en vigueur le 25 décembre 1993.

Système légal

Système de droit civil. Contrôle juridictionnel des actes législatifs.

Participation à des organisations de droit international

N'a pas soumis de déclaration de compétence à la Cour internationale de Justice.

Citoyenneté

Nationalité uniquement par filiation : au moins un parent doit être citoyen russe.

Double nationalité reconnue : oui. Condition de résidence pour la naturalisation : 3-5 ans. Droit de vote : 18 ans. Universel.

Exécutif

Chef d'État : président Vladimir Vladimirovitch Poutine (depuis le 7 mai 2012).

Chef du gouvernement : Premier ministre Mikhaïl Michoustine (depuis le 16 janvier 2020).

Premier vice-premier ministre : Andreï Belousov (depuis le 21 janvier 2020). Vice-premiers ministres : Iouri Troutnev (depuis le 31 août 2013), Iouri Borissov, Tatiana Golikova (depuis le 18 mai 2018), Dimitri Grigorenko, Viktoria Abramtchenko, Alexeï Overtchouk, Marat Khousnoulline, Dimitri Tchernychenko (depuis le 20 janvier 2020), Alexander Novak (depuis le 10 novembre 2020).

Le gouvernement est composé du Premier ministre, de ses adjoints et des ministres, tous nommés par le Président. Le Premier ministre est également investi par la Douma d'État. Le Président est élu au scrutin uninominal majoritaire à deux tours pour un mandat de 6 ans renouvelable une fois. La dernière élection présidentielle s'est tenue le 18 mars 2018.

L'administration présidentielle fournit personnel et soutien politique au Président, rédige des décrets présidentiels et coordonne la politique entre les agences gouvernementales. Un Conseil de sécurité rend également compte directement au Président.

Résultats des élections : Vladimir Poutine (indépendant) : réélu président avec 77,5 % des voix. Pavel Groudinine (PCFR) : 11,9 %. Vladimir Jirinovski (LDPR) : 5,7 %. Autres : 5,8 %.

Mikhaïl Michoustine (indépendant) investi par la Douma à 383 voix contre 0.

Législatif

Description. Composition de l'Assemblée fédérale bicamérale :

– Conseil de la Fédération : 170 sièges. 2 membres issus de chacune des 83 unités administratives fédérales (oblasts, kraïs, républiques, okrugs, oblasts autonomes et villes fédérales de Moscou et de Saint-Pétersbourg) nommés par les hauts fonctionnaires de l'exécutif et du législatif. Mandat de 4 ans.

– Douma d'État : 450 sièges. Depuis février 2014, le système électoral est revenu à un système électoral mixte (élection de 2016). La moitié des membres sont élus au suffrage direct à la majorité simple et l'autre moitié au scrutin proportionnel. Mandat de 5 ans.

Note. La Douma d'État compte désormais 3 députés de la « République de Crimée ». Un de ses représentants siège au Conseil de la Fédération ainsi qu'un sénateur de la « Ville fédérale de Sébastopol », territoires d'Ukraine annexés par la Russie en 2014 que les États-Unis ne reconnaissent pas comme faisant partie de la Fédération.

Élections

Dernière élection de la Douma d'État : 17 au 19 septembre 2021.

Suffrages. Russie unie (parti de V. Poutine) : 50,9 %. PCFR : 19,3 %. PLDR : 7,7 %. Russie juste : 7,6 %. Nouveau Peuple : 5,3 %. Autres petits partis et indépendants : 9,2 %.

Sièges par parti. Russie unie : 324. PCFR : 57. PLDR : 21. Russie juste : 27. Nouveau Peuple : 13. Patrie : 1. Plateforme civique : 1. Parti de la croissance : 1. Indépendants : 5.

377 hommes. 73 femmes (16,2 %).

Composition du Conseil de la Fédération (membres nommés) : 141 hommes, 29 femmes (17,1 %) (en octobre 2021).

Judiciaire

Plus hautes juridictions. Cour suprême de la Fédération de Russie composée de 170 membres organisés en chambres judiciaires pour les affaires civiles, pénales, administratives et militaires, et le conseil judiciaire disciplinaire, compétent en matière de contentieux économique. En février 2014, la Cour supérieure d'arbitrage de Russie a été abolie et ses compétences transférées à la Cour suprême. Celle-ci exerce un contrôle juridictionnel sur l'activité des tribunaux et tient lieu, selon ses compétences, de cour d'appel et cour de cassation.

Cour constitutionnelle composée de 11 membres, dont le président et le suppléant.

Les juges de la Cour constitutionnelle et de la Cour suprême sont nommés à vie par le Conseil de la Fédération sur proposition du Président. Les juges des cours fédérales sont nommés par le Président.

Tribunaux subordonnés. Tribunaux régionaux, tribunaux municipaux de Moscou et de Saint-Pétersbourg, tribunaux autonomes de province et de district. Les 21 républiques russes ont par ailleurs des systèmes judiciaires spécifiés par leurs propres constitutions.

Partis politiques et dirigeants

Russie juste (Sergeï Mironov), Plateforme civique ou PC (Rifat Chaïkhoutdinov), Parti communiste de la Fédération de Russie ou PCFR (Guennadi Ziouganov), Parti libéral-démocrate de Russie ou PLDR (Vladimir Jirinowski), Peuple nouveau (Alexeï Netchaïev), Parti de la croissance (Irina Mirinova), Patrie (Alexeï Jouravlev), Russie unie (Dmitri Medvedev).

31 partis politiques sont enregistrés auprès du ministère russe de la Justice (septembre 2021). 14 ont participé aux élections de 2021, mais seuls 8 partis conservent une représentation au sein de la législature nationale russe.

Description du drapeau

Trois bandes horizontales de même hauteur, blanche (au sommet), bleue et rouge. Les couleurs s'inspireraient du drapeau néerlandais. Malgré un grand nombre d'interprétations, aucune signification officielle n'est attribuée aux couleurs du drapeau russe.

Plusieurs autres pays slaves ont ensuite adopté des enseignes tricolores à bandes horizontales de mêmes couleurs mais disposées différemment. Le rouge, le bleu et le blanc sont ainsi devenus les couleurs panslaves.

Symboles nationaux

Ours, aigle à deux têtes. Couleurs nationales : blanc, bleu, rouge.

Hymne national

Gossoudarstvennyï gimn Rossiïskoï Federatsii (*Hymne national de la Fédération de Russie*). Paroles/musique : Sergeï Mikhalkov/Aleksandr Aleksandrov.

En 2000, Vladimir Poutine a voulu reprendre la mélodie de l'*Hymne de l'Union soviétique* (composée en 1939). Les paroles sont du même auteur que celles de 1943.

Patrimoine national

Total des sites sélectionnés au patrimoine mondial : 30 (19 culturels, 11 naturels). Liste non exhaustive : Kremlin et place Rouge, Moscou. Centre historique de Saint-Pétersbourg et ensemble monumentaux annexes. Couvent de Novodievitchi. Monuments historiques de Novgorod. Trinité Saint-Serge Lavra à Serguiev Posad. Volcans du Kamtchatka. Lac Baïkal. Sikhote-Aline central. Citadelle, vieille ville et forteresse de Derbent. Ensemble historique et architectural du Kremlin de Kazan.

ÉCONOMIE

Aperçu

La Russie a subi des changements importants depuis l'effondrement de l'Union soviétique, passant d'une économie planifiée à un système de marché. La croissance économique et les réformes ont cependant stagné ces dernières années. La Russie reste une économie principalement étatiste avec une forte concentration de richesses entre les mains des fonctionnaires. Les réformes économiques des années 1990 ont privatisé la plupart des industries, avec quelques exceptions notables dans les secteurs de l'énergie, des transports, de la banque et de la défense. La protection des droits de propriété est encore faible et l'État continue de s'immiscer dans le libre fonctionnement du secteur privé. La Russie est l'un des principaux producteurs mondiaux de pétrole et de gaz naturel et l'un des principaux exportateurs de métaux tels que l'acier et l'aluminium primaire. Le pays est fortement dépendant de l'évolution des prix mondiaux des produits de base qu'il exporte. Ce qui le rend vulnérable aux cycles d'expansion et de récession qui suivent les fluctuations instables des prix mondiaux. L'économie, qui avait connu une croissance moyenne de 7 % au cours de la période 1998-2008 alors que les prix du pétrole augmentaient rapidement, a connu ensuite une baisse des taux de croissance en raison de l'épuisement du modèle fondé sur les biens primaires de la Russie. Une combinaison de la chute des prix du pétrole, des sanctions internationales et des limitations structurelles a plongé la Russie dans une profonde récession en 2015, avec un PIB en chute libre de près de 2,8 %. Le ralentissement s'est poursuivi tout au long de 2016, le PIB fléchissant encore de 0,2 %, mais s'est inversé en 2017 avec une reprise de la demande mondiale. La politique gouvernementale de substitution aux importations s'est récemment renforcée dans le but de diversifier l'économie hors des industries extractives.

PIB réel (parité de pouvoir d'achat)

3 875,69 Mds$ (est. 2020).

Taux de croissance du PIB réel

1,34 % (est. 2019).

PIB réel par habitant

26 500 $ (est. 2020).

PIB (taux de change officiel)

1 702 361 000 000 $ (est. 2019).

Taux d'inflation (prix à la consommation)

4,4 % (est. 2019).

PIB – composition, par secteur d'origine

Agriculture : 4,7 % (est. 2017). Industrie : 32,4 % (est. 2017). Services : 62,3 % (est. 2017).

Production agricole

Blé, betterave à sucre, lait, pommes de terre, orge, graines de tournesol, maïs, volaille, avoine, soja.

Industries

Gamme complète d'industries minières et extractives produisant du charbon, du pétrole, du gaz, des produits chimiques et des métaux. Toutes formes de fabrication de machines, des laminoirs aux avions et véhicules spatiaux à hautes performances. Industries de défense (y compris radars, production de missiles, composants électroniques avancés), construction navale. Matériel de transport routier et ferroviaire. Matériel de communication. Machines agricoles, tracteurs et équipements de construction. Équipements de production et de transmission d'énergie électrique. Instruments médicaux et scientifiques. Biens de consommation durables, textiles, denrées alimentaires, artisanat.

Taux de chômage

4,6 % (est. 2019).

Population sous le seuil de pauvreté

12,6 % (est. 2018).

Budget

Revenus : 258,6 Mds$ (est. 2017). Dépenses : 281,4 Mds$ (est. 2017).

Excédent (+) ou déficit (–) budgétaire

– 1,4 % du PIB (est. 2017).

Dette publique

15,5 % du PIB (est. 2017).

Impôts et autres revenus

16,4 % du PIB (est. 2017).

Exportations

379,12 Mds$ (est. 2020).

Exportations – partenaires

Chine : 14 %. Pays-Bas : 10 %. Biélorussie : 5 %. Allemagne : 5 % (est. 2019).

Exportations - produits de base

Pétrole brut, pétrole raffiné, gaz naturel, charbon, blé, fer (2019).

Importations

304,68 Mds$ (est. 2020).

Importations - partenaires

Chine : 20 %. Allemagne : 13 %. Biélorussie : 6 % (2019).

Importations - marchandises

Voitures et pièces de véhicules, médicaments, équipements de télécommunications, avions, ordinateurs (2019).

Réserves de devises et d'or

432,7 Mds$ (est. au 31 décembre 2017).

Dette externe

479,844 Mds$ (est. 2019).

ÉNERGIE

Accès à l'électricité

Électrification – population totale : 100 % (2020).

Production d'électricité

1 031 Mds de kWh (est. 2016).

Consommation d'électricité

909,6 Mds de kWh (est. 2016).

Électricité - exportations

13,13 Mds de kWh (est. 2016).

Électricité - importations

3,194 Mds de kWh (est. 2016).

Électricité - à partir de combustibles fossiles

68 % de la capacité totale installée (est. 2016).

Électricité - à partir de combustibles nucléaires
11 % de la capacité totale installée (est. 2017).

Électricité - provenant de centrales hydroélectriques
21 % de la capacité totale installée (est. 2017).

Électricité - provenant d'autres sources renouvelables
1 % de la capacité totale installée (est. 2017).

Pétrole brut - production
10,759 M de barils/jour (est. 2018).

Pétrole brut - exportations
4,921 M de barils/jour (est. 2015).

Pétrole brut - importations
76 220 barils/jour (est. 2015).

Pétrole brut - réserves prouvées
80 Mds de barils (est. 1er janvier 2018).

Produits pétroliers raffinés - production
6,076 M de barils/jour (est. 2015).

Produits pétroliers raffinés - consommation
3,65 M de barils/jour (est. 2016).

Produits pétroliers raffinés - exportations
2,671 M de barils/jour (est. 2015).

Produits pétroliers raffinés - importations
41 920 barils/jour (est. 2015).

Gaz naturel - production
665,6 Mds de m^3 (est. 2017).

Gaz naturel - consommation
467,5 Mds de m^3 (est. 2017).

Gaz naturel - exportations
210,2 Mds de m^3 (est. 2017).

Gaz naturel – importations

15,77 Mds de m^3 (est. 2017).

Gaz naturel – réserves prouvées

47 800 Mds de m^3 (est. du 1er janvier 2018).

COMMUNICATIONS

Systèmes de télécommunications

Aperçu. Le marché des télécommunications est le plus important d'Europe, concentré dans les grandes villes. Concurrence active entre Moscou et Saint-Pétersbourg. La plupart des utilisateurs accèdent à Internet via des plateformes mobiles. Le secteur du haut débit par fibre est en croissance, soutenu par le gouvernement dans le but d'étendre sa portée aux régions périphériques. Tests de la 5G à Moscou qui adopte des technologies de ville connectée. Le gouvernement justifie la censure et le blocage de sites Web par une série de lois et de réglementations. Le programme gouvernemental ambitionne de fournir à 97 % des ménages un haut débit fixe d'ici 2024. Des connexions Internet sont accessibles au public au sein des institutions telles que les hôpitaux, les bibliothèques, les écoles et les transports en commun dans les villes. Dans les zones rurales, la disponibilité des connexions Internet publiques reste limitée. Principal importateur d'équipements de diffusion et d'ordinateurs en provenance de Chine (2020).

Audiovisuel. 13 chaînes de télévision nationales. Le gouvernement fédéral en possède une et détient une participation majoritaire dans une autre. La société d'État Gazprom est l'actionnaire majoritaire de 2 chaînes nationales. Bank Rossia, affiliée au gouvernement, détient une participation majoritaire dans une quatrième et une cinquième, tandis qu'une sixième chaîne nationale appartient à l'administration de la ville de Moscou. L'Église orthodoxe et l'armée russes en possèdent une chacune. Sur les 3 300 chaînes de télévision nationales, régionales et locales, plus des deux tiers sont entièrement ou partiellement contrôlées par les gouvernements fédéraux ou locaux. Des services de télévision par satellite sont accessibles. 2 réseaux nationaux de radio sont gérés par l'État et un troisième détenu majoritairement par Gazprom. Il existe environ 2400 radios publiques et privées.

TRANSPORTS

Aéroports

1218 (2013).

Héliports

49 (2013).

Pipelines

Essence: 177700 km. Pétrole: 54800 km. Produits raffinés: 19300 km (2016).

Chemins de fer

87157 km (2014).

Chaussées

1283387 km.

Voies navigables

102000 km (dont 48000 km avec profondeur garantie). 72000 km de cours d'eau en Russie européenne relient la mer Baltique, la mer Blanche, la mer Caspienne, la mer d'Azov et la mer Noire (2009).

Marine marchande

Total: 2873. Par type: 13 vraquiers, 17 porte-conteneurs, 946 cargos polyvalents, 406 pétroliers. Autres: 1491 (2021).

Ports et terminaux

Principaux ports maritimes: Océan Arctique: Arkhangelsk, Mourmansk. Mer Baltique: Kaliningrad, Primorsk, Saint-Pétersbourg. Mer Noire: Novorossiïsk. Océan Pacifique: Nakhodka, Vladivostok, Vostochny. Terminaux pétroliers: Terminal pétrolier de Port-Kavkaz. Primorsk. Ports à conteneurs (EVP): Saint-

Pétersbourg (2019). Terminaux méthaniers (export) : Sabetta, île de Sakhaline. Ports fluviaux : Astrakhan, Kazan (Volga), Rostov-sur-le-Don (rivière Don), Saint-Pétersbourg (rivière Neva).

MILITAIRE ET SÉCURITÉ

Forces militaires et de sécurité

Forces armées de la Fédération de Russie : troupes terrestres, marine, forces aérospatiales. Les troupes aéroportées et les forces des fusées stratégiques de la Fédération de Russie (RVSN), composante terre de la dissuasion nucléaire russe, ne sont pas subordonnées à l'une de ces trois branches.

Service fédéral des troupes de la Garde nationale de la Fédération de Russie (Rosgvardia, FSVNG) : créé en 2016 en tant qu'agence indépendante pour assurer la sécurité intérieure du régime, la lutte contre le terrorisme et le trafic de stupéfiants, la protection des installations importantes de l'État et du personnel gouvernemental, et renforcer la sécurité des frontières. Les forces relevant de la Garde nationale comprennent les unités mobiles à usage spécial (OMON), le détachement spécial d'intervention rapide (SOBR) et les troupes de l'intérieur (VV) qui se trouvaient à l'origine sous le commandement des troupes frontalières des services fédéraux de sécurité du ministère de l'Intérieur (MVD, comprenant les forces terrestres et maritimes) (2021).

L'armée de l'air et les forces de défense aérospatiale ont été fusionnées au sein des Forces spatiales de la Fédération (VKS) en 2015 qui traitent également du lancement de satellites militaires et à double usage, de leur maintenance, ainsi que de la surveillance des menaces spatiales et des réponses à y apporter.

Dépenses militaires

4,3 % du PIB. 61,7 Mds$ (est. 2022).

Points forts du personnel militaire et des services de sécurité

Les informations varient. Estimation d'un total de 850 000 soldats en service actif. Terre : 300 000. Aéroporté : 40 000. Marine : 150 000. Aérospatial : 160 000. RVSN : 70 000. Forces d'opérations spéciales : 20 000. Environ 100 000 autres personnels en uniforme (commandement et contrôle, cyber, soutien, logistique, sécurité, etc.). 200 000-250 000 soldats de la Garde nationale (2021).

Inventaires et acquisitions d'équipements militaires

Les services militaires et paramilitaires de la Fédération de Russie sont équipés de systèmes d'armement fabriqués dans le pays, bien que, depuis 2010, la Russie ait importé des quantités limitées de matériel militaire de plusieurs pays, dont la Tchéquie, la France, Israël, l'Italie, la Turquie et l'Ukraine. L'industrie de défense russe est capable de concevoir, développer et produire une gamme complète de systèmes d'armement sophistiqués aériens, terrestres et maritimes. La Russie est le deuxième exportateur mondial de matériel militaire (2021).

Déploiements militaires

Estimations. Arménie : 3 000-5 000. Biélorussie : 1 500. Géorgie : 7 000-10 000. République centrafricaine : 100. Kirghizistan : 500. Moldavie (Transnistrie) : 1 500-2 000. Syrie : 3 000-5 000. Tadjikistan : 5 000-7 000.

Note. En 2022, la Russie a envahi l'Ukraine déployant entre 150 000 et 200 000 hommes.

Avant l'invasion, les forces russes en Ukraine étaient estimées à 30 000 (2021).

Depuis novembre 2020, la Russie a déployé environ 2 000 soldats de maintien de la paix dans la région du Haut-Karabakh et autour dans le cadre d'un accord de trêve entre l'Arménie et l'Azerbaïdjan ; des combats ont éclaté entre les deux pays au sujet de la région du Haut-Karabakh en septembre 2020.

Jusqu'à la fin de 2021, la Russie aurait déployé un nombre considérable d'entrepreneurs militaires privés en République centrafricaine (1 000-2 000), en Libye (1 000-2 000), et le Mali (plus de 400).

Âge et obligation du service militaire

18-27 ans pour le service militaire obligatoire (hommes uniquement) ou volontaire (hommes et femmes). Obligation de service d'un an (la Russie offre la possibilité de servir sur un contrat de deux ans au lieu de remplir une période de conscription d'un an). Obligation de réserve pour les non-officiers jusqu'à 50 ans. Inscription dans les écoles militaires dès l'âge de 16 ans, les cadets sont classés membres des forces armées (2021).

Note. En 2021, les conscrits représentaient environ 30 % du personnel en service actif de l'armée russe. En avril 2019, le gouvernement russe a annoncé son intention de mettre fin à la conscription pour passer en une décennie d'une grande armée de conscrits à une force plus petite et plus professionnelle. En 2020, les femmes représentaient environ 5 % des militaires d'active.

Remarques. – À partir de 2022, les forces militaires russes ont continué à mener des opérations de combat en Syrie. La Russie était intervenue dans la guerre civile syrienne à la demande du gouvernement Asad en septembre 2015. L'aide russe comprenait un soutien aérien, des forces d'opérations spéciales, des conseillers militaires, des sous-traitants militaires privés, de la formation, des armes et de l'équipement.

– La Russie est le pays leader et membre fondateur de l'Organisation du traité de sécurité collective (OTSC) qui comprend l'Arménie, la Biélorussie, le Kazakhstan, le Kirghizistan et le Tadjikistan. 8 000 hommes sont affectés à la force de réaction rapide de l'Organisation.

QUESTIONS INTERNATIONALES

Litiges internationaux (mi-2021)

La Russie reste préoccupée par la contrebande de dérivés du pavot d'Afghanistan via les pays d'Asie centrale. La Chine et la Russie se sont partagé les îles autrefois disputées au confluent de l'Amour et de l'Oussouri et dans l'Argoun conformément à l'accord de 2004, mettant fin à leurs différends frontaliers séculaires.

Le conflit de souveraineté sur les îles d'Etorofu, Kunashiri, Shikotan et Habomai, connues au Japon sous le nom de «Territoires du Nord» et en Russie sous le nom de «Kouriles du Sud», occupées par l'Union soviétique en 1945, aujourd'hui administrées par la

Russie, et revendiquées par le Japon, reste le principal point de désaccord empêchant la signature d'un traité de paix mettant officiellement fin aux hostilités de la Seconde Guerre mondiale.

Le soutien militaire de la Russie et la reconnaissance ultérieure de l'indépendance de l'Abkhazie et de l'Ossétie du Sud en 2008 continuent d'envenimer les relations avec la Géorgie.

L'Azerbaïdjan, le Kazakhstan et la Russie ont ratifié les traités de délimitation des fonds marins de la Caspienne selon le principe de l'équidistance, tandis que l'Iran continue de revendiquer un cinquième de cette mer. La Norvège et la Russie ont signé un accord global sur les frontières maritimes en 2010.

Divers groupes finlandais veulent réunifier la Carélie et récupérer d'autres régions cédées à l'Union soviétique après la Seconde Guerre mondiale, mais le gouvernement finlandais ne revendique officiellement aucun territoire.

La Russie et l'Estonie ont signé un accord frontalier en mai 2005, mais la Russie a « retiré » sa signature en juin 2005 après que le parlement estonien a ajouté à sa loi de ratification nationale un préambule historique faisant référence à l'occupation soviétique et aux frontières d'avant-guerre de l'Estonie en vertu du traité de Tartu de 1920. Vladimir Poutine a estimé que le parlement estonien ouvrait la voie à des revendications territoriales sur la Russie, malgré les dénégations des responsables estoniens.

La Russie exige un meilleur traitement de la population russophone en Estonie et en Lettonie.

La Russie reste impliquée dans la guerre du Donbass, dans l'est de l'Ukraine, tout en occupant le territoire ukrainien de la Crimée.

La Lituanie et la Russie se sont engagées à délimiter leur frontière en 2006 conformément au traité terrestre et maritime ratifié par la Lituanie en 1999 et la Russie en mai 2003. La Lituanie, État membre de l'UE, applique un régime de transit simplifié pour les ressortissants russes voyageant de l'enclave côtière de Kaliningrad vers la Russie, tout en se conformant aux règles frontalières définies par les accords de Schengen.

Des préparatifs avaient commencé pour démarquer la frontière terrestre avec l'Ukraine. Le différend sur la frontière russo-ukrainienne par le détroit de Kertch et la mer d'Azov a été suspendu en raison de l'occupation de la Crimée par la Russie.

La démarcation de la frontière entre le Kazakhstan et la Russie a été ratifiée en novembre 2005 pour débuter en 2008.

La Douma russe n'a pas encore ratifié l'accord de 1990 sur la frontière maritime de la mer de Béring avec les États-Unis. Le Danemark (Groenland) et la Norvège ont soumis des requêtes à la Commission des limites du plateau continental (CLPC) et la Russie recueille des données supplémentaires pour compléter sa requête CLPC de 2001.

Réfugiés et déplacés internes

Réfugiés: 350 630 (Ukraine) au 29 mars 2022. Apatrides: 56 960 (mi-2021).

La population apatride de Russie se compose de Roms, de Turcs meskhètes et de citoyens soviétiques des anciennes républiques. Entre 2003 et 2010, plus de 600 000 apatrides ont été naturalisés. La plupart des Turcs meskhètes, musulmans originaires de Géorgie, ont fui ou ont été évacués d'Ouzbékistan après le pogrom de 1989 et vivent en Russie depuis bien plus longtemps que les 5 ans exigés pour demander leur naturalisation. Les autorités locales de Krasnodar Kraï continuent cependant de leur refuser la citoyenneté et l'exercice de leurs droits fondamentaux au motif qu'ils seraient des migrants illégaux temporaires.

Traite des personnes

Situation actuelle. La Russie est un pays d'origine, de transit et de destination pour les hommes, les femmes et les enfants soumis au travail forcé et au trafic sexuel, bien que le trafic de main-d'œuvre reste le problème prédominant. Des citoyens russes comme des étrangers en provenance d'autres pays d'Europe, d'Asie centrale, d'Asie du Sud-Est et d'Asie (y compris le Vietnam et la Corée du Nord) sont forcés de travailler dans les industries du bâtiment, de la confection, dans l'agriculture, les services domestiques, les ateliers de réparation. Ils sont enrôlés au sein de réseaux de mendicité ou de culture et trafic de stupéfiants. Les

Nord-Coréens engagés dans le cadre d'arrangements gouvernementaux bilatéraux pour l'industrie du bois dans l'Extrême-Orient russe seraient soumis au travail forcé. Des femmes et des enfants russes seraient victimes de trafic sexuel dans leur pays, en Asie du Nord-Est, en Europe, en Asie centrale et au Moyen-Orient, tandis que des femmes originaires d'Europe, d'Afrique et d'Asie centrale seraient forcées de se prostituer sur le territoire russe.

Classification. Niveau 3[1]. La Russie ne respecte pas pleinement les normes minimales pour l'élimination de la traite, ne fait pas d'efforts significatifs pour y parvenir et reste au niveau 3. Le gouvernement a pris des mesures pour lutter contre la traite en condamnant certains trafiquants, en facilitant le retour d'enfants russes d'Irak et de Syrie et en identifiant certaines victimes, y compris des ressortissants étrangers. Restent cependant la politique gouvernementale de travail forcé et une pénalisation des victimes de la traite lorsqu'elles sont détectées. L'État ne propose aucun financement ou programme de réhabilitation des victimes. Aucune stratégie nationale de lutte contre la traite n'a été élaborée.

Médicaments illicites

Pays de destination pour l'opium et l'héroïne afghans. Pays de transit pour la cocaïne d'Amérique du Sud, en particulier de l'Équateur, vers l'Europe, notamment la Belgique et les Pays-Bas. Les drogues de synthèse sont produites dans des laboratoires clandestins dans tout le pays. Le cannabis est cultivé dans l'Extrême-Orient russe et le Caucase du Nord. La majorité du haschisch est introduite en contrebande depuis l'Afrique du Nord.

1. Note attribuée dans son rapport annuel par le département d'État américain chargé de surveiller et de combattre la traite des personnes. De 1 (si les pays respectent pleinement les normes minimales pour la protection des victimes de la traite et de la violence) à 3 (dans le cas contraire).

UKRAINE

CONTEXTE HISTORIQUE

L'Ukraine constituait le centre du premier État slave oriental, la Rus' de Kiev, qui, aux Xᵉ et XIᵉ siècles, était le plus grand et le plus puissant État d'Europe. Affaiblie par des querelles intestines et des invasions mongoles, la Rus' de Kiev a été incorporée au Grand-Duché de Lituanie et finalement à la République des deux nations polono-lituanienne. L'héritage culturel et religieux de la Rus' de Kiev a jeté les bases du nationalisme ukrainien au cours des siècles suivants. Un nouvel État ukrainien, le Hetmanat cosaque, a été créé au milieu du XVIIᵉ siècle après un soulèvement contre les Polonais. Malgré la pression moscovite continue, l'Hetmanat a réussi à rester autonome pendant plus de cent ans. Au cours de la dernière partie du XVIIIᵉ siècle, la majeure partie du territoire ethnographique ukrainien a été absorbée par l'Empire russe. Après l'effondrement de la Russie tsariste en 1917, l'Ukraine a obtenu une courte période d'indépendance (1917-1920), mais a été reconquise et a subi un régime soviétique brutal qui a volontairement provoqué deux famines forcées (1921-1922 et 1932-1933) au cours desquelles plus de 8 millions de personnes sont mortes. Pendant la Seconde Guerre mondiale, les armées allemandes et soviétiques ont été responsables de 7 à 8 millions de morts supplémentaires. Bien que l'Ukraine ait obtenu son indépendance en 1991 avec la dissolution de l'URSS, la démocratie et la prospérité se sont fait attendre en raison d'une forte tradition de contrôle étatique et d'une corruption endémique qui ont bloqué les efforts de réforme économique, de privatisation et de développement des libertés civiles.

Une manifestation pacifique appelée la « révolution orange » durant les derniers mois de 2004 a forcé les autorités à annuler une élection présidentielle truquée et à autoriser un nouveau vote sous surveillance internationale qui a porté au pouvoir la liste réformiste de Viktor Iouchtchenko. Des querelles internes ultérieures dans le camp de Iouchtchenko ont permis à son rival Viktor Ianoukovitch d'organiser un retour aux élections parlementaires (Rada), de devenir Premier ministre en août 2006 et d'être élu Président en février 2010. En octobre 2012, l'Ukraine a organisé des élections à la Rada, largement biaisées selon les observateurs occidentaux en raison de l'utilisation des moyens gouvernementaux pour favoriser les candidats du parti au pouvoir, contrôler l'accès aux médias et harceler les candidats de l'opposition. Le retour en arrière du président Ianoukovitch au sujet d'un accord de commerce et de coopération avec l'UE en novembre 2013 – afin de resserrer les liens économiques avec la Russie – et l'usage de la force contre des étudiants, des militants de la société civile et d'autres citoyens favorables à l'accord ont conduit à l'occupation de la place centrale de Kiev durant trois mois. En février 2014, l'affrontement entre gouvernement et manifestants s'est transformé en batailles rangées causant des dizaines de morts. Condamné par la communauté internationale et après un accord politique raté, le président Ianoukovitch a brutalement quitté le pays pour la Russie. De nouvelles élections au printemps ont permis au président pro-occidental Petro Porochenko d'entrer en fonctions en juin 2014. Volodymyr Zelensky lui a succédé en mai 2019.

Peu de temps après le départ de Ianoukovitch fin février 2014, Vladimir Poutine a ordonné l'invasion de la péninsule de Crimée en Ukraine, affirmant que l'action visait à protéger les Russes de souche qui y vivaient. Deux semaines plus tard, s'est tenu un «référendum» sur l'intégration de la Crimée dans la Fédération de Russie jugé illégitime par le gouvernement ukrainien, l'UE, les États-Unis et l'Assemblée générale des Nations unies (AGNU). En réponse à l'annexion illégale de la Crimée par la Russie, 100 membres de l'ONU ont adopté la résolution 68/262 de l'AGNU, rejetant le «référendum» pour invalidité et absence de fondement, et confirmant la souveraineté, l'indépendance politique, l'unité et l'intégrité territoriale de l'Ukraine. À la mi-2014, la Russie a commencé à fournir main-d'œuvre, financement et matériel à ses intermédiaires dans deux des provinces orientales de l'Ukraine, entraînant un conflit armé avec le gouvernement ukrainien. Des représentants de l'Ukraine, de la Russie ainsi que des républiques mandataires russes non reconnues ont signé le protocole et le mémorandum de Minsk en septembre 2014 pour mettre fin au conflit. L'accord n'a permis ni d'arrêter les combats ni de trouver une solution politique. Dans une nouvelle tentative d'apaisement, les dirigeants ukrainiens, russes, français et allemands ont négocié en février 2015 un ensemble de mesures afin de mettre en œuvre les accords de Minsk. Des représentants de l'Ukraine, de la Russie, des républiques mandataires russes non reconnues et de l'Organisation pour la sécurité et la coopération en Europe se sont réunis régulièrement pour faciliter la mise en œuvre de l'accord de paix. Début 2022, l'intervention russe dans l'est de l'Ukraine a causé la mort de plus de 14 000 civils.

Le 24 février 2022, la Russie a envahi l'Ukraine sur plusieurs fronts dans ce qui est devenu la plus grande attaque militaire conventionnelle contre un État souverain en Europe depuis la Seconde Guerre mondiale. La condamnation internationale a été quasi universelle et de nombreux pays ont imposé des sanctions à la Russie et fourni une aide humanitaire et militaire à l'Ukraine. L'invasion a aussi provoqué la plus grande crise de réfugiés en Europe depuis la Seconde Guerre mondiale. Au 29 mars plus de 4,02 millions de personnes avaient fui l'Ukraine et environ 6,48 millions étaient déplacées à l'intérieur du pays. Plus de 2 685 victimes civiles ont été signalées.

GÉOGRAPHIE

Emplacement

Europe de l'Est, bordant la mer Noire, entre la Pologne, la Roumanie et la Moldavie à l'ouest et la Russie à l'est.

Superficie

603 550 km². Terre : 579 330 km². Eau : 24 220 km².

Environ 43 133 km², soit à peu près 7,1 % de la superficie de l'Ukraine, sont occupés par la Russie. La zone comprend toute la Crimée et environ un tiers des provinces de Louhansk et de Donetsk.

Frontières terrestres

5 581 km. 6 pays frontaliers : Biélorussie (1 111 km), Hongrie (128 km), Moldavie (1 202 km), Pologne (498 km), Roumanie (601 km), Russie (1 944 km), Slovaquie (97 km).

Littoral

2 782 kilomètres.

Climat

Continental tempéré, méditerranéen uniquement sur la côte sud de la Crimée. Précipitations réparties de manière disproportionnée, les plus élevées à l'ouest et au nord, moins importantes à l'est et au sud-est. Hivers frais le long de la mer Noire et froids à l'intérieur des terres. Étés chauds dans la plus grande partie du pays, notamment le sud.

Altitude

Point le plus haut : mont Hoverla, 2061 m. Point le plus bas : mer Noire, 0 m. Altitude moyenne : 175 m.

Ressources naturelles

Minerai de fer, charbon, manganèse, gaz naturel, pétrole, sel, soufre, graphite, titane, magnésium, kaolin, nickel, mercure, bois, terres arables.

Principaux cours d'eau (par longueur en km)

Le Danube, fleuve partagé avec l'Allemagne (source), l'Autriche, la Slovaquie, la Tchéquie, la Hongrie, la Croatie, la Serbie, la Bulgarie, la Moldavie et la Roumanie (embouchure), 2888 km. L'embouchure du Dniepr, fleuve partagé avec la Russie (source) et la Biélorussie, 2287 km. La source et embouchure du Dniestr, partagé avec la Moldavie, 1411 km. La Vistule, fleuve partagé avec la Pologne (source et embouchure) et la Biélorussie, 1213 km.

Risques naturels

Inondations occasionnelles. Sécheresses occasionnelles.

Note. Position stratégique au carrefour entre l'Europe et l'Asie, deuxième plus grand pays d'Europe après la Russie.

POPULATION ET SOCIÉTÉ

Population

43745640 (est. juillet 2021).

Nationalité

Nom : Ukrainien. Adjectif : ukrainien.

Groupes ethniques

Ukrainiens : 77,8 %. Russes : 17,3 %. Biélorusses : 0,6 %. Moldaves : 0,5 %. Tatars de Crimée : 0,5 %. Bulgares : 0,4 %. Hongrois : 0,3 %. Roumains : 0,3 %. Polonais : 0,3 %. Juifs : 0,2 %. Autres : 1,8 % (est. 2001).

Langues

Ukrainien (officiel) : 67,5 %. Russe (langue régionale) : 29,6 %. Autres : 2,9 % (y compris les petites minorités de langue tatare de Crimée, moldave/roumaine et hongroise) (est. 2001).

Religions

Orthodoxe (comprend l'Église orthodoxe d'Ukraine (OCU), l'Église orthodoxe autocéphale ukrainienne (UAOC) et l'Orthodoxie ukrainienne – Patriarcat de Moscou (UOC-MP). Grecque-catholique ukrainienne. Catholique romaine. Protestante. Musulmane. Juive (est. 2013).

Pyramide des âges (est. 2020)

0-14 ans : 16,16 % (hommes 3 658 127/femmes 3 438 887).
15-24 ans : 9,28 % (hommes 2 087 185/femmes 1 987 758).
25-54 ans : 43,66 % (hommes 9 456 905/femmes 9 718 758).
55-64 ans : 13,87 % (hommes 2 630 329/femmes 3 463 851).
65 ans et plus : 17,03 % (hommes 2 523 600/femmes 4 957 539).

Taux de croissance de la population

– 0,49 % (est. 2021).

Taux de migration nette

– 0,26 migrant /1 000 habitants (est. 2021).

Répartition de la population

Peuplement le plus dense dans les régions de l'est, Donbass, et de l'ouest. Concentrations dans et autour des principales zones urbaines de Kiev, Kharkiv, Donetsk, Dnipropetrovsk et Odessa.

Grandes zones urbaines – population

Kiev : 3,010 M. Kharkiv : 1,423 M. Odessa : 1,008 M. Dniepropetrovsk : 952 000. Donetsk : 893 000 (est. 2022).

ENVIRONNEMENT

Enjeux actuels

Pollution de l'air et de l'eau. Dégradation du sol. Gestion des déchets. Atteintes à la biodiversité. Déforestation. Contamination radioactive dans le nord-est à la suite de l'accident du réacteur nucléaire de Tchernobyl survenu en 1986.

Exploitation des terres

Terres agricoles : 71,2 %. Forêt : 16,8 %. Autres : 12 % (est. 2018).

Urbanisation

Population urbaine : 69,9 % de la population totale (est. 2022).

Revenus forestiers

0,34 % du PIB (est. 2018).

Revenus du charbon

0,42 % du PIB (est. 2018).

GOUVERNEMENT

Nom du pays

Forme longue conventionnelle : aucune.

Forme courte conventionnelle : Ukraine.

Étymologie : le nom dérive d'un ancien mot slave oriental, *ukraina*, qui signifie « frontière » ou « marche » (région frontalière militarisée). Il a commencé à être largement utilisé au XIXe siècle. À l'origine, les Ukrainiens se désignaient eux-mêmes sous le nom de Rusyny (Rusyns, Ruthénians ou Ruthènes), un endonyme dérivé de l'État médiéval de la Rus' de Kiev.

Type de gouvernement

République semi-présidentielle.

Capitale

Nom : Kiev. Étymologie : le nom est associé à celui de Kyi, qui avec ses frères Shchek et Khoryv, et leur sœur Lybid, sont les fondateurs légendaires de la cité médiévale de Kiev. Kyi étant le frère aîné, la ville porte son nom.

Divisions administratives

24 provinces (oblasts). 1 république autonome (Crimée). 2 villes fédérales (Kiev, Sébastopol).

Indépendance

24 août 1991 (de l'Union soviétique). Dates antérieures. 982 : Vladimir Ier consolide la Rus' de Kiev. 1199 : formation de la principauté, devenue ensuite royaume, de Ruthénie. 1648 : établissement du Hetmanat cosaque.

Fête nationale

Jour de l'Indépendance, 24 août. Le 22 janvier 1918, l'Ukraine a déclaré pour la première fois son indépendance de la Russie soviétique. Cette date est maintenant célébrée comme le jour de l'unité par les républiques ukrainiennes occidentales.

Constitution

Adoptée le 28 juin 1996.

Système légal

Système de droit civil. Contrôle juridictionnel des actes législatifs.

Participation à des organisations de droit international

N'a pas soumis de déclaration de compétence à la Cour internationale de Justice. N'est pas inscrite à la Cour pénale internationale.

Citoyenneté

Nationalité uniquement par filiation : au moins un parent doit être citoyen ukrainien. Double nationalité reconnue : non. Condition de résidence pour la naturalisation : 5 ans. Droit de vote : 18 ans. Universel.

Exécutif

Chef d'État : président Volodymyr Zelensky (depuis le 20 mai 2019).

Chef du gouvernement : Premier ministre Denys Chmyhal (depuis le 4 mars 2020).

Cabinet : Cabinet des ministres nommé par le Premier ministre, approuvé par le Conseil suprême d'Ukraine.

Élections/nominations : Président élu au suffrage universel direct à la majorité absolue en 2 tours si besoin, pour un mandat de 5 ans (éligible pour un second mandat). Les dernières élections ont eu lieu les 31 mars et 21 avril 2019. La prochaine est prévue en mars 2024. Le Premier ministre est nommé en fonction des résultats des élections au Conseil suprême d'Ukraine.

Résultats des élections de 2019 : Volodymyr Zelensky élu Président. Premier tour. Volodymyr Zelensky (Serviteur du peuple) : 30,2 % des voix. Petro Porochenko (Solidarité européenne) : 15,6 %. Second tour. Volodymyr Zelensky : 73,2 %. Petro Porochenko : 24,5 %.

Il existe également un Conseil de sécurité nationale et de défense ou NSDC créé à l'origine en 1992 sous le nom de Conseil de sécurité nationale. Le personnel du NSDC est chargé d'élaborer la politique de sécurité nationale sur les questions nationales et internationales et de conseiller le Président. Une administration présidentielle aide à rédiger les décrets présidentiels et fournit un soutien politique au Président.

Législatif

Description. Conseil suprême d'Ukraine (450 sièges). 225 représentants (1 par circonscription électorale) élus au scrutin uninominal majoritaire à un tour. 225 autres élus au scrutin proportionnel plurinominal de liste fermée avec seuil électoral. Mandat de 5 ans.

Élections

Dernière élection le 21 juillet 2019.

Judiciaire

Plus hautes juridictions. Cour suprême d'Ukraine ou SCU (composée de 100 juges, organisée en chambres civiles, pénales, commerciales et administratives, et une grande chambre). Cour constitutionnelle (composée de 18 juges). Haute Cour anticorruption (composée de 39 juges, dont 12 à la Chambre d'appel).

Juridictions subordonnées. Cours d'appel. Tribunaux de district.

Partis politiques et dirigeants

Patrie (Ioulia Tymochenko), Solidarité européenne (Petro Porochenko), Voix (Kira Rudyk), Bloc d'opposition (Yevheniy Murayev), Plateforme d'opposition pour la vie (Iouri Boïko et Vadim Rabinovich), Parti Radical (Oleh Liachko), Autonomie (Andriy Sadovy), Serviteur du Peuple (Oleksandr Kornienko), Liberté (Oleh Tyahnybok).

Description du drapeau

Deux bandes horizontales de même hauteur, bleue (au sommet) et jaune. Bien que les couleurs remontent à l'héraldique médiévale, on prétend parfois aujourd'hui qu'elles représentent des champs de céréales sous un ciel bleu.

Symboles nationaux

Trident, tournesol. Couleurs nationales : bleu, jaune.

Hymne national

Shche ne vmerla Ukraina (« L'Ukraine n'est pas encore morte »). Paroles/musique : Pavlo Tchoubynsky/Mykhaïlo Verbytsky. Musique adoptée en 1991. Les paroles de la chanson, interprétée pour la première fois en 1864 au Théâtre ukrainien de Lviv, ont été révisées en 2003.

Patrimoine national

7 sites sélectionnés au patrimoine mondial : cathédrale Sainte-Sophie de Kiev et bâtiments monastiques connexes, Kiev Pechersk Lavra. Centre historique de Lviv. Résidence des métropolites de Bucovine et de Dalmatie, Tchernivtsi. Ancienne ville de Chersonèse taurique, Sébastopol. Tserkvas en bois de la région des Carpates. Forêts de hêtres anciennes et primitives des Carpates. Arc géodésique de Struve.

ÉCONOMIE

Aperçu

Après la Russie, la République ukrainienne était l'atout économique majeur de l'ex-Union soviétique, avec une production quatre fois supérieure à celle de la république de rang suivant. Son sol noir fertile représentait plus d'un quart de la production agricole soviétique et ses fermes fournissaient des quantités substantielles de viande, de lait, de céréales et de légumes aux autres républiques. De même, la diversité de son industrie lourde a permis de fournir des équipements uniques tels que des tuyaux de grand diamètre et des appareils de forage vertical, ainsi que des matières premières, à des sites industriels et miniers situés dans les autres régions de l'ex-URSS.

Peu de temps après l'indépendance en août 1991, le gouvernement ukrainien a libéralisé la plupart des prix et mis en place un cadre juridique pour la privatisation, mais la résistance rencontrée au sein du gouvernement et du corps législatif a rapidement bloqué les efforts de réforme et conduit à un certain retour en arrière. En 1999, la production était tombée à moins de 40 % du niveau de 1991. Les institutions extérieures – en particulier le FMI – ont encouragé l'Ukraine à accélérer le rythme des réformes et à étendre leur champ d'application pour favoriser la croissance économique. Les dirigeants ukrainiens ont éliminé la plupart des privilèges fiscaux et douaniers par une loi budgétaire de mars 2005, augmentant l'activité déjà importante de l'économie parallèle. De 2000 au milieu de l'année 2008, l'économie ukrainienne s'est montrée dynamique malgré les affrontements politiques entre le Premier ministre et le Président. Son indice de croissance a chuté de près de 15 % en 2009, soit l'une des pires performances au monde. En avril 2010, l'Ukraine a négocié une réduction des prix sur les importations de gaz russe en échange de la prolongation du bail de la Russie sur sa base navale de Crimée.

L'économie ukrainienne dominée par les oligarques a connu une croissance lente de 2010 à 2013, en retrait par rapport à ses pairs de la région, la classant parmi les pays les plus pauvres d'Europe. Après que l'ancien président Ianoukovitch a fui le pays pendant la Révolution de la Dignité, l'économie ukrainienne est entrée dans une zone de turbulences en raison de l'annexion de la Crimée par la Russie, d'un conflit militaire dans l'est du pays et d'une guerre commerciale avec la Russie, entraînant une chute de 17 % du PIB, une inflation d'environ 60 % et une baisse des réserves de devises étrangères. La communauté internationale a engagé des efforts pour stabiliser l'économie ukrainienne, en lançant notamment un programme d'assistance du FMI de 17,5 milliards de dollars en mars 2014, dont l'Ukraine a reçu jusqu'en avril 2017 quatre décaissements, portant le total décaissé à environ 8,4 milliards de dollars. L'Ukraine avait progressé dans les réformes destinées à rendre le pays prospère, démocratique et transparent : création d'une agence nationale de lutte contre la corruption, refonte du secteur bancaire, mise en place d'un système clair de remboursement de la TVA et transparence accrue dans les marchés publics. Mais d'autres améliorations étaient nécessaires, notamment la lutte contre la corruption, le développement des marchés de capitaux, l'amélioration de l'environnement des affaires pour attirer les investissements étrangers, la privatisation des entreprises publiques et la réforme agraire. En juin 2017, le versement de la cinquième tranche du programme du FMI, évaluée à 1,9 milliard de dollars, a été repoussé en raison de l'absence de progrès sur les réformes en cours, notamment des niveaux de parité dans l'ajustement des tarifs du gaz d'importation et l'adoption d'une législation établissant un tribunal anticorruption indépendant.

L'occupation russe de la Crimée en mars 2014 et le conflit dans l'est de l'Ukraine ont nui à la croissance économique. La perte d'une grande partie de l'industrie lourde ukrainienne dans le Donbass et la poursuite des violences ont entraîné une récession économique de 6,6 % en 2014 et de 9,8 % en 2015, suivie d'un retour à une faible croissance en 2016 et 2017, de respectivement 2,3 % et 2,0 %, au fur et à mesure de l'application des principales réformes. L'Ukraine a également réorienté ses activités commerciales vers l'UE à la suite de la mise en œuvre d'un accord bilatéral de libre-échange approfondi et complet, supplantant la Russie en tant que principal partenaire commercial. L'interdiction des échanges commerciaux avec les territoires contrôlés par les séparatistes au début de 2017 n'a pas eu autant d'impact que prévu sur les secteurs industriels clés de l'Ukraine, principalement en raison de conditions extérieures favorables. L'Ukraine est revenue sur les marchés internationaux de la dette en septembre 2017.

PIB réel (parité de pouvoir d'achat)

516,68 Mds$ (est. 2020).

Taux de croissance du PIB réel

3,24 % (est. 2019).

PIB réel par habitant

12 400 $ (est. 2020).

PIB (taux de change officiel)

155,082 Mds$ (est. 2019).

Taux d'inflation (prix à la consommation)

7,9 % (est. 2019).

PIB – composition, par secteur d'origine (est. 2017)

Agriculture : 12,2 %. Industrie : 28,6 %. Services : 60 %.

Production agricole

Maïs, blé, pommes de terre, graines de tournesol, betterave à sucre, lait, orge, soja, colza, tomates.

Industries

Charbon, énergie électrique, métaux ferreux et non ferreux, machines et matériel de transport, produits chimiques, agroalimentaire.

Taux de chômage

8,89 % (est. 2019).

Population sous le seuil de pauvreté

1,1 % (est. 2019).

Budget (est. 2017)

Revenus : 29,82 Mds$. Dépenses : 31,55 Mds$.

Excédent (+) ou déficit (-) budgétaire

– 1,5 % du PIB (est. 2017).

Dette publique

71 % du PIB (est. 2017).

Impôts et autres revenus

26,6 % du PIB (est. 2017).

Exportations

60,67 Mds$ (est. 2020)

Exportations – partenaires

Russie : 9 %, Chine : 8 %, Allemagne : 6 %, Pologne : 6 %, Italie : 5 %, Turquie : 5 % (est. 2019).

Exportations – produits de base

Maïs, huile de graines de tournesol, fer et produits sidérurgiques, blé, câblage isolé, colza.

Importations

62,46 Mds$ (est. 2020)

Importations – partenaires

Chine : 13 %, Russie : 12 %, Allemagne : 10 %, Pologne : 9 %, Biélorussie : 7 % (est. 2019).

Importation – marchandises

Pétrole raffiné, voitures, médicaments, charbon, gaz naturel.

Réserves de devises et d'or

18,81 Mds$ (est. 31 décembre 2017).

Dette externe

117,41 Mds$.

ÉNERGIE

Accès à l'électricité

Électrification – population totale : 100 % (2020).

Production d'électricité

153,6 Mds de kWh (est. 2016).

Consommation d'électricité

133,2 Mds de kWh (est. 2016).

Électricité - exportations

3,591 Mds de kWh (est. 2015).

Électricité - importations

77 Mds de kWh (est. 2016).

Électricité - capacité de production installée

57,28 M de kW (est. 2016).

Électricité - à partir de combustibles fossiles

65 % de la capacité totale installée (est. 2016).

Électricité - à partir de combustibles nucléaires

23 % de la capacité totale installée (est. 2017).

Électricité - provenant de centrales hydroélectriques

8 % de la capacité totale installée (est. 2017).

Électricité - provenant d'autres sources renouvelables

3 % de la capacité totale installée (est. 2017).

Pétrole brut - production

32 000 barils/jour (est. 2018).

Pétrole brut - exportations

413 barils/jour (est. 2015).

Pétrole brut - importations

4 720 barils/jour (est. 2015).

Pétrole brut - réserves prouvées

395 M de barils (est. 1er janvier 2018).

Produits pétroliers raffinés - production
63 670 barils/jour (est. 2017).

Produits pétroliers raffinés - consommation
233 000 barils/jour (est. 2016).

Produits pétroliers raffinés - exportations
1 828 barils/jour (est. 2015).

Produits pétroliers raffinés - importations
167 000 barils/jour (est. 2015).

Gaz naturel - production
19,73 Mds de m^3 (est. 2017).

Gaz naturel - consommation
30,92 Mds de m^3 (est. 2017).

Gaz naturel - exportations
0 m^3 (est. 2017).

Gaz naturel - importations
12,97 Mds de m^3 (est. 2017).

Gaz naturel - réserves prouvées
1 104 Mds de m^3 (est. 1er janvier 2018).

COMMUNICATIONS

Systèmes de télécommunications

Aperçu. Le marché ukrainien des télécommunications continue de faire face à des défis résultant de l'annexion de la Crimée par la Russie et des conflits dans les régions orientales. Le développement du marché a attiré des investisseurs internationaux de Russie, de Turquie et d'Azerbaïdjan. Le plan du gouvernement est de mettre l'accent sur l'amélioration des lignes interurbaines nationales, des connexions internationales et d'un système national de téléphonie mobile. Les opérateurs passent des services 3G à la 4G, mais certaines zones utilisent encore la 2G. Le service

Long Term Evolution (LTE) est disponible dans les villes. Les réseaux FTP (protocole de transfert de fichier) prennent le relais des plateformes DSL. En 2020, le gouvernement approuve la migration vers la 5G. Le pays importe depuis la Chine des équipements de diffusion.

Audiovisuel. Le paysage médiatique ukrainien est dominé par des organes d'information appartenant à des oligarques qui obéissent souvent à des motivations politiques et sont en désaccord les uns avec les autres et/ou avec le gouvernement. Alors que les sondages tendent à montrer que la plupart des Ukrainiens s'informent encore via les médias traditionnels, les médias sociaux occupent une place centrale dans la diffusion de l'information en Ukraine. Presque tous les politiciens et leaders d'opinion ukrainiens communiquent directement avec le public par ce biais et possèdent au moins une page ou un compte, sinon plus. Les nouvelles sont souvent diffusées sur Facebook ou Twitter avant d'être reprises par les médias traditionnels.

La télévision ukrainienne est la principale source d'information. Les plus grands réseaux nationaux sont contrôlés par des oligarques : TRK Ukraina appartient à Rinat Akhmetov, Studio 1+1 à Ihor Kolomoïsky, l'Inter à Dmytro Firtash et Serhiy Lyovochkin, et les chaînes StarlightMedia (ICTV, STB et Novyi Kanal) appartiennent à Victor Pinchuk. Un ensemble de chaînes d'information 24 h/24 ont également des affiliations politiques claires : la chaîne progouvernementale Channel 5 et Pryamyi sont liées à l'ancien président Petro Porochenko, 24 appartient à l'opposition, mais pas aux politiciens pro-russes. Suspilne est une station de télévision publique sous l'égide de la Société nationale de radiodiffusion publique d'Ukraine.

TRANSPORTS

Aéroports

215 (est. 2018).

Héliports

9 (est. 2013).

Pipelines

Essence: 36720 km. Pétrole: 4514 km. Produits raffinés: 4363 km (est. 2013).

Chemins de fer

21733 km (est. 2014).

Chaussées

169694 km. Revêtues: 166095 km. Non revêtues: 3599 km (est. 2012).

Voies navigables

1 672 km, la plupart sur le Dniepr (est. 2012).

Marine marchande

Total: 409. Par type: 1 vraquier, 1 porte-conteneur, 84 cargos polyvalents, 15 pétroliers. Autres: 308 (est. 2021).

Ports et terminaux

Principaux ports maritimes: Feodosia, Tchornomorsk, Marioupol, Mykolaïv, Odessa, Yuzhne. Ports fluviaux: Kherson, Kiev (Dniepr), Mykolaïv (Boug méridional).

MILITAIRE ET SÉCURITÉ

Forces militaires et de sécurité

Forces armées ukrainiennes: terrestres, navales, aériennes, forces d'assaut aériennes, forces d'opérations spéciales ukrainiennes (UASOF), forces de défense territoriales (réserves). Ministère de l'Intérieur: garde nationale d'Ukraine, service national des gardes-frontières d'Ukraine (comprend les gardes-frontières maritimes) (est. 2021).

Dépenses militaires

4% du PIB (est. 2020).

Points forts du personnel militaire et des services de sécurité

Environ 200 000 hommes en service actif (150 000 militaires, dont environ 25 000 dans les forces aéroportées/aériennes, 12 000 dans la Marine, 40 000 dans l'armée de l'Air). Environ 50 000 gardes nationaux (est. 2021).

Début 2022, le gouvernement ukrainien a annoncé vouloir recruter 100 000 personnes supplémentaires sur 3 ans.

Inventaires et acquisitions d'équipements militaires

L'armée ukrainienne est équipée principalement d'anciens systèmes d'armement russes et soviétiques. Depuis 2010, elle a importé des quantités limitées d'armes de plusieurs pays européens, ainsi que du Canada, des États-Unis et des Émirats arabes unis. L'Ukraine possède une vaste industrie de défense capable de construire des systèmes terrestres de l'ère soviétique, d'entretenir et de moderniser des avions de combat de l'ère soviétique, ainsi que des systèmes de missiles et de défense aérienne (2021).

Déploiements militaires

République démocratique du Congo : 250 (Monusco, octobre 2021).

L'Ukraine fournit environ 500 soldats à la brigade militaire conjointe lituanienne, polonaise et ukrainienne qui a été créée en 2014. La brigade a son siège en Pologne et est composée d'un état-major international, de trois bataillons et d'unités spécialisées.

Âge et obligation du service militaire

20-27 ans pour le service militaire obligatoire. L'obligation de conscription est de 12 mois (2021). L'armée ukrainienne compte un mélange de conscrits (14 000 en 2021) et de soldats professionnels sous contrat. Selon la loi, les conscrits ne peuvent pas servir en première ligne, mais ont la possibilité de signer des contrats à court ou à long terme à l'expiration de leurs conditions de service. Les femmes peuvent se porter volontaires et servent dans les forces armées ukrainiennes depuis 1993. En 2021, les femmes représentaient environ 15 à 20 % du contingent. Fin 2021, le gouvernement ukrainien a commencé à exiger que les femmes âgées de 18 à 60 ans aptes au service militaire et de tous milieux professionnels s'inscrivent auprès des forces armées ukrainiennes.

QUESTIONS INTERNATIONALES

Litiges internationaux

Le traité de délimitation des frontières de 1997 avec la Biélorussie n'a toujours pas été ratifié en raison de questions financières non résolues, du blocage de la démarcation et de l'infléchissement de la sécurité aux frontières.

La délimitation de la frontière terrestre avec la Russie avait été achevée et la démarcation commencée en 2012.

Le différend sur la frontière russo-ukrainienne traversant le détroit de Kertch et la mer d'Azov s'est enlisé en raison de l'occupation de la Crimée par la Russie.

L'Ukraine et la Moldavie ont signé un accord délimitant officiellement leur frontière en 1999, mais la frontière n'a pas été démarquée en raison des difficultés de la Moldavie avec la région séparatiste de Transnistrie. La Moldavie et l'Ukraine exploitent des postes de douane conjoints pour surveiller le transit de personnes et de marchandises à travers la région moldave de Transnistrie, restée sous l'égide d'une mission de maintien de la paix mandatée par l'Organisation pour la sécurité et la coopération en Europe composée de troupes moldaves, transnistriennes, russes et ukrainiennes.

La CIJ a statué largement en faveur de la Roumanie dans le différend soumis en 2004 sur la délimitation de la frontière maritime de l'île Zmiïnyï/Serpilor (île des Serpents) sous administration ukrainienne et de la mer Noire. La Roumanie s'était opposée à la réouverture par l'Ukraine d'un canal de navigation de la frontière du Danube à travers son territoire jusqu'à la mer Noire.

Réfugiés et déplacés internes

Déplacés internes : 1 461 700 (violences séparatistes soutenues par la Russie en Crimée et dans l'est de l'Ukraine) (2021). 6,48 millions selon les Nations unies (2022). Apatrides : 35 875 (milieu de l'année 2021).

Les citoyens de l'ex-URSS qui résidaient en Ukraine de façon permanente ont obtenu la citoyenneté lors de l'indépendance en 1991. Mais certains ont manqué cette opportunité. Les personnes arrivées après 1991, les Tatars de Crimée, les Coréens de souche, les personnes dont les passeports soviétiques ont expiré et les personnes apatrides rencontrent des difficultés à acquérir la citoyenneté ukrainienne. Après la chute de l'Union soviétique en 1989, des Tatars de Crimée et leurs descendants déportés sous le régime de Staline sont rentrés chez eux, certains sont apatrides, d'autres détiennent la citoyenneté ouzbèke ou celle d'autres anciennes républiques soviétiques. Un accord bilatéral de 1998 entre l'Ukraine et l'Ouzbékistan a simplifié le processus de renonciation à la citoyenneté ouzbèke et l'obtention de la citoyenneté ukrainienne.

Médicaments illicites

Pays de transit pour le trafic de drogue illicite vers l'Union européenne en raison de sa position géographique au milieu de plusieurs grandes routes du trafic vers l'Europe occidentale, des ports sur les mers Noire et d'Azov, des vastes routes fluviales et de la porosité de ses frontières nord et est. La cocaïne sud-américaine transite par les ports maritimes et les aéroports ukrainiens. Les laboratoires d'amphétamines et de méthamphétamines approvisionnent le marché local.

QUATRIÈME PARTIE

ANALYSES, FAITS ET CHIFFRES : ANCIENS PAYS DE L'EMPIRE SOVIÉTIQUE

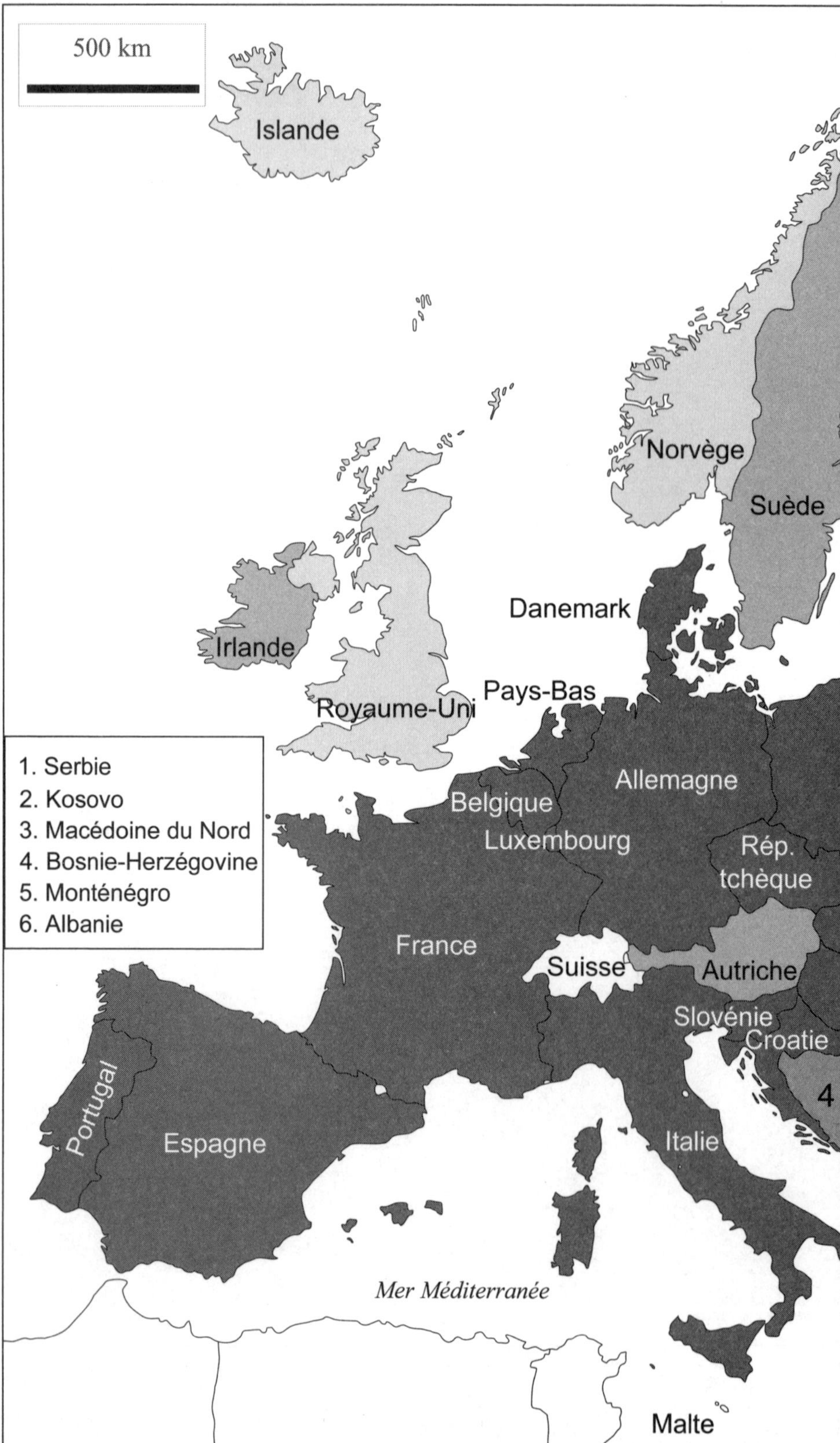
500 km
Islande
Norvège
Suède
Danemark
Irlande
Royaume-Uni
Pays-Bas
1. Serbie
2. Kosovo
3. Macédoine du Nord
4. Bosnie-Herzégovine
5. Monténégro
6. Albanie
Allemagne
Belgique
Luxembourg
Rép. tchèque
France
Suisse
Autriche
Slovénie
Croatie
4
Portugal
Espagne
Italie
Mer Méditerranée
Malte

Membres de l'Otan
Non membres de l'Otan
Membres de l'Otan (hors UE)
Candidats à l'Otan (hors UE)
Finlande
Russie
Mer Baltique
Estonie
Lettonie
Lituanie
(Russie)
Biélorussie
Mer Caspienne
Pologne
Ukraine
Slovaquie
Hongrie
Moldavie
Crimée
Roumanie
Géorgie
1
Mer Noire
5
2
Bulgarie
3
6
Grèce
Turquie
Chypre

POLOGNE

CONTEXTE HISTORIQUE

L'histoire de l'État polonais a commencé vers le milieu du Xe siècle. Au milieu du XVIe siècle, la république des Deux Nations polono-lituanienne occupait une vaste étendue de terre en Europe centrale et orientale. Au XVIIIe siècle, des conflits internes ont affaibli la nation et, par une série d'accords passés entre 1772 et 1795, la Russie, la Prusse et l'Autriche se sont partagé la Pologne. Celle-ci a retrouvé son indépendance en 1918 avant d'être envahie par l'Allemagne et l'Union soviétique pendant la Seconde Guerre mondiale. Elle est devenue un État satellite soviétique après la guerre. La crise ouvrière de 1980 a conduit à la formation du syndicat indépendant Solidarnosc (Solidarité) devenu au fil du temps une force politique de plus de 10 millions de membres. Les élections libres de 1989 et 1990 ont propulsé Solidarnosc à la tête du pays (présidence et parlement), mettant fin à l'ère communiste. Au début des années 1990, un programme de «thérapie de choc» a permis à l'économie polonaise de devenir l'une des plus fortes d'Europe centrale. La Pologne a rejoint l'OTAN en 1999 et l'Union européenne en 2004.

GÉOGRAPHIE

Emplacement

Europe centrale, à l'est de l'Allemagne.

Superficie

312 685 km². Terre : 304 255 km². Eau : 8 430 km².

Frontières terrestres

2 865 km. 6 pays frontaliers : Biélorussie (375 km), Tchéquie (699 km), Allemagne (467 km), Lituanie (100 km), Russie (209 km), Slovaquie (517 km), Ukraine (498 km).

Littoral

440 kilomètres.

Climat

Tempéré. Les hivers sont froids, nuageux, modérément rigoureux avec des précipitations fréquentes. Les étés sont doux, accompagnés d'averses et d'orages fréquents.

Altitude

Point le plus haut : le Rysy, 2 499 m. Point le plus bas : près de Raczki Elblaskie : – 2 m. Altitude moyenne : 173 m.

Ressources naturelles

Charbon, soufre, cuivre, gaz naturel, argent, plomb, sel, ambre, terres arables.

Principaux lacs (superficie km²)

Lac d'eau salée : Zalew Szczecinski/Stettiner Haff (partagé avec l'Allemagne), 900 km².

Principaux cours d'eau (par longueur en km)

Source et embouchure de la Vistule (partagée avec la Biélorussie et l'Ukraine), 1 213 km.

Risques naturels

Inondations.

POPULATION ET SOCIÉTÉ

Population

38 185 913 (est. juillet 2021).

Nationalité

Nom : Polonais. Adjectif : polonais.

Groupes ethniques

Polonais : 96,9 %. Silésiens : 1,1 %. Allemands : 0,2 %. Ukrainiens : 0,1 %. Autres et non spécifié : 1,7 % (est. 2011).

Langues

Polonais (officiel) : 98,2 %. Silésien : 1,4 %. Autres : 1,1 %. Non spécifié : 1,3 % (est. 2011).

Religions

Catholiques : 85 %. Orthodoxes : 1,3 %. Protestants : 0,4 %. Autres : 0,3 %. Non spécifiée : 12,9 % (est. 2020).

Pyramide des âges (est. 2020)

0-14 ans : 14,83 % (hommes 2 918 518/femmes 2 756 968).
15-24 ans : 9,8 % (hommes 1 928 637/femmes 1 823 894).
25-54 ans : 43,33 % (hommes 8 384 017/femmes 8 203 646).
55-64 ans : 55-646 ans hommes 2 424 638/femmes 2 675 351).
65 ans et plus : 18,72 % (hommes 2 867 315/femmes 4 299 341).

Taux de croissance de la population

– 0,23 % (est. 2021).

Taux de migration nette

– 0,33 migrant/1 000 habitants (est. 2021).

Répartition de la population

Population concentrée dans la zone sud autour de Cracovie et dans la zone centrale autour de Varsovie et Lodz, jusque vers la ville côtière nord de Gdansk.

Grandes zones urbaines – population

Varsovie (capitale) : 1,795 M. Cracovie : 770 000 (est. 2022).

ENVIRONNEMENT

Environnement – enjeux actuels

La diminution de l'importance accordée à l'industrie lourde et les préoccupations environnementales accrues des gouvernements post-communistes ont amélioré l'environnement. La pollution de l'air reste importante en raison des émissions provenant de la combustion de charbon de mauvaise qualité dans les maisons et des centrales électriques au charbon. Les pluies acides qui en résultent causent des dommages aux forêts. La pollution de l'eau provenant de sources industrielles et municipales est un problème, tout comme l'élimination des déchets dangereux.

Exploitation des terres

Terres agricoles : 48,2 %. Forêt : 30,6 %. Autres : 21.2 %. (est. 2018).

Urbanisation

Population urbaine : 60,1 % de la population totale (2022).

Revenus forestiers

0,17 % du PIB (est. 2018).

Revenus du charbon

0,27 % du PIB (est. 2018).

GOUVERNEMENT

Nom du pays

Forme longue conventionnelle : République de Pologne. Forme courte conventionnelle : Pologne.

Étymologie : nom dérivé de *Polanes* qui signifie « peuple de la plaine ».

Type de gouvernement

République parlementaire.

Capitale

Nom : Varsovie. Étymologie : l'origine du nom est inconnue. « Warszawa » était le nom d'un village de pêcheurs et plusieurs légendes/traditions attribuent la fondation de la ville à un homme nommé Wars ou Warsz.

Divisions administratives

16 régions : voïvodie de Basse-Silésie, voïvodie de Couïavie-Poméranie, Basses-Carpates, Grande-Pologne, Lublin, Lubusz, Lodz, Mazovie, Opole, Petite-Pologne, Podlachie, Poméranie, Poméranie occidentale, Sainte-Croix, Silésie, Varmie-Mazurie.

Indépendance

11 novembre 1918 (proclamation de la République).

Fête nationale

Jour d'adoption de la Constitution du 3 mai 1791.

Constitution

La Constitution du 2 avril 1997, approuvée par un référendum du 25 mai 1997, est en vigueur depuis le 17 octobre 1997.

Système légal

Système de droit civil.

Participation à des organisations de droit international

A soumis une déclaration de compétence à la Cour international de Justice avec des réserves. Inscrite à la Cour pénale internationale.

Citoyenneté

Nationalité uniquement par filiation : les deux parents doivent être citoyens polonais. Double nationalité reconnue : aucune. Condition de résidence pour la naturalisation : 5 ans. Droit de vote : 18 ans. Universel.

Exécutif

Chef d'État : président Andrzej Duda (depuis le 6 août 2015).

Chef du gouvernement : Premier ministre Mateusz Morawiecki (depuis le 11 décembre 2017). Vice-Premiers ministres : Piotr

Glinski (depuis le 16 novembre 2015), Jacek Sasin (depuis le 15 novembre 2019), Jaroslaw Kaczynski (6 octobre 2020) et Henryk Kowalczyk (26 octobre 2021).

Cabinet: Conseil des ministres proposé par le Premier ministre, nommé par le président, et approuvé par le Sejm (Diète, chambre basse).

Élections/nominations: Président élu au scrutin uninominal majoritaire à 2 tours pour un mandat de 5 ans renouvelable une fois. La dernière élection présidentielle s'est tenue les 28 juin et 12 juillet 2020. Les Premier ministre, vice-premiers ministres et Conseil des ministres sont nommés par le Président et approuvés par la Diète.

Résultats des élections: Andrzej Duda (indépendant) réélu président au second tour avec 51 % des voix. Rafal Trzaskowski (KO): 49 %.

Législatif

Description. Composition du Parlement bicaméral:

– Sénat: 100 sièges. Membres élus au suffrage universel dans des circonscriptions uninominales à la majorité simple pour un mandat de 4 ans.

– Diète de la République de Pologne (460 sièges statutaires – 459 actuellement): membres élus dans des circonscriptions plurinominales au scrutin proportionnel sur listes. Un seuil de 5 % des voix est nécessaire pour qu'un parti obtienne un siège, 8 % s'il s'agit d'une coalition. Mandat de 4 ans.

Dernières élections: 13 octobre 2019.

Judiciaire

Plus hautes juridictions. Cour suprême ou Sad Najwyzszy composée du premier président de la Cour suprême et de 120 juges, organisée en chambres judiciaires pour les affaires pénales, civiles, relevant du travail et de l'assurance sociale. Tribunal constitutionnel composé de 15 juges, dont le président et le vice-président.

Partis politiques et dirigeants

Coalition civique ou KO (Donald Tusk), Confédération Liberté et Indépendance ou Kwin (Janusz Korwin-Mikke, Robert Winnicki, Grzegorz Braun), Nouvelle Gauche (Wlodzimierz Czarzasty), Minorité allemande ou MN (Ryszard Galla), Kukiz 15 ou K15 (Pawel Kukiz), Droit et Justice ou PiS (Jaroslaw Kaczynski), Maintenant! (Ryszard Petru), Moderne ou N (Adam Szlapka), Pologne 2050 ou PL2050 (Szymon Holownia), Parti populaire polonais ou PSL (Wladyslaw Kosiniak-Kamysz), Ensemble (direction collective).

Description du drapeau

Deux bandes horizontales de même hauteur, blanche (au sommet) et rouge. Les couleurs sont tirées de l'emblème polonais : un aigle blanc sur fond rouge.

Symboles nationaux

Aigle couronné de blanc. Couleurs nationales : blanc, rouge.

Hymne national

Mazurek Dabrowskiego (mazurka de Dabrowski). Paroles/musique : Jozef Wybicki/traditionnelle.

Patrimoine national

Total des sites inscrits au patrimoine mondial : 17. Liste non exhaustive : centre historique de Cracovie. Centre historique de Varsovie. Ville médiévale de Torun. *Tserkvas* en bois de la région des Carpates. Château de l'Ordre Teutonique de Malbork. Mines royales de sel de Wieliczka et Bochnia. Auschwitz Birkenau. Forêts primaires et anciennes de hêtres des Carpates. Forêt Bialowieza. Vieille ville de Zamosc.

ÉCONOMIE

Aperçu

La Pologne, sixième plus grande économie de l'UE, a longtemps eu la réputation d'un pays favorable aux entreprises grâce à des politiques macroéconomiques judicieuses. Depuis 1990, le pays a poursuivi une politique de libéralisation économique. Au cours du ralentissement économique de 2008-2009, la Pologne a été le seul pays de l'UE à éviter une récession, en raison notamment d'une politique budgétaire souple du gouvernement combinée à l'engagement de maîtriser les dépenses à moyen terme. La Pologne est par ailleurs le plus grand bénéficiaire des fonds de développement de l'UE. Le cycle des investissements de l'Union peut avoir un impact significatif sur le taux de croissance économique du pays.

L'économie polonaise s'est bien comportée au cours de la période 2014-2017, le taux de croissance du PIB réel dépassant le plus souvent 3 %, en partie grâce à l'augmentation des dépenses sociales du gouvernement qui a contribué à accélérer la croissance liée à la consommation. Cependant, depuis 2015, la Pologne a mis en place de nouvelles restrictions commerciales et de nouvelles taxes sur les secteurs économiques à prédominance étrangère, notamment la banque et l'assurance, l'énergie et la santé, qui ont sapé le moral des investisseurs et augmenté la participation du gouvernement dans certaines entreprises. Le gouvernement a réduit l'âge de la retraite en 2016. L'introduction de nouvelles taxes et le renforcement de la mise en conformité fiscale – pour compenser le coût des programmes de dépenses sociales et alléger la pression à la hausse sur le déficit budgétaire – a rencontré un succès mitigé. Certaines agences de notation estiment qu'au cours des prochaines années la Pologne risque de dépasser la limite de 3 % du PIB fixée par l'UE pour les déficits budgétaires, ce qui pourrait avoir un impact sur son accès aux futurs fonds de l'UE. L'économie polonaise devrait enregistrer de bons résultats au cours des prochaines années, en partie grâce à l'augmentation du rythme d'utilisation des fonds de développement européens et aux importantes dépenses des ménages.

La Pologne est confrontée à plusieurs défis systémiques : achèvement de la restauration de ses infrastructures routières et ferroviaires, développement de ses échanges commerciaux, assouplissement de son code du travail, modernisation de son tribunal de commerce, allégement de la bureaucratie et du système fiscal (en particulier pour les entrepreneurs)…

À long terme, il lui faudra aussi diversifier le mix énergétique, intensifier les investissements dans l'innovation, la recherche et le développement, et endiguer l'exode des jeunes Polonais instruits vers d'autres États membres de l'UE, en raison de la diminution de la population due à l'émigration, aux faibles taux de fécondité et au vieillissement de la génération du baby-boom de l'ère Solidarnosc.

PIB réel (parité de pouvoir d'achat)

1 223 460 000 000 $ (est. 2020).

Taux de croissance du PIB réel

4,55 % (est. 2019).

PIB réel par habitant

32 200 $ (est. 2020).

PIB (taux de change officiel)

595,72 Mds$ (est. 2019).

Taux d'inflation (prix à la consommation)

2,1 % (est. 2019).

PIB – composition, par secteur d'origine

Agriculture : 2,4 %. Industrie : 40,2 %. Services : 57,4 % (est. 2017).

Production agricole

Lait, betterave à sucre, blé, pommes de terre, triticale, maïs, orge, pommes, céréales mélangées, seigle.

Industries

Machines-outils, fer et acier, mines de charbon, produits chimiques, construction navale, agroalimentaire, verre, boissons, textiles.

Taux de chômage

5,43 % (est. 2019).

Population sous le seuil de pauvreté

15,4 % (est. 2018).

Budget

Revenus : 207,5 Mds$. Dépenses : 216,2 Mds$ (est. 2017).

Excédent (+) ou déficit (-) budgétaire

– 1,7 % du PIB (est. 2017).

Dette publique

50,6 % du PIB (est. 2017).

Impôts et autres revenus

39,5 % du PIB (estimation 2017).

Exportations

333,54 Mds$ (est.2020).

Exportations - partenaires

Allemagne : 27 %. Tchéquie : 6 %. Royaume-Uni : 6 %. France : 6 %. Italie : 5 % (2019).

Exportations - produits de base

Voitures et pièces de véhicules, sièges, meubles, ordinateurs, écrans vidéo (2019).

Importations

292,44 Mds$ (est. 2020).

Importations - partenaires

Allemagne : 25 %. Chine : 10 %. Italie : 5 %. Pays-Bas : 5 % (2019).

Importations - marchandises

Voitures et pièces de véhicules, pétrole brut, médicaments, matériel de radiodiffusion et de télévision, bureautique (2019).

Réserves de devises et d'or

113,3 Mds$ (est. 2017)

Dette - externe

351,77 Mds$ (est. 2019)

ÉNERGIE

Accès à l'électricité

Électrification – population totale : 100 % (2020).

Production d'électricité

156,9 Mds de kWh (est. 2016).

Consommation d'électricité

149,4 Mds de kWh (est. 2016).

Électricité - exportations

12,02 Mds de kWh (2016).

Électricité - importations

14,02 Mds de kWh (est. 2016).

Électricité - capacité de production installée

38,11 M de kW (est. 2016).

Électricité - à partir de combustibles fossiles

79 % de la capacité totale installée (est. 2016).

Électricité - à partir de combustibles nucléaires

0 % de la capacité totale installée (est. 2017).

Électricité - provenant de centrales hydroélectriques

2 % de la capacité totale installée (est. 2017).

Électricité - provenant d'autres sources renouvelables

19 % de la capacité totale installée (est. 2017).

Pétrole brut - production

21 000 barils/jour (est. 2018).

Pétrole brut - exportations

4 451 barils/jour (est. 2017).

Pétrole brut - importations

493 100 barils/jour (est. 2017).

Pétrole brut - réserves prouvées

126 M de barils (1er janvier 2018).

Produits pétroliers raffinés - production
554 200 barils/jour (est. 2017).

Produits pétroliers raffinés - consommation
649 600 barils/jour (est. 2017).

Produits pétroliers raffinés - exportations
104 800 barils/jour (est. 2017).

Produits pétroliers raffinés - importations
222 300 barils/jour (est. 2017).

Gaz naturel - production
5,748 Mds de m^3 (est. 2017).

Gaz naturel - consommation
20,1 Mds de m^3 (est. 2017).

Gaz naturel - exportations
1,246 Mds de m^3 (est. 2017).

Gaz naturel - importations
15,72 Mds de m^3 (est. 2017).

Gaz naturel - réserves prouvées
79,79 Mds de m^3 (est. 2018).

COMMUNICATIONS

Systèmes de télécommunications

Aperçu. Marché des télécommunications libéralisé soutenu par la concurrence dans les secteurs du haut débit et de la téléphonie mobile garantissant l'accès aux infrastructures du câble et de la fibre. Extension rapide des réseaux LTE et développement du service de données mobiles. Le haut débit bénéficie de l'infrastructure DSL et des investissements dans la fibre grâce au soutien de l'UE. Grand importateur d'équipements et d'accessoires de diffusion en provenance d'Allemagne (2020).

Audiovisuel. 2 chaînes de télévision publiques. 16 chaînes régionales et plusieurs chaînes spécialisées. Plusieurs groupes privés détiennent des chaînes du réseau national et un certain nombre de chaînes spécialisées. Radio publique : 5 stations nationales et 17 stations régionales.

TRANSPORTS

Aéroports

126 (2013).

Héliports

6 (2013).

Pipelines

Essence : 14 198 km. Pétrole : 1 374 km. Produits raffinés : 2 483 km (2019).

Chemins de fer

19 231 km (2016).

Chaussées

420 000 km (2016).

Voies navigables

3 997 km (2009).

Marine marchande

Total : 143. Par type : 7 vraquiers. 6 pétroliers. Autres : 130 (2021).

Ports et terminaux

Port fluvial : Szczecin (Oder).

MILITAIRE ET SÉCURITÉ

Forces militaires et de sécurité

Forces armées polonaises : forces terrestres, marine, armée de l'air, forces spéciales, force de défense territoriale. Ministère de l'intérieur : gardes-frontières (2021).

Dépenses militaires

2,1 % du PIB (est. 2021).

Points forts du personnel militaire et des services de sécurité

Estimation d'un total de 120 000 militaires en service actif. Environ 60 000 dans l'armée de terre, 7 000 dans la marine, 17 000 dans l'armée de l'air, 3 500 dans les forces spéciales, 7 500 dans le service commun, 25 000 dans les forces de défense territoriales (2021).

Inventaires et acquisitions d'équipements militaires

Les systèmes d'armement polonais empruntent à la fois à l'ère soviétique et la technologie moderne occidentale. Depuis 2010, les principaux fournisseurs sont la Finlande, l'Allemagne, l'Italie et les États-Unis (2021).

Fin 2018, la Pologne a annoncé un plan de modernisation de la défense d'environ 50 Mds$ sur 7 ans (jusqu'en 2026) qui prévoit l'acquisition d'avions de combat de 5e génération, de drones, fusées d'artillerie, hélicoptères, sous-marins, frégates et un investissement important dans la cybersécurité.

Déploiements militaires

Kosovo : 240 (OTAN/KFOR). Lituanie : 175 (OTAN). Liban : 250 (FINUL) (2021).

Contingent polonais à la brigade militaire conjointe lituanienne, polonaise et ukrainienne, créée en 2014 : 2 500 hommes.

La brigade dont le siège se trouve en Pologne est composée d'un état-major international, de trois bataillons et d'unités spécialisées.

Âge et obligation du service militaire

18-28 ans pour le service militaire volontaire masculin et féminin, la conscription a été supprimée en 2009. Les soldats professionnels servent à titre permanent (pour une durée indéterminée) ou sur une base contractuelle (pour une durée déterminée). La durée initiale du contrat est de 24 mois. Les femmes servent dans l'armée dans les mêmes conditions que les hommes (2021).

Remarque. La Pologne a rejoint l'OTAN en 1999. La Tchéquie, la Hongrie et la Pologne ont été invitées à demander l'adhésion lors du sommet de l'OTAN à Madrid en 1997 et sont devenues, en mars 1999, les premiers anciens membres du Pacte de Varsovie à rejoindre l'Alliance. Depuis 2017, la Pologne accueille un groupement tactique multinational de forces terrestres de l'OTAN dirigé par les États-Unis dans le cadre de l'initiative de présence avancée renforcée de l'Alliance.

QUESTIONS INTERNATIONALES

Litiges internationaux

État-membre de l'UE, la Pologne applique strictement les règles régissant les frontières de l'espace Schengen dans la lutte contre l'immigration illégale comme dans les échanges commerciaux avec la Biélorussie et l'Ukraine le long de ses frontières orientales.

Réfugiés et déplacés internes

9 870 (Russie) (2019). 2 337 799 (au 29 mars 2022). Apatrides : 1 389 (mi- 2021).

Médicaments illicites

Pays d'origine des amphétamines.

BIÉLORUSSIE

CONTEXTE HISTORIQUE

République de l'URSS pendant sept décennies, la Biélorussie a obtenu son indépendance en 1991. Ses liens politiques et économiques avec Moscou sont demeurés bien plus étroits que ceux entretenus par la Russie avec les anciennes républiques soviétiques. Le 8 décembre 1999, la Biélorussie et la Russie ont signé un traité d'union prévoyant une plus grande intégration politique et économique. Bien que la Biélorussie ait accepté l'accord-cadre fixant les modalités de cette intégration, sa mise en œuvre fait aujourd'hui l'objet d'âpres négociations. Depuis son élection en juillet 1994, Alexandre Loukachenko, premier président de la République et seul élu au suffrage universel direct, n'a cessé de consolider son pouvoir par des moyens autoritaires en s'appuyant sur un système économique centralisé. Les restrictions gouvernementales aux libertés politiques et civiles, à la liberté d'expression et de la presse, aux réunions pacifiques et à la religion demeurent. Les atteintes aux libertés politiques se sont renforcées à la suite de l'élection présidentielle d'août 2020. Les résultats des élections ont déclenché un grand mouvement de protestation alors que les membres de l'opposition et de la société civile contestaient leur légitimité. Après avoir réprimé les manifestations, Alexandre Loukachenko, vainqueur controversé, est cependant resté au pouvoir.

GÉOGRAPHIE

Emplacement

Europe de l'Est, à l'est de la Pologne.

Superficie

207 600 km². Terre : 202 900 km². Eau : 4 700 km².

Superficie – comparatif

Un peu moins de deux fois la taille du Kentucky, légèrement plus petit que le Kansas.

Frontières terrestres

Total : 3 599 km. 5 pays frontaliers : Lettonie (161 km), Lituanie (640 km), Pologne (375 km), Russie (1 312 km), Ukraine (1 111 km).

Littoral

0 km (enclavé).

Climat

Hivers froids, étés frais et humides. Climat continental tempéré.

Altitude

Point le plus haut : mont Dzerjinski, 346 m. Point le plus bas : rivière Neman, 90 m. Altitude moyenne : 160 m.

Ressources naturelles

Bois, dépôts de tourbe, petites quantités de pétrole et de gaz naturel, granit, calcaire dolomitique, marne, craie, sable, gravier, argile.

Principaux cours d'eau (par longueur en km)

Le Dniepr, fleuve partagé avec la Russie (source) et l'Ukraine (embouchure), 2 287 km.

Risques naturels

Vastes étendues de terre marécageuse.

POPULATION ET SOCIÉTÉ

Population

9 441 842 (est. juillet 2021).

Nationalité

Nom : Biélorusse. Adjectif : biélorusse.

Groupes ethniques

Biélorusses : 83,7 %. Russes : 8,3 %. Polonais : 3,1 %. Ukrainiens : 1,7 %. Autres : 2,4 %. Non spécifiés : 0,9 % (est. 2009).

Langues

Russe (officiel) : 70,2 %. Biélorusse (officiel) : 23,4 %. Autres : 3,1 % (y compris les petites minorités de langue polonaise et ukrainienne). Non spécifiée : 3,3 % (est. 2009).

Religions

Orthodoxes : 48,3 %. Catholiques : 7,1 %. Autres : 3,5 %. Non-croyants : 41,1 % (est. 2011).

Pyramide des âges

0-14 ans : 16,09 % (hommes 784 231/femmes 740 373).
15-24 ans : 9,59 % (hommes 467 393/femmes 441 795).
25-54 ans : 43,94 % (hommes 2 058 648/femmes 2 105 910).
55-64 ans : 14,45 % hommes 605 330/femmes 763 972).
65 ans et plus : 15,93 % (hommes 493 055/femmes 1 017 211).

Taux de croissance de la population

– 0,29 % (est. 2021).

Taux de migration nette

0,72 migrant/1 000 habitants (est. 2021).

Répartition de la population

Assez uniforme dans la majeure partie du pays, les zones urbaines attirant des populations plus importantes et plus denses.

Grandes zones urbaines – population

L'agglomération urbaine de Minsk (capitale) compte 2,049 millions d'habitants (2022).

ENVIRONNEMENT

Enjeux actuels

Pollution des sols due à l'utilisation de pesticides. La partie sud du pays a été contaminée par les retombées de l'accident du réacteur nucléaire de Tchernobyl (dans le nord de l'Ukraine) survenu en 1986.

Exploitation des terres

Terres agricoles : 43,7 % (est. 2018). Forêts : 42,7 %. Autre : 13,6 %.

Urbanisation

Population urbaine : 80,3 % de la population totale (2022).

Revenus forestiers

1,02 % du PIB.

Revenus du charbon

0 % du PIB.

GOUVERNEMENT

Nom du pays

Forme longue conventionnelle : République de Biélorussie. Forme courte conventionnelle : Biélorussie.

Étymologie : le nom vient du russe *bielo* (blanc) et *rossia* (Russie) pour former le sens de « Russie blanche » ou « Ruthénie blanche ».

Type de gouvernement

République présidentielle dans la forme, dictature de fait.

Capitale

Nom : Minsk. Étymologie : l'origine du nom est discutée. Autrefois, Minsk se trouvait peut-être à 16 km au sud-ouest, sur les rives de la Menka. Les vestiges d'une colonie du xe siècle ont été découverts sur les bords de cette rivière.

Divisions administratives

6 régions (*voblasts*) and 1 ville (*horad*) ; Brest, Homiel, Hrodna, Mahiliow, Minsk, Vitebsk et Horad Minsk (ville de Minsk).

Indépendance

25 août 1991 (de l'Union soviétique).

Fête nationale

Fête de l'Indépendance, 3 juillet, jour où Minsk a été libérée de l'envahisseur allemand en 1944.

Constitution

Adoptée le 15 mars 1994.

Système légal

Système de droit civil.

Participation à des organisations de droit international

N'a pas soumis de déclaration de compétence à la Cour internationale de Justice. N'est pas inscrite à la Cour pénale internationale.

Citoyenneté

Nationalité uniquement par filiation : au moins un parent doit être citoyen biélorusse. Double nationalité reconnue : non. Condition de résidence pour la naturalisation : 7 ans. Droit de vote : 18 ans. Universel.

Exécutif

Chef d'État : président Alexandre Loukachenko (depuis le 20 juillet 1994).

Chef du gouvernement : Premier ministre Roman Golovtchenko (depuis le 4 juin 2020). Premier vice-premier ministre : Nikolaï Snopkov (depuis le 4 juin 2020). Vice-premiers ministres : Uladzimir Kukharaw, Igor Petryshenko (depuis le 18 août 2018), Yury Nazarov (depuis le 3 mars 2020), Aleksandr Subbotin (depuis le 4 juin 2020).

Cabinet : conseil des ministres nommé par le Président.

Élections/nominations : Président directement élu au suffrage universel à la majorité absolue en 2 tours, si besoin, pour un mandat de 5 ans (pas de limite de mandat). La première élection a eu lieu les 23 juin et 10 juillet 1994. Selon la constitution de 1994, les élections suivantes auraient dû se tenir en 1999, mais Alexandre Loukachenko a prolongé son mandat jusqu'en 2001 par référendum en novembre 1996. Il a été réélu le 9 septembre 2001. Un référendum d'octobre 2004 a mis fin aux limites de renouvellement du mandat présidentiel et a permis au Président de se présenter et de gagner une troisième élection (19 mars 2006) puis une quatrième (19 décembre 2010), une cinquième (11 octobre 2015) et une sixième (9 août 2020). La prochaine est prévue en 2025. Le Premier ministre et les vice-premiers ministres sont nommés par le Président avant approbation de l'Assemblée nationale.

Résultats des élections : Alexandre Loukachenko (indépendant) réélu avec 80,2 % des voix. Svetlana Tikhanovskaïa (indépendant) : 9,9 %. Autres : 9,9 %.

Note. L'annonce des résultats a provoqué des manifestions de grande ampleur contre la fraude électorale.

Législatif

Description. Composition du Parlement bicaméral (Natsyianalny skhod) :

– Conseil de la République : 64 sièges. 56 représentants élus au suffrage indirect par les conseils régionaux et municipaux de Minsk et 8 nommés par le Président. Mandat de 4 ans.

– Chambre des représentants : 110 sièges. Membres élus directement dans des circonscriptions uninominales à la majorité absolue à 2 tours, si nécessaire. Mandat de 4 ans.

Élections

Dernière élection du Conseil de la République : 7 novembre 2019. Chambre des représentants : 17 novembre 2019. Les observateurs de l'OSCE ont constaté que l'élection n'était ni libre ni impartiale et que le décompte des voix était problématique dans un certain nombre de bureaux de vote. Les candidats pro-Loukachenko ont remporté tous les sièges. Le même constat avait été dressé lors des élections précédentes.

Sièges par parti à la Chambre des représentants. KPB : 11. Parti républicain du travail et de la justice : 6. Parti patriotique biélorusse : 2. LDP : 1. AP : 1. Indépendants : 89.

Hommes : 66. Femmes : 44.

Note. Les États-Unis ne reconnaissent pas la légitimité du Parlement.

Judiciaire

Plus hautes juridictions. Cour suprême composée du président et du vice-président et organisée en plusieurs chambres spécialisées, notamment économiques et militaires. Nombre de juges fixé par le président de la république et le président du tribunal. Cour constitutionnelle composée de 12 juges, dont un président et un vice-président.

Tribunaux subordonnés. Tribunaux régionaux. Tribunal municipal de Minsk. Tribunaux municipaux. Tribunaux économiques de la ville et de la région de Minsk.

Partis politiques et dirigeants

Partis pro-gouvernementaux : Parti agraire (Mikhaïl Rusy), Parti patriotique (Mikalaï Oulakhovitch), Parti sportif social, Parti communiste, Parti libéral-démocrate (Oleg Gaïdoukévitch), Parti républicain, Parti républicain du travail et de la justice, Parti social-démocrate de l'entente populaire.

Partis d'opposition : Parti de la démocratie chrétienne (Paval Sieviaryniets, Volha Kavalkova, Vital Rymasheuski) (non enregistré), Parti des Verts (Anastasiya Dorofeyeva), Parti de gauche « Monde juste », Front populaire biélorusse, Parti social-démocrate (« Assemblée »), Parti social-démocrate biélorusse (« Assemblée populaire ») (non enregistré), Parti chrétien-conservateur, parti civique uni.

Description du drapeau

Bande horizontale rouge (en haut) et bande horizontale verte sur la moitié de la largeur de la bande rouge ; une bande verticale blanche côté mât porte l'ornementation nationale biélorusse en rouge; la couleur de la bande rouge rappelle les luttes passées contre l'oppression, la bande verte représente l'espoir et les nombreuses forêts du pays.

Symboles nationaux

Aucun symbole national actuel clairement défini. Le chevalier monté connu sous le nom de Pahonie (le chasseur) est le symbole traditionnel biélorusse. Couleurs nationales : vert, rouge, blanc.

Hymne national

My, Bielarusy («Nous, les Biélorusses»). Paroles/musique : Mihas Klimovich, Uladzimir Karyzny/Nester Sakalowsky. Musique adoptée en 1955, paroles de 2002. La Biélorussie a conservé la musique de son hymne de l'ère soviétique mais a changé les paroles.

Patrimoine national

Total des sites inscrits au patrimoine mondial : 4. Forêt de Białowieża. Complexe du château de Mir. Complexe architectural, résidentiel et culturel de la famille Radziwill à Nesvizh.

ÉCONOMIE

Aperçu

Comme elle faisait partie de l'Union soviétique, la Biélorussie disposait d'un tissu industriel relativement bien développé, mais rendu obsolète et dépendant de l'énergie russe et de l'accès préférentiel aux marchés russes. Le secteur agricole dépend largement des subventions gouvernementales. Après l'effondrement de l'Union soviétique, une première vague de réformes économiques a porté sur la privatisation des entreprises d'État, le droit à la propriété privée et à la libre-entreprise. Ce processus de libéralisation a été stoppé net en 1994. Environ 80 % de l'industrie est restée aux mains de l'État et les investissements étrangers ont pratiquement cessé. Plusieurs entreprises ont été renationalisées.

Les entités publiques représentent 70 à 75 % du PIB et les banques d'État 75 % du secteur bancaire.

La production économique a diminué pendant plusieurs années après l'éclatement de l'Union soviétique, mais a repris au milieu des années 2000. La Biélorussie n'a que de petites réserves de pétrole et importe du pétrole brut et du gaz naturel de Russie à des prix subventionnés, inférieurs à ceux du marché. Elle tire ses revenus d'exportation du raffinage du brut russe et de sa vente aux prix du marché. La Russie et la Biélorussie ont eu de sérieux désaccords sur les prix et les quantités d'énergie russe. À partir du début de l'année 2016, la Russie a affirmé que la Biélorussie avait accumulé des dettes – 740 millions de dollars en avril 2017 – pour n'avoir pas payé le gaz au prix convenu, et a donc réduit ses exportations de pétrole brut. En avril 2017, la Biélorussie a accepté de payer sa dette gazière et la Russie a rétabli la livraison de brut.

Les nouveaux investissements étrangers se sont faits rares ces dernières années, principalement en raison du mauvais climat financier. En 2011, une crise financière a entraîné une dévaluation par trois du rouble biélorusse. L'économie biélorusse a continué de se débattre sous le poids des paiements élevés de la dette extérieure et d'un déficit commercial. À la mi-décembre 2014, la dévaluation du rouble russe a déclenché une dévaluation de près de 40 % du rouble biélorusse.

L'économie de la Biélorussie a stagné entre 2012 et 2016, creusant les écarts de productivité et de revenu entre la Biélorussie et les pays voisins. Les recettes budgétaires ont chuté en raison de la baisse des prix mondiaux des principaux produits d'exportation biélorusses. Depuis 2015, le gouvernement a resserré ses politiques macroéconomiques, accordé une plus grande flexibilité à son taux de change, pris quelques mesures vers la libéralisation des prix et réduit les prêts gouvernementaux subventionnés aux entreprises publiques. La Biélorussie a renoué avec une croissance modeste en 2017, tirée par l'amélioration des conditions extérieures. Elle a émis de la dette souveraine pour la première fois depuis 2011, ce qui a fourni au pays les liquidités dont il avait cruellement besoin, et 600 millions de dollars d'euro-obligations en février 2018, dans le but d'attirer les investisseurs américains et britanniques.

PIB réel (parité de pouvoir d'achat)

179,97 Mds$ (est. 2020).

Taux de croissance du PIB réel

1,22 % (est. 2019).

PIB réel par habitant

19 100 $ (est. 2020).

PIB (taux de change officiel)

63,168 Mds$ (est. 2019).

Taux d'inflation (prix à la consommation)

5,6 % (est. 2019).

PIB – composition, par secteur d'origine

Agriculture : 8,1 %. Industrie : 40,8 %. Services : 51,1 % (est. 2017).

Production agricole

Lait, pommes de terre, betterave à sucre, blé, triticale, orge, maïs, seigle, colza, volaille.

Industries

Machines-outils à couper les métaux, tracteurs, camions, engins de terrassement, motos, fibres synthétiques, engrais, textiles, réfrigérateurs, machines à laver et autres appareils électroménagers.

Taux de chômage

0,8 % (est. 2017).

Note. Chômeurs officiellement enregistrés. Grand nombre de travailleurs sous-employés.

Population sous le seuil de pauvreté

5 % (est. 2019).

Budget

Revenus : 22,15 Mds$. Dépenses : 20,57 Mds$.

Excédent (+) ou déficit (-) budgétaire

+ 2,9 % du PIB.

Dette publique

53,4 % du PIB.

Impôts et autres revenus

40,7 % du PIB.

Exportations

37,04 Mds$ (est. 2020).

Exportations - partenaires

Russie 42 %. Ukraine 13 %. Royaume-Uni 7 %.

Exportations - produits de base

Pétrole raffiné, engrais, fromage, camions de livraison, pétrole brut (2019).

Importations

35,16 Mds$ (est. 2020).

Importations - partenaires

Russie 57 %. Chine 7 %. Pologne 5 %. Allemagne 5 %. Ukraine 5 %.

Importations - marchandises

Pétrole brut, gaz naturel, voitures et pièces de véhicules, médicaments, équipements de télécommunications.

Réserves de devises et d'or

7 315 Mds$.

Dette externe

39 847 Mds$.

ÉNERGIE

Accès à l'électricité

Électrification – population totale : 100 % (2020).

Production d'électricité

31,58 Mds de kWh (est. 2016).

Consommation d'électricité

31,72 Mds de kWh (est. 2016).

Électricité - exportations

3,482 Mds de kWh (est. 2015).

Électricité - importations

6,319 Mds de kWh (est. 2016).

Électricité - capacité de production installée

10,04 M de kW (est. 2016).

Électricité - à partir de combustibles fossiles

96 % de la capacité totale installée (est. 2016).

Électricité - à partir de combustibles nucléaires

0 % de la capacité totale installée (est. 2017).

Électricité - provenant de centrales hydroélectriques

1 % de la capacité totale installée (est. 2017).

Électricité - provenant d'autres sources renouvelables

3 % de la capacité totale installée (est. 2017).

Pétrole brut - production

31 000 barils/jour (est. 2018).

Pétrole brut - exportations

31 730 barils/jour (est. 2015).

Pétrole brut - importations

468 400 barils/jour (est. 2015).

Pétrole brut - réserves prouvées

198 M de barils (est. 1er janvier 2018).

Produits pétroliers raffinés - production
477 200 barils/jour (est. 2015).

Produits pétroliers raffinés - consommation
141 000 barils/jour (est. 2016).

Produits pétroliers raffinés - exportations
351 200 barils/jour (est. 2015).

Produits pétroliers raffinés - importations
14 630 barils/jour (est. 2015).

Gaz naturel - production
59,46 M de m^3 (est. 2017).

Gaz naturel - consommation
17,7 Mds de m^3 (est. 2017).

Gaz naturel - exportations
0 m^3 (est. 2017).

Gaz naturel - importations
17,53 Mds de m^3 (est. 2017).

Gaz naturel - réserves prouvées
2,832 Mds de m^3 (est. 1er janvier 2018).

COMMUNICATIONS

Systèmes de télécommunications

Aperçu. Le gouvernement possède et administre le réseau central et une grande partie du marché des télécommunications sans régulateur indépendant. Trois programmes majeurs ont été lancés afin de développer le secteur des télécommunications et l'économie numérique, et permettre l'utilisation des services 5G et l'extension de la fibre optique : applications pour villes intelligentes, services mobiles à haut débit dans les zones rurales. En 2020, les services LTE commerciaux sont devenus accessibles à 80 % de la population. Les opérateurs fournissent un service 5G autonome et des services NB-IoT (réseaux de basse communication à longue portée) ainsi qu'une connexion internationale par fibre optique et liaison terrestre. Des équipements de diffusion sont importés de Chine. Un système satellitaire a vu le jour.

Audiovisuel. 7 chaînes de télévision nationales contrôlées par l'État. Émissions de télévision polonaises et russes accessibles dans certaines régions. La radio biélorusse gérée par l'État exploite 5 réseaux nationaux et un service externe (2019).

TRANSPORTS

Aéroports

65 (2013).

Héliports

1 (2013).

Pipelines

Essence: 5386 km. Pétrole: 1589 km. Produits raffinés: 1730 km (2013).

Chemins de fer

5528 km (2014).

Chaussées

86600 km (2017).

Voies navigables

2500 km. Les principaux fleuves sont les fleuves Dvina occidental et Neman qui coulent à l'ouest et le fleuve Dniepr qui coule au sud et ses affluents, les fleuves Berezina, Sozh et Pripyat (2011).

Marine marchande

Total: 4 (2021).

Ports et terminaux

Port fluvial: Pkhov (Mazyr).

MILITAIRE ET SÉCURITÉ

Forces militaires et de sécurité

Forces armées biélorusses : armée de terre, force aérienne et de défense aérienne, forces d'opérations spéciales, bataillons spécialisés (guerre électronique, signaux, ingénieurs, troupes de protection biologique/chimique/nucléaire, etc.). Ministère de l'Intérieur : police frontalière, milice, groupes internes (2021).

Dépenses militaires

1,5 % du PIB (est. 2020).

Points forts du personnel militaire et des services de sécurité

Environ 45 000 soldats en service actif. Les informations sur la répartition dans les différents corps varient, mais nous estimons à 25 000 le nombre d'hommes dans l'armée de terre, 15 000 dans l'armée de l'air et 5 000 au sein des forces d'opérations spéciales (2021).

Inventaires et acquisitions d'équipements militaires

L'inventaire des forces armées biélorusses comprend du matériel d'origine russe/soviétique. L'industrie de défense du pays fabrique certains équipements, notamment des véhicules, des armes guidées et des systèmes de guerre électronique (2021).

Âge et obligation du service militaire

18-27 ans pour le service militaire obligatoire ou de remplacement. L'obligation de service conscrit est de 12 à 18 mois, selon les qualifications académiques, et de 24 à 36 mois pour le service alternatif, selon les qualifications académiques. Les jeunes de 17 ans sont éligibles pour devenir cadets dans les instituts militaires d'enseignement supérieur, où ils sont classés personnel militaire (2021).

Note. Les conscrits peuvent être incorporés dans l'armée, ainsi que dans les forces de police du ministère de l'Intérieur. En 2020, ils représentaient environ 40 % du contingent.

Remarque. La Biélorussie entretient des liens de sécurité étroits avec la Russie, notamment un système intégré de défense aérienne et antimissile. Trois centres d'entraînement conjoint ont été créés depuis 2020 (1 en Biélorussie, 2 en Russie). La Russie est le principal fournisseur d'armes de la Biélorussie, et ses troupes s'entraîneraient sur du matériel russe. La Russie loue à la Biélorussie un site stratégique de défense antimissile balistique exploité par les forces aérospatiales russes et une installation de communication mondiale pour la marine russe. En 2020, les deux pays ont signé un accord favorisant une coopération étroite en matière de sécurité entre le ministère biélorusse de l'Intérieur et la garde nationale russe, comprenant la protection de l'ordre public et des installations gouvernementales clés, ainsi que la lutte contre l'extrémisme et le terrorisme. La Biélorussie est membre de l'Organisation du Traité de sécurité collective (OTSC) depuis 1994 et fournit une brigade aéroportée à la force de réaction rapide de l'OTSC (KSOR).

QUESTIONS INTERNATIONALES

Litiges internationaux

Frontière délimitée avec la Lettonie et la Lituanie ; en tant qu'État membre faisant partie de la frontière extérieure de l'UE, la Pologne a mis en place des règles strictes aux frontières Schengen pour restreindre l'immigration et le commerce illégaux le long de sa frontière avec la Biélorussie.

Réfugiés et déplacés internes

Réfugiés : 10 902 (Ukraine, au 29 mars 2022). Apatrides : 6 104 (mi-2021).

Traite des personnes

Situation actuelle. Les trafiquants d'êtres humains exploitent les victimes nationales et étrangères ainsi que les Biélorusses à l'étranger. La majorité des victimes de la traite sont des hommes soumis au travail forcé ; la plupart en Biélorussie et en Russie, mais aussi en Pologne, en Turquie et dans d'autres pays d'Eurasie et du Moyen-Orient. Le gouvernement a continué de soumettre les ouvriers d'usine, les fonctionnaires et les étudiants à des travaux forcés de récolte dans les fermes d'État ou de nettoyage des rues.

Classification. Niveau 3. La Biélorussie ne respecte pas les mesures minimales nécessaires à l'élimination de la traite en raison d'une politique gouvernementale de travail forcé dans le secteur agricole et les travaux publics. Les autorités ont cependant condamné, pour la première fois en huit ans, des trafiquants en vertu de la loi nationale sur la traite et renforcé la formation des agents publics. Elles ont annoncé que le nombre de victimes était supérieur à leurs estimations. Le gouvernement a également adopté un plan d'action national pour protéger les mineurs contre la violence et l'exploitation sexuelles (2020).

Médicaments illicites

Culture limitée du pavot à opium et du cannabis, principalement pour le marché intérieur. Zone de transit de drogues vers et via la Russie, ainsi que vers les pays baltes et l'Europe occidentale. Un petit centre financier peu réglementé. La législation anti-blanchiment d'argent n'est pas conforme aux normes internationales et s'est trouvée encore affaiblie lorsque les exigences pour connaître l'identité des clients ont été réduites en 2008. Peu d'enquêtes ou de poursuites pour activités de blanchiment d'argent.

SLOVAQUIE

CONTEXTE HISTORIQUE

La Slovaquie trouve ses racines dans l'État de Grande Moravie, datant du IXe siècle. Par la suite, les Slovaques ont rejoint une partie du royaume hongrois, où ils sont restés pendant les 1 000 années suivantes. Après la formation de la double monarchie austro-hongroise en 1867, le contrecoup des politiques linguistiques et éducatives favorisant l'usage du hongrois (magyarisation) a renforcé le nationalisme slovaque et le développement de liens culturels avec les Tchèques étroitement apparentés, qui relevaient administrativement de la moitié autrichienne de l'empire. Après la dissolution de l'Empire austro-hongrois à la fin de la Première Guerre mondiale, les Slovaques ont rejoint les Tchèques pour former la nation tchécoslovaque. Pendant l'entre-deux-guerres, les dirigeants nationalistes slovaques ont appelé à l'autonomie au sein de la Tchécoslovaquie et, en 1939, la Slovaquie est devenue un État indépendant allié à l'Allemagne nazie. Après la Seconde Guerre mondiale, la Tchécoslovaquie est reconstituée et passe sous le régime communiste au sein de l'Europe de l'Est dominée par les Soviétiques. En 1968, l'invasion par les troupes du Pacte de Varsovie met fin aux efforts des dirigeants tchécoslovaques pour libéraliser le régime communiste et créer un « socialisme à visage humain », inaugurant une période de répression connue sous le nom de «normalisation». La pacifique «révolution de velours» balaie le parti communiste au pouvoir fin 1989 et inaugure un retour à la démocratie et à l'économie de marché. Le 1er janvier 1993, la Tchécoslovaquie connaît un «divorce de velours», non-violent, entre ses deux composantes nationales, la Slovaquie et la République tchèque. La Slovaquie a rejoint l'OTAN et l'Union européenne au printemps 2014 ainsi que la zone euro le 1er janvier 2009.

GÉOGRAPHIE

Emplacement

Europe centrale, sud de la Pologne.

Superficie

49 035 km^2. Terre : 48 105 km^2. Eau : 930 km^2

Frontières terrestres

1 587 km. 5 pays frontaliers : Autriche (105 km), Tchéquie (241 km), Hongrie (627 km), Pologne (517 km), Ukraine (97 km).

Littoral

0 km (enclavé).

Climat

Climat tempéré. Étés frais, hivers froids, nuageux et humides.

Altitude

Point le plus haut : pic Gerlach, 2 655 m. Point le plus bas : rivière Bodrog, 94 m. Altitude moyenne : 458 m.

Ressources naturelles

Lignite, petites quantités de minerai de fer, minerai de cuivre et de manganèse, sel, terres arables.

Principaux cours d'eau (par longueur en km)

Le Danube, fleuve partagé avec l'Allemagne (source), l'Autriche, la Hongrie, la Croatie, la Serbie, la Bulgarie, l'Ukraine, la Moldavie et la Roumanie (embouchure), 2 888 km.

Risques naturels

Inondations.

Note. Enclavé. La majeure partie du pays est montagneuse. Au nord, les montagnes Tatras sont entrecoupées de nombreux lacs et vallées.

POPULATION ET SOCIÉTÉ

Population

5 436 066 (est. juillet 2021)

Nationalité

Nom : Slovaque. Adjectif : slovaque.

Groupes ethniques

Slovaques : 80,7 %. Hongrois : 8,5 %. Roms : 2 %. Autres : 1,8 % (Tchèques, Ruthènes, Ukrainiens, Russes, Allemands, Polonais...). Non spécifié : 7 % (est. 2011).

Langues

Slovaque (officiel) : 78,6 %. Hongrois : 9,4 %. Romani : 2,3 %. Ruthène : 1 %. Autres ou non spécifié : 8,8 % (est. 2011).

Religions

Catholiques romains : 62 %. Protestants : 8,2 %. Catholiques grecs : 3,8 %. Autres ou non spécifié : 12,5 %. Aucune : 13,4 % (est. 2011).

Pyramide des âges (est. 2020)

0-14 ans : 15,13 % (hommes 423 180/femmes 400 128).

15-24 ans : 10,06 % (hommes 280 284/femmes 266 838).

25-54 ans : 44,61 % (hommes 1 228 462/femmes 1 198 747).

55-64 ans : 13,15 (hommes 342 124/femmes 373 452).

65 ans et plus : 17,05 % (hommes 366 267/femmes 561 120).

Taux de croissance de la population

– 0,08 % (est. 2021).

Taux de migration nette

0,2 migrant/1 000 habitants (est. 2021).

Répartition de la population

Assez uniforme dans la majeure partie du pays. Concentration légèrement plus importante à l'ouest, à proximité de la frontière tchèque.

Grandes zones urbaines - population

Bratislava (capitale) : 439 000 habitants (2022).

ENVIRONNEMENT

Enjeux actuels

La pollution de l'air et les pluies acides présentent des risques pour la santé des habitants et endommagent les forêts. Érosion des terres causée par les activités agricoles et minières. Pollution de l'eau.

Exploitation des terres

Terres agricoles : 40,1 %. Forêt : 40,2 %. Autre : 19,7 % (est. 2018).

Urbanisation

Population urbaine : 53,9 % de la population totale (2022).

Revenus forestiers

0,22 % du PIB (est. 2018).

Revenus du charbon

0,01 % du PIB (est. 2018).

GOUVERNEMENT

Nom du pays

Forme longue conventionnelle : République slovaque.

Forme courte conventionnelle : Slovaquie.

Étymologie : Pourrait dériver du mot latin médiéval *Slavus* (slave), sous la forme locale *Sloven*. Utilisé depuis le XIIIe siècle pour désigner le territoire de la Slovaquie et ses habitants.

Type de gouvernement

République parlementaire.

Capitale

Nom : Bratislava. Étymologie : L'appellation a été adoptée en 1919 après l'indépendance de la Tchécoslovaquie et peut provenir du nom d'un commandant militaire du IXe siècle, Braslav, ou du duc de Bohême Bretislav Ier (XIe siècle) ou dériver des mots slovaques *brat* (frère) et *slava* (gloire).

Divisions administratives

8 régions : Bratislava, Nitra, Trenčín, Trnava, Banská Bystrica, Žilina, Košice, Prešov. 79 districts.

Indépendance

1er janvier 1993 (partition en République tchèque et Slovaquie).

Fête nationale

Jour de la Constitution, 1er septembre (1992).

Constitution

Adoptée le 1er septembre 1992.

Système légal

Système de droit civil fondé sur les codes austro-hongrois.

Participation à des organisations de droit international

Accepte la juridiction obligatoire de la Cour internationale de Justice, avec des réserves, et la compétence de la Cour pénale internationale.

Citoyenneté

Nationalité uniquement par filiation: au moins un parent doit être citoyen slovaque. Double nationalité reconnue: non. Condition de résidence pour la naturalisation: 5 ans. Droit de vote: 18 ans. Universel.

Exécutif

Chef d'État: présidente Zuzana Caputova (depuis le 15 juin 2019).

Chef du gouvernement: Premier ministre Eduard Heger (depuis le 1er avril 2021).

Vice-premiers ministres: Stefan Holy, Veronika Remisova, Richard Sulik (depuis le 21 mars 2020).

Cabinet nommé par le Président sur recommandation du Premier ministre.

Élections/nominations: Président élu au suffrage universel direct pour un mandat de 5 ans (éligible pour un second mandat). Dernière élection: les 16 et 30 mars 2019. À l'issue des élections au Conseil national (tous les 4 ans), le Président désigne le Premier ministre, généralement le chef du parti ou de la coalition qui a remporté le plus de voix, soumis ensuite à un vote de confiance.

Résultats des élections: Zuzana Caputova, Présidente réélue au second tour avec 58,4 % des voix. Maros Sefcovic (indépendant): 41,6 %.

Législatif

Description. Conseil national monocaméral. 150 représentants élus au scrutin uninominal majoritaire à un tour et au scrutin proportionnel plurinominal de liste fermée avec seuil électoral. Mandat de 4 ans.

Élections. Dernière élection le 29 février 2020.

Judiciaire

Plus hautes juridictions. Cour suprême de la République slovaque composée du président du tribunal, du vice-président et d'environ 80 juges répartis en divisions pénales, civiles, commerciales et administratives par collèges de 3 à 5. Cour constitutionnelle de la République slovaque composée de 13 juges.

Juridictions subordonnées. Tribunaux civils régionaux et de district. Cour pénale spéciale. Tribunal militaire supérieur. Tribunaux militaires de district. Cour des comptes.

Partis politiques et dirigeants

Alliance (Krisztian Forro), Social-démocratie (Robert Fico), Pour le peuple (Veronika Remisova), Liberté et Solidarité (Richard Sulik), Parti populaire notre Slovaquie (Marian Kotleba), Gens ordinaires et Personnalités indépendantes, Nouvelle Majorité (Daniel Lipsic), Parti national slovaque (Andrej Danko), Voix, Nous sommes une famille (Boris Kollar).

Description du drapeau

Trois bandes horizontales de même hauteur, blanche (au sommet), bleue et rouge. Des couleurs panslaves inspirées du drapeau russe du XIXe siècle. Les armoiries slovaques (un écu rouge bordé de blanc et portant une croix blanche à double barre de saint Cyrille et saint Méthode surmontant trois collines bleues) sont centrées à gauche sur les bandes.

Symboles nationaux

Croix à double barreau (croix de saint Cyrille et saint Méthode) surmontant trois collines. Couleurs nationales : blanc, bleu, rouge.

Hymne national

Nom : *Nad Tatrou sa blyska* (Au-dessus des monts Tatras brille l'éclair). Paroles/musique : Janko Matuska/La mélodie provient de la chanson *Kopala studienku* de Jozef Podhradsky. Adopté en 1993, utilisé depuis 1844.

Patrimoine national

8 sites inscrit au patrimoine mondial : Ville historique de Banská Štiavnica. Levoča, Spišský Hrad et monuments culturels associés. Vlkolínec. Grottes du karst d'Aggtelek et du karst de Slovaquie. Ville de Bardejov. Forêts primaires et anciennes de hêtres des Carpates. Églises en bois des Carpates slovaques.

Frontières de l'Empire romain – Confluence du Danube (segment occidental).

ÉCONOMIE

Aperçu

L'économie slovaque a souffert d'un démarrage lent dans les premières années qui ont suivi sa séparation de la République tchèque en 1993, en raison de l'autoritarisme du gouvernement et de la corruption, mais les réformes économiques mises en œuvre après 1998 ont lancé le pays sur la voie d'une forte croissance. Avec une population de 5,4 millions d'habitants, la République slovaque est une petite puissance économique, tirée principalement par les exportations d'automobiles et d'électronique qui représentent plus de 80 % du PIB. Elle a rejoint l'UE en 2004 et la zone euro en 2009. Le secteur bancaire du pays est solide et majoritairement détenu par des étrangers.

La Slovaquie est un champion régional des investissements directs à l'étranger depuis plusieurs années, attrayante en raison d'une main-d'œuvre relativement peu coûteuse mais qualifiée, et d'une situation géographique favorable au cœur de l'Europe centrale. Les exportations et les investissements ont été les principaux moteurs de la forte croissance de la Slovaquie ces dernières années. Le taux de chômage est tombé à des niveaux historiquement bas en 2017 et la hausse des salaires a entraîné l'augmentation de la consommation qui a joué un rôle plus important dans la croissance du PIB en 2017. Des perspectives favorables pour la zone euro laissent entrevoir des possibilités de croissance solide et continue pour la Slovaquie au cours des prochaines années, même si l'inflation devrait s'accélérer.

Parmi les problèmes intérieurs susceptibles de compromettre l'attractivité du marché slovaque figurent la pénurie de main-d'œuvre qualifiée, les problèmes de corruption persistants et un système judiciaire inadéquat, ainsi qu'un faible investissement dans l'innovation. Le secteur de l'énergie en particulier se caractérise par une surveillance réglementaire imprévisible et des coûts élevés, en partie dus à l'ingérence du gouvernement. Ses tentatives de maintenir des prix bas pour les ménages risquent de nuire à la rentabilité des entreprises énergétiques nationales tout en sapant les initiatives d'efficacité énergétique.

PIB réel (parité de pouvoir d'achat)

165,57 Mds$ (est. 2020).

Taux de croissance du PIB réel

2,4 % (est. 2019).

PIB réel par habitant

30 300 $ (est. 2020).

PIB (taux de change officiel)

105,388 Mds$ (est. 2019).

Taux d'inflation (prix à la consommation)

2,6 % (est. 2019).

PIB – composition, par secteur d'origine (est. 2017)

Agriculture : 3,8 %. Industrie : 35 %. Services : 61,2 %.

Production agricole

Blé, maïs, betterave à sucre, lait, orge, colza, pommes de terre, graines de tournesol, soja, porc.

Industries

Automobiles, métaux et produits métalliques, électricité, gaz, coke, pétrole, combustible nucléaire, produits chimiques, fibres synthétiques, produits en bois et en papier, machinerie, faïence et céramique, textiles, appareils électriques et optiques, produits en caoutchouc, aliments et boissons, pharmaceutique.

Taux de chômage

5 % (est. 2019).

Population sous le seuil de pauvreté

11,9 % (est. 2018).

Budget (est. 2017)

Revenus 37,79 Mds$. Dépenses : 38,79 Mds$.

Excédent (+) ou déficit (–) budgétaire

– 1 % du PIB (est. 2017).

Dette publique

50,9 % du PIB (est. 2017).

Impôts et autres revenus

39,4 % du PIB (est. 2017).

Exportations

82,92 Mds$ (est. 2020).

Exportations – partenaires

Allemagne : 22 %. Tchéquie : 11 %. Pologne : 7 %. France : 7 %. Hongrie : 6 %. Autriche : 5 %. Royaume-Uni : 5 % (est. 2019).

Exportations – produits de base

Voitures et pièces de véhicules, écrans vidéo, matériel de diffusion, pneus, pétrole raffiné.

Importations

87,95 Mds$ (est. 2020).

Importations – partenaires

Allemagne : 18 %. Tchéquie : 18 %. Pologne : 8 %. Hongrie : 7 %. Russie : 5 % (2019).

Importations – marchandises

Voitures et pièces de véhicules, matériel de radiodiffusion, pétrole brut, gaz naturel, câblage isolé.

Réserves de devises et d'or

3,622 Mds$ (est. au 31 décembre 2017).

Dette externe

115,853 Mds$ (est. 2019).

ÉNERGIE

Accès à l'électricité

Électrification – population totale : 100 % (2020).

Production d'électricité

25,32 Mds de kWh (est. 2016).

Consommation d'électricité

26,64 Mds de kWh (est. 2016).

Électricité - exportations

10,6 Mds de kWh (est. 2016).

Électricité - importations

13,25 Mds de kWh (est. 2016).

Électricité - capacité de production installée

7,644 M de kW (est. 2016).

Électricité - à partir de combustibles fossiles

36 % de la capacité totale installée (est. 2016).

Électricité - à partir de combustibles nucléaires

27 % de la capacité totale installée (est. 2017).

Électricité - provenant de centrales hydroélectriques

24 % de la capacité totale installée (est. 2017).

Électricité - provenant d'autres sources renouvelables

13 % de la capacité totale installée (est. 2017).

Pétrole brut - production

200 barils/jour (est. 2018).

Pétrole brut - exportations

1 022 barils/jour (est. 2017).

Pétrole brut - importations

111 200 barils/jour (est. 2017).

Pétrole brut - réserves prouvées

9 M de barils (est. au 1er janvier 2018).

Produits pétroliers raffinés - production
131 300 barils/jour (est. 2017).

Produits pétroliers raffinés - consommation
85 880 barils/jour (est. 2017).

Produits pétroliers raffinés - exportations
81 100 barils/jour (est. 2017).

Produits pétroliers raffinés - importations
38 340 barils/jour (est. 2017).

Gaz naturel - production
104,8 M de m^3 (est. 2017).

Gaz naturel - consommation
4,672 Mds de m^3 (est. 2017).

Gaz naturel - exportations
0 m^3 (est. 2017).

Gaz naturel - importations
4,984 Mds de m^3 (est. 2017).

Gaz naturel - réserves prouvées
14,16 Mds de m^3 (est. au 1er janvier 2018).

COMMUNICATIONS

Systèmes de télécommunications

Un système de télécommunications moderne. L'opérateur Slovak Telekom détient le quasi-monopole du marché des lignes fixes. Concurrence sur le marché du haut débit mobile et fixe. Croissance du haut débit ces dernières années. Concurrence entre les plates-formes DSL, câble et fibre. Croissance du FTP dans les villes. Slovak Telekom a lancé en 2019 un service haut débit câblé 1Gb/s dans 3 villes et 200 000 locaux. Financement de l'UE pour le développement et l'amélioration de l'administration en ligne et des services en ligne. L'autorité de régulation a préparé le terrain pour les services 5G en 2020 (2020).

Audiovisuel. La RTVS, Radio et Télévision de Slovaquie, exploite 2 chaînes de télévision nationale et plusieurs réseaux de radios nationales et régionales. Environ 50 chaînes de télévision privée opèrent à l'échelle nationale, régionale et locale. 40 % des foyers sont connectés à la télévision par câble ou par satellite multi chaînes. 32 radios privées.

TRANSPORTS

Aéroports

35 (2013).

Héliports

1 (2019).

Pipelines

Gazoducs de transport : 2 270 km. Gazoducs de distribution : 6 278 km (haute pression), 27 023 km (moyenne et basse pression). Oléoducs : 510 km (2015).

Chemins de fer

3 580 km (2016).

Chaussées

56 926 km (routes locales, nationales et 464 km d'autoroutes) (2016).

Voies navigables

172 km (sur le Danube) (2012).

Ports et terminaux

Ports fluviaux : Bratislava, Komárno (Danube).

MILITAIRE ET SÉCURITÉ

Forces militaires et de sécurité

Armée de la République slovaque : terre, air, opérations spéciales (2021).

Dépenses militaires

1,73 % du PIB (est. 2021).

Points forts du personnel militaire et des services de sécurité

Les forces armées de la République slovaque comptent environ 13 000 hommes en service actif. Terre : 6 000. Air : 4 000. Autres : 3 000 (2021).

Inventaires et acquisitions d'équipements militaires

Principalement hérités de l'ère soviétique. Depuis 2010, la Slovaquie importe une quantité limitée d'équipements en provenance de Chine, Tchéquie, Italie, Russie et États-Unis (2021).

Déploiements militaires

Chypre : 240 (UNFICYP). Lettonie : jusqu'à 175 (OTAN) (2021).

Âge et obligation du service militaire

18-30 ans sur la base du volontariat (hommes et femmes). Le service obligatoire a pris fin en 2005. En 2019, les femmes représentaient environ 12 % du personnel militaire à temps plein.

Remarque. La Slovaquie est officiellement devenue membre de l'OTAN en 2004.

QUESTIONS INTERNATIONALES

Litiges internationaux

Poursuite des négociations bilatérales entre la Slovaquie et la Hongrie au sujet de l'achèvement par la Hongrie de sa partie du projet de barrage hydroélectrique de Gabcikovo-Nagymaros le long du Danube.

État membre de l'UE, la Slovaquie applique les règles de l'espace Schengen.

Réfugiés et déplacés internes

Réfugiés : 281 172 (Ukraine, au 29 mars 2022) (2022). Apatrides : 1 532 (mi-2021).

Médicaments illicites

Territoire de transit pour l'héroïne d'Asie du Sud-Ouest à destination de l'Europe occidentale. Producteur de drogues synthétiques pour le marché régional. Consommateur d'ecstasy.

HONGRIE

CONTEXTE HISTORIQUE

Devenu un royaume chrétien en l'an 1000, le pays a servi pendant de nombreux siècles de rempart contre l'expansion ottomane en Europe avant d'être absorbé par l'empire austro-hongrois, qui s'est effondré pendant la Première Guerre mondiale. La Hongrie est passée sous le régime communiste après la Seconde Guerre mondiale. En 1956, le soulèvement contre l'URSS et un retrait annoncé du Pacte de Varsovie se sont heurtés à une intervention militaire massive de la part de Moscou. Sous la direction de Janos Kadar en 1968, la Hongrie a commencé à libéraliser son économie, introduisant le « socialisme du goulash ». La Hongrie a tenu ses premières élections multipartites en 1990 et adopté l'économie de marché. Elle a rejoint l'OTAN en 1999 et l'UE cinq ans plus tard.

GÉOGRAPHIE

Emplacement

Europe centrale, nord-ouest de la Roumanie.

Superficie

93 028 km^2. Terre : 89 608 km^2. Eau : 3 420 km^2.

Frontières terrestres

2 106 km. 7 pays frontaliers : Autriche (321 km), Croatie (348 km), Roumanie (424 km), Serbie (164 km), Slovaquie (627 km), Slovénie (94 km), Ukraine (128 km).

Littoral

0 km (enclavé).

Climat

Hivers froids, nuageux et humides, étés chauds. Climat tempéré.

Altitude

Point culminant : mont Kékes, 1 014 m. Point le plus bas : rivière Tisza, 78 m. Altitude moyenne : 143 m.

Ressources naturelles

Bauxite, charbon, gaz naturel, sols fertiles, terres arables.

Principaux lacs (superficie km²)

Lac Balaton, 590 km², lac d'eau douce.

Principaux cours d'eau (par longueur en km)

Le Danube, fleuve partagé avec l'Allemagne (source), l'Autriche, la Slovaquie, la Croatie, la Serbie, la Bulgarie, l'Ukraine, la Moldavie et la Roumanie (embouchure), 2 888 km.

Remarque. Emplacement stratégique de part et d'autre des principales routes terrestres entre l'Europe occidentale et la péninsule balkanique ainsi qu'entre l'Ukraine et le bassin méditerranéen. Les fleuves Danube et Tisza qui coulent du nord au sud divisent le pays en trois grandes régions.

POPULATION ET SOCIÉTÉ

Population

9 728 337 (est. juillet 2021).

Nationalité

Nom : Hongrois. Adjectif : hongrois.

Groupes ethniques

Hongrois : 85,6 %. Roms : 3,2 %. Allemands : 1,9 %. Autres : 2,6 %. Non spécifié : 14,1 % (est. 2011)

Note. Total supérieur à 100 % parce que les enquêteurs ont identifié davantage de groupes. Le nombre de Roms est souvent sous-estimé. Ils pourraient représenter 5 à 10 % de la population.

Langues

Hongrois (officiel) : 99,6 %. Anglais : 16 %. Allemand : 11,2 %. Russe : 1,6 %. Roumain : 1,3 %. Français : 1,2 %. Autres : 4,2 % (est. 2011)

Religions

Catholique romaine : 37,2 %. Calviniste : 11,6 %. Luthérienne : 2,2 %. Catholique grecque : 1,8 %. Autres : 1,9 %. Aucune : 18,2 %. Pas de réponse : 27,2 % (est. 2011)

Pyramide des âges (est. 2020)

0-14 ans : 14,54 % (hommes 731 542/femmes 689 739).
15-24 ans : 10,43 % (hommes 526 933/femmes 492 388).
25-54 ans : 42,17 % (hommes 2 075 763/femmes 2 044 664).
55-64 ans : 12,17 % (hommes 552 876/femmes 636 107).
65 ans et plus : 20,69 % (hommes 773 157/femmes 1 248 658).

Taux de croissance de la population

0,29 % (est. 2021).

Taux de migration nette

1,24 migrant/1 000 habitants (est. 2021).

Répartition de la population

Assez uniforme dans la majeure partie du pays. Les zones urbaines attirent des populations plus importantes et plus denses.

Grandes zones urbaines – population

Budapest (capitale) : 1,775 M d'habitants (2022).

ENVIRONNEMENT

Enjeux actuels

La pollution de l'air et de l'eau constitue l'un des problèmes environnementaux majeurs de la Hongrie. La qualité de l'eau dans la partie hongroise du Danube s'est améliorée, mais le fleuve reste infesté de polluants provenant de l'industrie et de l'agriculture à grande échelle. La pollution terrestre est également prégnante.

Exploitation des terres

Terres agricoles: 58,9 %. Forêt: 22,5 %. Autre: 18,6 % (est. 2018).

Urbanisation

Population urbaine: 72,6 % de la population totale (2022).

Revenus forestiers

0,1 % du PIB (est. 2018).

Revenus du charbon

0,01 % du PIB (est. 2018).

GOUVERNEMENT

Nom du pays

Forme longue conventionnelle: aucune forme.

Conventionnelle courte: Hongrie.

Étymologie: les Grecs byzantins faisaient référence aux tribus arrivées dans les steppes de l'Europe de l'Est au IXe siècle sous le nom de *Oungroi*, un nom latinisé ensuite en *Ungri* qui est devenu *Hungari*: « alliance de dix tribus ». Le nom hongrois *Magyarország* signifie « Pays des Magyars », le terme peut dériver de la plus importante des tribus hongroises, les Magyars.

Type de gouvernement

République parlementaire.

Capitale

Nom : Budapest. Étymologie : la capitale hongroise est née en 1873 de la fusion de trois villes situées sur les rives opposées du Danube : Buda et Óbuda sur la rive ouest et Pest sur la rive est.

Divisions administratives

19 comitats (départements), 23 villes avec des prérogatives de département et 1 capitale.

Indépendance

16 novembre 1918 (proclamation de la République). Dates antérieures : couronnement du roi Étienne Ier, date de naissance de la nation hongroise, 25 décembre 1000. Établissement de la double monarchie austro-hongroise, 30 mars 1867.

Fête nationale

Saint-Étienne, 20 août : jour de la canonisation et du transfert de la dépouille d'Étienne Ier à Buda, aujourd'hui Budapest, en 1083.

Constitution

Adoptée le 25 avril 2011.

Système légal

Système de droit civil influencé par le modèle allemand.

Participation à des organisations de droit international

Accepte la juridiction obligatoire de la Cour internationale de Justice, avec des réserves, et la compétence de la Cour pénale internationale.

Citoyenneté

Nationalité uniquement par filiation : au moins un parent doit être citoyen hongrois. Double nationalité reconnue : oui. Condition de résidence pour la naturalisation : 8 ans. Droit de vote : 18 ans, 16 ans si marié et mariage enregistré en Hongrie. Universel.

Exécutif

Chef d'État : président János Áder (depuis le 10 mai 2012).

Chef du gouvernement: Premier ministre Viktor Orbán (depuis le 29 mai 2010).

Cabinet des ministres proposé par le Premier ministre et nommé par le Président.

Élections/nominations: Président élu au suffrage indirect par l'Assemblée nationale avec un vote à la majorité des deux tiers au premier tour ou à la majorité simple au second tour pour un mandat de 5 ans (éligible pour un second mandat). Dernière élection le 13 mars 2017. Premier ministre élu par l'Assemblée nationale sur recommandation du Président. Dernière élection le 10 mai 2018.

Résultats des élections: János Áder (Fidesz) réélu Président. Vote de l'Assemblée nationale: 131 contre 39. Viktor Orbán (Fidesz) réélu Premier ministre. Vote de l'Assemblée nationale: 134 contre 28.

Législatif

Description. Assemblée nationale: 199 sièges. 106 membres élus au scrutin uninominal majoritaire et 93 élus au scrutin proportionnel plurinominal de liste fermée avec seuil électoral. Mandat de 4 ans.

Élections. Dernière élection le 8 avril 2018.

Judiciaire

Plus hautes juridictions. Cour suprême judiciaire composée du président, du vice-président, des chefs de département, d'un maximum de 113 juges, organisée en départements civil, pénal et administratif du travail. Cour constitutionnelle: 15 juges, y compris le président et le vice-président.

Juridictions subordonnées. 5 cours d'appel régionales. 19 tribunaux régionaux ou de comté, y compris le tribunal métropolitain de Budapest. 20 tribunaux administratifs du travail. 111 tribunaux de district ou locaux.

Partis politiques et dirigeants

Parti populaire démocrate-chrétien (Zsolt Semjén), Coalition démocratique (Ferenc Gyurcsány), Dialogue pour la Hongrie (Gergely Karácsony et Timea Szabó), Fidesz-Union civique hongroise (Viktor Orbán), Parti socialiste hongrois (Bertalan Tóth), Momentum Mouvement (András Fekete-Győr), Mouvement pour une meilleure Hongrie (Péter Jakab). Autonomie nationale des Allemands en Hongrie (Ibolya Hock-Englender), La politique peut être différente (Marta Demeter et Laszlo Lorant-Keresztes).

Description du drapeau

Trois bandes horizontales de même hauteur, rouge (au sommet), blanche et verte. Le drapeau fit sa première apparition en 1848 (mouvements révolutionnaires). Il fusionne les couleurs médiévales des armoiries hongroises avec la forme tricolore révolutionnaire du drapeau français. Le rouge fait référence au sang versé pour la défense de la terre, le blanc à la liberté et le vert aux pâturages qui composent une grande partie du pays. Mais le folklore attribue des vertus aux couleurs : le rouge pour la force, le blanc pour la fidélité et le vert pour l'espoir.

Symboles nationaux

Sainte Couronne de Hongrie (couronne de saint Étienne). Couleurs nationales : rouge, blanc, vert.

Hymne national

Nom : *Himnusz* (hymne). Paroles/musique : Ferenc Kölcsey/ Ferenc Erkel. Adopté en 1844.

Patrimoine national

8 sites inscrits au patrimoine mondial : Budapest, y compris les rives du Danube, le quartier du château de Buda et l'avenue Andrássy. Vieux village de Hollókő et ses environs. Grottes du karst d'Aggtelek et du karst slovaque. Abbaye bénédictine millénaire de Pannonhalma et son environnement naturel. Parc national Hortobágy – la Puszta. Nécropole paléochrétienne de Pécs (Sopianae). Paysage culturel de Fertő/Neusiedlersee. Paysage culturel historique de la région viticole de Tokaj.

ÉCONOMIE

Aperçu

La Hongrie est passée d'une économie planifiée à une économie de marché avec un revenu par habitant aux deux tiers de la moyenne de l'UE. Ces dernières années, le gouvernement s'est davantage impliqué dans la gestion de l'économie. Budapest a mis en œuvre des politiques économiques peu orthodoxes pour stimuler la consommation des ménages et s'est appuyé sur des projets de développement financés par l'UE pour stimuler la croissance.

Après la chute du communisme en 1990, la Hongrie a connu une baisse des exportations et de l'aide financière de l'ex-Union soviétique. Le gouvernement s'est lancé dans une série de réformes économiques, notamment de privatisation des entreprises publiques et de réduction des programmes de dépenses sociales, pour passer à l'économie de marché et réorienter son commerce vers l'Occident. Ces efforts ont contribué à dynamiser la croissance, à attirer les investissements et à réduire le fardeau de la dette comme les déficits budgétaires. Malgré ces réformes, les conditions de vie des Hongrois se sont d'abord détériorées à mesure que l'inflation augmentait et que le chômage atteignait un nombre à deux chiffres. La situation s'est ensuite lentement améliorée au cours des années 1990 grâce à l'effet conjugué des réformes et de la hausse des exportations. Les politiques économiques instituées au cours de cette décennie ont permis à la Hongrie de rejoindre l'Union européenne en 2004, sans adopter l'euro. Lors du ralentissement économique mondial en 2008-2009, le pays a subi un violent contrecoup – chute des exportations et de la demande intérieure – qui l'a incité à accepter un programme d'aide financière du FMI et de l'UE.

Depuis 2010, le gouvernement a fait marche arrière sur de nombreuses réformes économiques et adopté une approche plus populiste de la gestion économique. Le gouvernement a favorisé les industries nationales et les entreprises liées au gouvernement par le biais de la législation et de la réglementation des marchés publics. En 2011 et 2014, la Hongrie a nationalisé les fonds de pension privés, évinçant les prestataires de services financiers du système, tout en réduisant sa dette publique et son déficit budgétaire à moins de 3 % du PIB, puisque les cotisations de retraite ont alors été acheminées vers le fonds de pension géré par l'État. La dette publique de la Hongrie (à 74,5 % du PIB) reste élevée par rapport à ses voisins d'Europe centrale, membres de l'UE. La croissance du PIB réel a été forte ces dernières années en raison de l'augmentation du financement européen, de la demande accrue de l'Union pour les exportations hongroises et d'un rebond de la consommation intérieure des ménages. Pour stimuler davantage la consommation des ménages avant les élections de 2018, le gouvernement a programmé une augmentation sur six ans du salaire minimum et des salaires du secteur public, diminué les taxes sur les denrées alimentaires et les services, réduit l'impôt sur le revenu des personnes physiques de 16 % à 15 % et instauré une taxe professionnelle uniforme de 9 % pour les entreprises. La croissance du PIB réel a ralenti en 2016 en raison de la fin d'un cycle de financement européen, mais a rebondi de 3,8 % en 2017, le gouvernement ayant préfinancé un programme de l'UE avant les élections de 2018.

Les points faibles de l'économie hongroise sont la corruption généralisée, la pénurie de main-d'œuvre due au déclin démographique et à la migration, la grande pauvreté des zones rurales, une forte dépendance à la demande extérieure (exportations) et à l'énergie russe (importations).

PIB réel (parité de pouvoir d'achat)

302,32 Mds$ (est. 2020).

Taux de croissance du PIB réel

4,58 % (est. 2019).

PIB (taux de change officiel)

163,251 Mds$ (est. 2019).

Taux d'inflation (prix à la consommation)

3,3 % (est. 2019).

PIB – composition, par secteur d'origine

Agriculture : 3,9 %. Industrie : 31,3 %. Services : 64,8 % (est. 2017).

Production agricole

Maïs, blé, lait, graines de tournesol, orge, colza, betterave à sucre, pommes, porcs, raisin.

Industries

Exploitation minière, métallurgie, matériaux de construction, agroalimentaire, textiles, produits chimiques (en particulier pharmaceutiques), engins à moteur.

Taux de chômage

3,45 % (est. 2019).

Population sous le seuil de pauvreté

12,3 % (est. 2018).

Budget

Revenus : 61,98 Mds$. Dépenses : 64,7 Mds$ (est. 2017).

Excédent (+) ou déficit (–) budgétaire

– 2 % du PIB (est. 2017).

Note. La Hongrie est sous procédure de déficit excessif ouverte par la Commission européenne depuis son adhésion à l'UE en 2004. En mars 2012, la Commission a proposé de geler 30 % des fonds de cohésion du pays parce que la réduction du déficit budgétaire n'était toujours pas effective. En juin 2012, l'UE a levé la sanction, reconnaissant que des mesures avaient finalement été prises. Le déficit hongrois a dépassé 3 % en 2013 et en 2014 en raison d'une croissance atone et du resserrement budgétaire du gouvernement.

Dette publique

73,6 % du PIB (est. 2017).

Impôts et autres revenus

44,5 % du PIB (est. 2017).

Exportations

123,83 Mds$ (est. 2020).

Exportations – partenaires

Allemagne : 27 %. Roumanie : 5 %. Italie : 5 %. Slovaquie : 5 % (2019)

Exportations – marchandises

Voitures et pièces de véhicules, médicaments, moteurs à allumage commandé, écrans vidéo, équipements de télécommunications.

Importations

120,25 Mds$ (est. 2020).

Importations – partenaires

Allemagne : 25 %. Chine : 6 %. Pologne : 6 %. Autriche : 6 %. Tchéquie : 5 %. Slovaquie : 5 %. Italie : 5 %. Pays-Bas : 5 % (2019).

Importations – marchandises

Voitures et pièces de véhicules, circuits intégrés, médicaments, équipements de télécommunications, pétrole brut.

Réserves de devises et d'or

28 Mds$ (est. au 31 décembre 2017).

Dette externe

123,256 Mds$ (est. 2019).

ÉNERGIE

Accès à l'électricité

Électrification – population totale : 100 % (2020).

Production d'électricité

30,22 Mds de kWh (est. 2016).

Consommation d'électricité

39,37 Mds de kWh (est. 2016).

Électricité – exportations

5,24 Mds de kWh (est. 2016).

Électricité - importations
17,95 Mds de kWh (est. 2016).

Électricité - capacité de production installée
8,639 M de kW (est. 2016).

Électricité - à partir de combustibles fossiles
64 % de la capacité totale installée (est. 2016).

Électricité - à partir de combustibles nucléaires
22 % de la capacité totale installée (est. 2017).

Électricité - provenant de centrales hydroélectriques
1 % de la capacité totale installée (est. 2017).

Électricité - provenant d'autres sources renouvelables
13 % de la capacité totale installée (est. 2017).

Pétrole brut - production
16 000 barils/jour (est. 2018).

Pétrole brut - exportations
2 713 barils/jour (est. 2017).

Pétrole brut - importations
121 000 barils/jour (est. 2017).

Pétrole brut - réserves prouvées
24 M de barils (est. 1er janvier 2018).

Produits pétroliers raffinés - production
152 400 barils/jour (est. 2017).

Produits pétroliers raffinés - consommation
167 700 barils/jour (est. 2017).

Produits pétroliers raffinés - exportations
58 720 barils/jour (est. 2017).

Produits pétroliers raffinés - importations
82 110 barils/jour (est. 2017).

Gaz naturel - production

1,812 Md de m^3 (est. 2017).

Gaz naturel - consommation

10,39 Mds de m^3 (est. 2017).

Gaz naturel - exportations

3,52 Mds de m^3 (est. 2017).

Gaz naturel - importations

13,37 Mds de m^3 (est. 2017).

Gaz naturel - réserves prouvées

6,598 Mds de m^3 (est. 1er janvier 2018).

COMMUNICATIONS

Systèmes de télécommunications

La Hongrie bénéficie d'une infrastructure de télécommunications bien développée, avec l'adoption de la 5G et la mise à niveau des réseaux fixes vers le service 1 Gb/s. Vaste réseau câblé en concurrence avec l'ADSL et un secteur de la fibre en expansion. Le gouvernement soutient les investissements privés pour l'élaboration d'applications intelligentes destinées à l'agriculture. Dans le cadre de l'UE, le marché est entièrement libéralisé et ouvert aux investissements. L'équipement de diffusion et les téléphones portables en provenance de Chine sont deux des cinq principaux produits d'importation du pays.

La concurrence entre les opérateurs de services de téléphonie a entraîné une forte augmentation de l'utilisation des téléphones mobiles et une diminution du nombre de connexions fixes, avec un peu moins de 31 abonnements fixes pour 100 personnes et 107 abonnements mobiles pour le même nombre (2020).

Audiovisuel. Système mixte de médias audiovisuels publics et privés. 5 télévisions publiques et deux privées se partagent la plus grande partie de l'audience. Nombreuses chaînes thématiques. Le marché des services de télévision par satellite et par câble est très développé, utilisé par deux tiers des téléspectateurs. 4 stations de radio publique. Nombreuses stations locales, commerciales, publiques, à but non lucratif et communautaires. La transition numérique s'est achevée fin 2013. La majeure partie des médias privés (audiovisuel et presse écrite) est détenue par des sociétés proches du pouvoir.

TRANSPORTS

Aéroports

41 (2013).

Héliports

3 (2013).

Pipelines

Gazoducs de transport : 5 874 km. Gazoducs de distribution : 83 732 km (basse pression). Pétrole : 850 km. Produits raffinés : 1 200 km (est. 2016).

Chemins de fer

8 049 km (2014).

Chaussées

203 601 km revêtus (2014).

Voies navigables

1 622 km (la plupart sur le Danube) (2011).

Marine marchande

1 (2021).

Ports et terminaux

Ports fluviaux : Baja, Csepel (Budapest), Dunaújváros, Györ-Gönyű, Mohács (Danube).

MILITAIRE ET SÉCURITÉ

Forces militaires et de sécurité

Armée unifiée (commandement des forces conjointes) composée de forces terrestres, aériennes et logistiques (2021).

Dépenses militaires

1,6 % du PIB (est. 2021).

Points forts du personnel militaire et des services de sécurité

23 000 hommes en service actif (2021)

Inventaires et acquisitions d'équipements militaires

Principalement hérités de l'ère soviétique. Depuis 2010, la Hongrie a reçu une quantité limitée d'équipements en provenance de plusieurs pays européens et des États-Unis (2021).

Déploiements militaires

Bosnie-Herzégovine : 160 (force de stabilisation EUFOR). Irak : 150 (coalition contre Daech). Kosovo : 430 (OTAN/KFOR) (2021).

Âge et obligation du service militaire

18-25 ans sur la base du volontariat (hommes et femmes). Pas de conscription (abolie en 2005). En 2019, les femmes représentaient environ 20 % du personnel militaire.

Remarque. La Hongrie a rejoint l'OTAN en 1999. La Tchéquie, la Hongrie et la Pologne ont été invitées à entamer des pourparlers d'adhésion lors du sommet de l'OTAN à Madrid en 1997 et en mars 1999 elles sont devenues les premiers anciens membres du Pacte de Varsovie à rejoindre l'Organisation.

QUESTIONS INTERNATIONALES

Litiges internationaux

Poursuite des négociations bilatérales avec la Slovaquie au sujet de l'achèvement du projet de barrage hydroélectrique de Gabcikovo-Nagymaros le long du Danube.

État membre de l'UE, la Hongrie applique les règles de l'espace Schengen.

Réfugiés et déplacés internes

Réfugiés : 364 804 (Ukraine, au 29 mars 2022) (2022). Apatrides : 130 (mi-2021).

Entre janvier 2015 et décembre 2018, 432 744 réfugiés et migrants sont arrivés dans le pays. La Hongrie est principalement un pays de transit et a accueilli 137 migrants et demandeurs d'asile à la fin juin 2018.

Médicaments illicites

Territoire de transit pour l'héroïne et le cannabis d'Asie du Sud-Ouest et la cocaïne sud-américaine destinée à l'Europe occidentale. Petit producteur de molécules chimiques pour les drogues de synthèse, amphétamine et méthamphétamine. Les efforts engagés dans la lutte contre le blanchiment d'argent, lié au crime organisé et au trafic de drogue, s'intensifient mais restent insuffisants. Grand consommateur d'ecstasy.

ROUMANIE

CONTEXTE

Les principautés de Valachie et de Moldavie – vassales de l'Empire ottoman turc pendant des siècles – obtiennent leur autonomie en 1856. Rassemblées de facto en 1859, elles sont formellement unies en 1862 sous le nouveau nom de Roumanie. Le pays obtient la reconnaissance de son indépendance en 1878. Il rejoint les puissances alliées pendant la Première Guerre mondiale et gagne de nouveaux territoires – notamment la Transylvanie – à la suite du conflit. En 1940, la Roumanie rallie les puissances de l'Axe et participe à l'attaque du Reich contre l'URSS en 1941. Trois ans plus tard, envahie par les Soviétiques, elle signe un armistice. L'occupation d'après-guerre conduit à la formation d'une «république populaire» communiste en 1947 et à l'abdication du roi. Sous Nicolae Ceausescu, qui prend le pouvoir en 1965, le régime devient dictatorial. La police politique, Securitate, fait régner la terreur jusqu'à la chute du bloc de l'Est et la révolution roumaine de 1989. Ceausescu et sa femme sont exécutés le 25 décembre de la même année. Les communistes demeurent majoritaires au sein du gouvernement avant d'être chassés du pouvoir en 1996. La Roumanie rejoint l'OTAN en 2004 et l'UE en 2007.

GÉOGRAPHIE

Emplacement

Europe du Sud-Est, bordant la mer Noire, entre la Bulgarie et l'Ukraine.

Superficie

238 391 km². Terre : 229 891 km². Eau : 8 500 km².

Frontières terrestres

2 844 km. 5 pays frontaliers : Bulgarie (605 km), Hongrie (424 km), Moldavie (683 km), Serbie (531 km), Ukraine (601 km).

Littoral

225 kilomètres.

Climat

Tempéré. Hivers froids et nuageux avec neiges et brouillards fréquents. Étés ensoleillés entrecoupés de nombreux orages et averses.

Altitude

Point le plus haut : Moldoveanu, 2 544 m. Point le plus bas : mer Noire, 0 m. Altitude moyenne : 414 m.

Ressources naturelles

Pétrole (réserves en baisse), bois, gaz naturel, charbon, minerai de fer, sel, terres arables, hydroélectricité.

Principaux cours d'eau (par longueur en km)

Embouchure du Danube (partagé avec l'Allemagne, l'Autriche, la Slovaquie, la Tchéquie, la Hongrie, la Croatie, la Serbie, la Bulgarie, la Moldavie et l'Ukraine), 2 888 km.

Risques naturels

Tremblements de terre, les plus graves dans le sud et le sud-ouest. La structure géologique et le climat favorisent les glissements de terrain.

POPULATION ET SOCIÉTÉ

Population

21 230 362 (est. juillet 2021).

Nationalité

Nom : Roumain. Adjectif: roumain.

Groupes ethniques

Roumains : 83,4 %. Hongrois : 6,1 %. Roms : 3,1 %. Ukrainiens : 0,3 %. Allemands : 0,2 %. Autres : 0,7 %. Non spécifié : 6,1 % (est. 2011).

Langues

Roumain (officiel) : 85,4 %. Hongrois : 6,3 %. Romani : 1,2 %. Autres : 1 %. Non spécifiée : 6,1 % (est. 2011).

Religions

Orthodoxes orientaux : 81,9 %. Protestants : 6,4 %. Catholiques romains : 4,3 %. Autres : 0,9 %. Non-croyants ou athées : 0,2 %. Non spécifiée : 6,3 %.

Pyramide des âges (est. 2020)

0-14 ans : 14,12 % (hommes 1 545 196/femmes 1 463 700).
15-24 ans : 10,31 % (hommes 1 126 997/femmes 1 068 817).
25-54 ans : 46,26 % (hommes 4 993 886/femmes 4 860 404).
55-64 % : 73 % (hommes 1 176 814/femmes 1 322 048).
65 ans et plus : 17,58 % (hommes 1 516 472/femmes 2 228 555).

Taux de croissance de la population

– 0,38 % (est. 2021).

Taux de migration nette

– 0,2 migrant/1 000 habitants (est. 2021).

Répartition de la population

Urbanisation modérée. La population est répartie de façon assez uniforme dans la majeure partie du pays, les zones urbaines attirant des populations plus importantes et plus denses. La population hongroise, plus grande minorité du pays, est particulièrement concentrée dans l'est de la Transylvanie.

Grandes zones urbaines – population

L'agglomération urbaine de Bucarest compte 1,785 million d'habitants (2022).

ENVIRONNEMENT

Enjeux actuels

Érosion, dégradation et désertification des sols. Pollution de l'eau. Pollution de l'air dans le sud due aux activités industrielles. Contamination des zones humides du delta du Danube.

Exploitation des terres

Terres agricoles : 60,7 %. Forêt : 28,7 %. Autres : 10,6 % (est. 2018).

Urbanisation

Population urbaine : 54,5 % de la population totale (2022).

Revenus forestiers

0,16 % du PIB (est. 2018).

Revenus du charbon

0,03 % du PIB (est. 2018).

GOUVERNEMENT

Nom du pays

Forme longue conventionnelle : aucune forme.

Forme courte conventionnelle : Roumanie.

Étymologie : le nom dérive du latin *Romanus* signifiant « citoyen de Rome » et a été utilisé pour souligner l'héritage commun des trois principales régions de Roumanie, la Moldavie, la Transylvanie et la Valachie, lors de leur unification progressive entre le milieu du XIXe siècle et le début du XXe siècle.

Type de gouvernement

République semi-présidentielle.

Capitale

Nom : Bucarest. Étymologie : en roumain *bucura* signifie la joie, ce qui ferait de Bucarest la « ville de la joie ». Mais *Bucuresti* évoque la communauté fondée par un homme répondant au nom de « Bucur ».

Divisions administratives

41 départements (*judet*) et la municipalité de Bucarest (*municipiul București*).

Indépendance

9 mai 1877 (proclamation de l'indépendance vis-à-vis de l'Empire ottoman).

Fête nationale

Jour de l'unification (de la Roumanie et de la Transylvanie), 1er décembre (1918).

Constitution

Adoptée pour la dernière fois le 21 novembre 1991, approuvée par référendum et entrée en vigueur le 8 décembre 1991.

Système légal

Système de droit civil.

Participation à des organisations de droit international

Accepte la juridiction obligatoire de la Cour internationale de Justice avec des réserves. Accepte la compétence de la Cour pénale internationale.

Citoyenneté

Nationalité uniquement par filiation : au moins un parent doit être citoyen roumain. Double nationalité reconnue : oui. Condition de résidence pour la naturalisation : 5 ans. Droit de vote : 18 ans. Universel.

Exécutif

Chef d'État : président Klaus Werner Iohannis (depuis le 21 décembre 2014).

Chef du gouvernement : Premier ministre Nicolae Ciuca (depuis le 25 novembre 2021). Premiers ministres adjoints : Sorin Grindeanu (depuis le 25 novembre 2021) et Kelemen Hunor (depuis le 23 décembre 2020).

Cabinet : Conseil des ministres dirigé par le Premier ministre.

Elections/nominations : Président élu au suffrage universel direct pour un mandat de 5 ans (éligible pour un second mandat). Dernière élection : les 10 et 24 novembre 2019. Premier ministre nommé par le Président avec l'assentiment du Parlement.

Résultats des élections : Klaus Iohannis réélu Président au second tour avec 66,1 % des voix. Viorica Dancila (PSD) : 33,9 %.

Nicolae Ciuca a obtenu le vote de confiance du Parlement avec 318 voix.

Législatif

Description. Composition du Parlement bicaméral :

– Sénat : 136 sièges. Membres élus au suffrage direct dans des circonscriptions uninominales et plurinominales. 2 sièges pour les Roumains de l'étranger. Mandat de 4 ans.

– Chambre des députés ou *Camera Deputatilor* : 330 sièges. Membres élus au suffrage direct dans des circonscriptions uninominales et plurinominales. 4 sièges pour la diaspora. Mandat de 4 ans.

Élections. Dernière élection du Sénat : 6 décembre 2020. Chambre des députés : 6 décembre 2020.

Judiciaire

Plus hautes juridictions. Haute Cour de cassation et de justice composée de 111 magistrats, organisée en chambres judiciaires pour les affaires civiles, pénales, commerciales, le contentieux administratif et fiscal des affaires, et les sections paritaires. Cour constitutionnelle suprême (composée de 9 membres).

Tribunaux inférieurs. Cours d'appel. Tribunaux régionaux. Tribunaux de première instance. Tribunaux militaires et d'arbitrage.

Partis politiques et dirigeants

Alliance pour l'unité des Roumains ou AUR (George Simion et Claudiu Tarziu), Parti national paysan chrétien-démocrate ou PNT-CD (Aurelian Pavelescu), Union démocratique des Hongrois de Roumanie ou UDMR (Hunor Kelemen), Parti de la Grande Roumanie ou PRM (Victor Iovici), Parti vert (Florin Calinescu), Force libérale (Ludovic Orban), Parti national libéral ou PNL (Florin Citu), Parti de l'alliance des libéraux et des démocrates ou ADLE (Calin Popescu Tariceanu), Parti de la nation roumaine (Ninel Peia), Parti du mouvement populaire ou PMP (Cristian Diaconescu), Parti union Sauvons la Roumanie ou USR (Dacian Ciolos), Parti social démocrate ou PSD (Marcel Ciolacu).

Description du drapeau

Trois bandes verticales de même largeur, bleu cobalt (côté mât), jaune et rouge vermillon, à l'image du drapeau français. Les couleurs sont celles des principautés de Valachie (rouge et jaune) et de Moldavie (rouge et bleu), qui se sont unies en 1862 pour former la Roumanie.

Symboles nationaux

Aigle d'or. Couleurs nationales : bleu, jaune, rouge.

Hymne national

Desteapta-te Romane! (« Éveille-toi, Roumain ! »). Paroles/musique : Andrei Muresianu/Anton Pann. Musique adoptée en 1990, paroles écrites pendant la Révolution du 1848.

Patrimoine national

9 sites inscrits au patrimoine mondial : delta du Danube. Églises de Moldavie. Monastère de Horezu. Sites villageois avec églises fortifiées de Transylvanie. Forteresses daces des monts d'Orastie. Centre historique de Sighişoara. Églises en bois de Maramureş. Forêts primaires de hêtres des Carpates et d'autres régions d'Europe. Paysage minier de Roşia Montană.

ÉCONOMIE

Aperçu

La Roumanie, qui a rejoint l'UE le 1er janvier 2007, a entamé sa transition post-communiste en 1989 avec une industrie largement obsolète et un modèle de production inadapté aux besoins du pays. Les progrès accomplis pour moderniser l'économie n'ont permis que très récemment l'émergence d'une classe moyenne et la diminution de la grande pauvreté qui frappait le pays. La corruption et la bureaucratie restent cependant des freins importants.

Au lendemain de la crise financière mondiale, la Roumanie a obtenu un prêt de 26 milliards de dollars du FMI et de l'UE en échange de coupes des salaires du secteur public et d'une hausse de la TVA, mais son PIB a continué de baisser jusqu'en 2011. En mars 2011, l'État a conclu un nouvel accord, de type préventif, sur une ligne de crédit de 6,6 milliards de dollars, pour encourager la discipline budgétaire, les progrès des réformes structurelles et renforcer la stabilité du secteur financier, dont aucun dollar n'a été tiré. En septembre 2013, les autorités roumaines, le FMI et l'UE ont signé un autre accord de suivi, d'une valeur de 5,4 milliards de dollars, afin poursuivre les réformes. Cet accord a expiré en septembre 2015 sans que les fonds aient été utilisés. Les progrès des réformes structurelles restaient cependant inégaux et l'économie vulnérable aux chocs extérieurs.

La croissance économique a rebondi au cours de la période 2013-2017, tirée par de fortes exportations industrielles, d'excellentes récoltes agricoles et, plus récemment, par des politiques budgétaires expansionnistes en 2016-2017 qui ont presque quadruplé le déficit budgétaire annuel de Bucarest, passant de + 0,8 % du PIB en 2015 à −3 % du PIB en 2016 et environ −3,4 % en 2017. L'industrie a surpassé les autres secteurs de l'économie en 2017. Les exportations ont continué d'être un moteur de la croissance économique, tirées par le partenariat avec l'UE (70 % des échanges commerciaux). La demande intérieure s'est également accrue en raison des réductions d'impôts et des fortes augmentations de salaires qui ont commencé en 2017.

Le vieillissement de la population, l'émigration de la main-d'œuvre qualifiée, une évasion fiscale importante, des soins de santé insuffisants et un fort assouplissement du paquet fiscal compromettent la croissance à long terme et la stabilité de la Roumanie. Ce sont les principaux points faibles de son économie.

PIB réel (parité de pouvoir d'achat)

556,07 Mds$ (est. 2020).

Taux de croissance du PIB réel

4,2 % (est. 2019).

PIB réel par habitant

28 800 $ (est. 2020).

PIB (taux de change officiel)

249,543 Mds$ (est. 2019).

Taux d'inflation (prix à la consommation)

3,8 % (est. 2019).

PIB – composition, par secteur d'origine

Agriculture : 4,2 %. Industrie : 33,2 %. Services : 62,6 % (est. 2017).

Production agricole

Maïs, blé, lait, graines de tournesol, pommes de terre, orge, raisins, betterave à sucre, colza, prunes-prunelles.

Industries

Machines et équipements électriques, assemblage automobile, textiles et chaussures, machines légères, métallurgie, produits chimiques, agroalimentaire, raffinage du pétrole, exploitation minière, bois, matériaux de construction.

Taux de chômage

3,06 % (est. 2019).

Population sous le seuil de pauvreté

23,8 % (est. 2018).

Budget

Revenus : 62,14 Mds$ (est. 2017). Dépenses : 68,13 Mds$ (est. 2017).

Excédent (+) ou déficit (–) budgétaire

– 2,8 % du PIB (est. 2017).

Dette publique

36,8 % du PIB (est. 2017).

Impôts et autres revenus

29,3 % du PIB (est. 2017).

Exportations

93,01 Mds$ (est. 2020).

Exportations – partenaires

Allemagne : 22 %. Italie : 10 %. France : 7 %.

Exportations – produits de base

Voitures et pièces de véhicules, conducteurs électriques isolés, pétrole raffiné, tableaux de commande électriques, sièges (2019).

Importations

104,16 Mds$ (est. 2020).

Importations – partenaires

Allemagne : 19 %. Italie : 9 %. Hongrie : 7 %. Pologne : 6 %. Chine : 5 %. France : 5 % (2019).

Importations – marchandises

Voitures et pièces de véhicules, pétrole brut, médicaments, conducteurs électriques isolés, équipements de télécommunications (2019).

Réserves de devises et d'or

44,43 Mds$.

Dette externe

117,829 Mds$.

ÉNERGIE

Accès à l'électricité

Électrification – population totale : 100 % (2020).

Production d'électricité

61,78 Mds de kWh (est. 2016).

Consommation d'électricité

49,64 Mds de kWh (est. 2016).

Électricité - exportations

11,22 Mds de kWh (est. 2015).

Électricité - importations

4,177 Mds de kWh (est. 2016).

Électricité - capacité de production installée

23,94 M de kW (est. 2016).

Électricité - à partir de combustibles fossiles

47 % de la capacité totale installée (est. 2016).

Électricité - à partir de combustibles nucléaires

6 % de la capacité totale installée (est. 2017).

Électricité - provenant de centrales hydroélectriques

29 % de la capacité totale installée (est. 2017).

Électricité - provenant d'autres sources renouvelables

19 % de la capacité totale installée (est. 2017).

Pétrole brut - production

70 000 barils/jour (est. 2018).

Pétrole brut - exportations

2 076 barils/jour (est. 2015).

Pétrole brut - importations

145 300 barils/jour (est. 2015).

Pétrole brut - réserves prouvées

600 M de barils (est. 1er janvier 2018).

Produits pétroliers raffinés - production

232 600 barils/jour (est. 2015).

Produits pétroliers raffinés - consommation

198 000 barils/jour (est. 2016).

Produits pétroliers raffinés - exportations

103 000 barils/jour (est. 2015).

Produits pétroliers raffinés - importations

49 420 barils/jour (est. 2015).

Gaz naturel - production

10,87 Mds de m^3 (est. 2017).

Gaz naturel - consommation

11,58 Mds de m^3 (est. 2017).

Gaz naturel - exportations

22,65 M de m^3 (est. 2017).

Gaz naturel - importations

1,218 Mds de m^3 (est. 2017).

Gaz naturel - réserves prouvées

105,5 Mds de m^3 (est. 2018).

COMMUNICATIONS

Systèmes de télécommunications

Le secteur des télécommunications roumain bénéficie d'une concurrence basée sur les infrastructures. Les services nationaux et internationaux s'améliorent rapidement, en particulier les services mobiles cellulaires. Le secteur de la fibre est l'un des plus solides d'Europe. Le gouvernement a obtenu un financement de l'UE pour étendre le haut débit aux zones rurales, les opérateurs investissent dans les mises à niveau de capacité des réseaux. Importateur d'équipements de radiodiffusion des voisins de l'UE (2020).

Audiovisuel. 7 chaînes de télévision publiques (2 nationales, 5 régionales) et 187 chaînes de télévision privées (dont 171 offrent une couverture locale) utilisant la diffusion terrestre. 11 chaînes de télévision publiques et 86 chaînes de télévision privées diffusées par satellite. Le radiodiffuseur public appartenant à l'État exploite 4 réseaux nationaux et des stations régionales et locales. Il existe plus de 500 stations de radio privées.

TRANSPORTS

Aéroports

45 (2013).

Héliports

2 (2013).

Pipelines

Essence : 3726 km. Pétrole : 2451 km (2013).

Chemins de fer

11268 km (2014).

Chaussées

84185 km (2012).

Voies navigables

1731 km (2010).

Marine marchande

Total : 121. Par type : 11 vraquiers. 6 pétroliers. Autres : 104 (2021).

Ports et terminaux

Principaux ports maritimes : Constanta, Midia.

Ports fluviaux : Braila, Galati (Galatz), Mancanului (Giurgiu), Tulcea (Danube).

MILITAIRE ET SÉCURITÉ

Forces militaires et de sécurité

Forces armées roumaines : armée de terre, marine, armée de l'air. Ministère de l'Intérieur : gendarmerie roumaine (2021).

Dépenses militaires

2,02 % du PIB (est. 2021).

Points forts du personnel militaire et des services de sécurité

Les forces armées roumaines comptent environ 67 000 hommes en service actif. Terre : 50 000. Marine : 7 000. Air : 10 000 (2021).

Inventaires et acquisitions d'équipements militaires

L'inventaire des forces armées roumaines comprend principalement des systèmes d'armement de l'ère soviétique. Et une petite quantité d'équipements importés récemment des pays européens et des États-Unis (2021).

Déploiements militaires

Pologne : 120 (contingent de l'OTAN) (2021).

Âge et obligation du service militaire

Le service militaire a pris fin en 2006. Âge d'engagement (masculin et féminin) : 18 ans. Tous les volontaires ont un contrat initial de 5 ans, suivi de contrats successifs de 3 ans jusqu'à l'âge de 36 ans (2021).

Remarque. La Roumanie est officiellement devenue membre de l'OTAN en 2004.

QUESTIONS INTERNATIONALES

Litiges internationaux

La CIJ a statué largement en faveur de la Roumanie dans son différend soumis en 2004 sur la délimitation de la frontière maritime de la mer Noire et de l'île Zmiïnyï/Serpilor (île des Serpents), sous administration ukrainienne. La Roumanie s'oppose à la réouverture par l'Ukraine d'un canal de navigation de la frontière du Danube jusqu'à la mer Noire.

Réfugiés et déplacés internes

Réfugiés: 608936 (Ukraine, au 29 mars 2022). Apatrides: 314 (mi-2021).

Traite des personnes

Situation actuelle. Les trafiquants d'êtres humains exploitent les victimes nationales et étrangères en Roumanie et les Roumains à l'étranger. La Roumanie reste le principal pays d'origine des victimes de la traite sexuelle et du travail forcé en Europe. Les hommes, les femmes et les enfants roumains sont soumis au travail forcé dans l'agriculture, la construction, l'hôtellerie, la fabrication, le service domestique, le commerce du sexe, la mendicité forcée et le vol. La Roumanie est un pays de destination pour un nombre limité de victimes étrangères de la traite, y compris des migrants d'Afrique, d'Europe et d'Asie du Sud et du Sud-Est exploités dans les secteurs de la construction, de l'hôtellerie et de l'agroalimentaire.

Classification. Niveau 2. La Roumanie ne respecte pas pleinement les normes minimales pour l'élimination de la traite mais fournit des efforts considérables pour y parvenir. Le gouvernement a identifié davantage de victimes au cours de la période considérée, a participé à davantage d'enquêtes internationales et a mené des campagnes de sensibilisation. Cependant, les autorités ont poursuivi et condamné moins de trafiquants. Les fonctionnaires complices de crimes de traite, en particulier avec des mineurs dans des foyers ou des centres de placement gérés par le gouvernement, n'ont pas été poursuivis. Le financement public des services destinés aux enfants victimes de la traite est resté insuffisant (2020).

Médicaments illicites

Production de cannabis.

MOLDAVIE

CONTEXTE HISTORIQUE

Une grande partie du territoire moldave actuel est devenue une province de l'Empire russe en 1812, unifiée avec la Roumanie en 1918 au lendemain de la Première Guerre mondiale. Ce territoire a ensuite été annexé à l'Union soviétique à la fin de la Seconde Guerre mondiale. Bien que la Moldavie soit indépendante de l'Union soviétique depuis 1991, les forces russes sont restées sur le territoire moldave à l'est du Dniestr dans la région séparatiste de la Transnistrie.

Les années de règne du Parti communiste de 2001 à 2009 se soldent par des manifestations d'ampleur contre les résultats des élections législatives, violemment réprimées par le gouvernement. Une délégation d'observateurs du Parlement européen est dépêchée à Chişinău et de nouvelles élections ont lieu. Une série de coalitions pro-européennes gouvernent ensuite la Moldavie de 2010 à 2019, mais le pro-russe Igor Dodon gagne la présidence en 2016 et son Parti socialiste de la République de Moldavie remporte la majorité aux élections législatives de 2019. La candidate réformiste pro-UE Maia Sandu empêche Dodon d'être réélu en novembre 2020 et le Parti d'action et de solidarité, que Sandu a fondé en 2015, obtient la majorité parlementaire lors d'élections législatives anticipées en juillet 2021. La Première ministre

Natalia Gavrilita et son cabinet prennent leurs fonctions en août 2021.

GÉOGRAPHIE

Emplacement

Europe de l'Est, nord-est de la Roumanie.

Superficie

33 851 km^2. Terre : 32 891 km^2. Eau : 960 km^2.

Frontières terrestres.

1 885 km. 2 pays frontaliers : Roumanie (683 km), Ukraine (1 202 km).

Littoral

0 km (enclavé).

Climat

Hivers modérément froids et secs, étés chauds.

Altitude

Point le plus haut : Dealul Balanesti, 430 m. Point le plus bas : Dniestr, 2 m. Altitude moyenne : 139 m.

Ressources naturelles

Lignite, phosphorites, gypse, calcaire, terres arables.

Principaux cours d'eau (par longueur en km)

Danube (partagé avec l'Allemagne, l'Autriche, la Slovaquie, la Tchéquie, la Hongrie, la Croatie, la Serbie, la Bulgarie, l'Ukraine et la Roumanie), 2 888 km. Dniestr (partagé avec l'Ukraine), 1 411 km.

Risques naturels

Glissements de terrain.

POPULATION ET SOCIÉTÉ

Population

3 323 875 (est. 2021).

Nationalité

Nom : Moldave. Adjectif : moldave.

Groupes ethniques

Moldaves : 75,1 %. Roumains : 7 %. Ukrainiens : 6,6 %. Gagaouzes : 4,6 %. Russes : 4,1 %. Bulgares : 1,9 %. Autres : 0,8 % (est. 2014).

Langues

Moldave/roumain (officiel) : 80,2 %. Ukrainien : 3,9 %. Bulgare : 1,5 %. Romani : 0,3 %. Autres : 0,2 % (est. 2014).

Religions

Orthodoxes : 90,1 %. Autres chrétiens : 2,6 %. Autres : 0,1 %. Agnostiques : < 0,1 %. Athées : 0,2 %. Non spécifiés : 6,9 % (est. 2014).

Pyramide des âges (est. 2020)

0-14 ans : 18,31 % (hommes 317 243/femmes 298 673).

15-24 ans : 11,27 % (hommes 196 874/femmes 182 456).

25-54 ans : 43,13 % (hommes 738 103/femmes 712 892).

55-64 ans : 13,26 % (hommes 205 693/femmes 240 555).

65 ans et plus : 14,03 % (hommes 186 949/femmes 285 058).

Taux de croissance de la population

– 1,1 % (est. 2021).

Taux de migration nette

– 8,95 migrants/1 000 habitants (est. 2021).

Répartition de la population

Plusieurs agglomérations réparties dans tout le pays. La plus grande au centre autour de la capitale Chişinău, suivie de Tiraspol (rive est du Dniepr) et Bălţi.

Grandes zones urbaines - population

Chişinău (capitale): 491 000 (2022).

ENVIRONNEMENT

Environnement - enjeux actuels

L'utilisation intensive de produits chimiques agricoles a contaminé le sol et les eaux souterraines. Érosion croissante des sols et baisse de leur fertilité.

Exploitation des terres

Terres agricoles: 74,9 %. Forêts: 11,9 %. Autres: 13,2 % (est. 2018).

Urbanisation

Population urbaine: 43,2 % de la population totale (2022).

Revenus forestiers

0,26 % du PIB (est. 2018).

Revenus du charbon

0 % du PIB (est. 2018).

GOUVERNEMENT

Nom du pays

Forme longue conventionnelle: République de Moldavie. Forme conventionnelle courte: Moldavie.

Étymologie: du nom de la rivière Moldova dans l'est de la Roumanie voisine.

Type de gouvernement

République parlementaire.

Capitale

Nom: Chişinău en moldave (Kishinev en russe).

Étymologie: origine incertaine mais peut dériver du mot roumain archaïque *chisla* («source» ou «source d'eau») et *noua* («nouveau») parce que la colonie d'origine a été construite près d'un petit cours d'eau.

Divisions administratives

37 arrondissements (*raioane*). 4 municipalités (*municipii*). 1 unité territoriale autonome: Gagaouzie. 1 unité territoriale autoproclamée: rive gauche du Dniestr.

Indépendance

27 août 1991 (de l'Union soviétique).

Fête nationale

Jour de l'Indépendance, 27 août (1991).

Constitution

Adoptée le 29 juillet 1994.

Système légal

Système de droit civil avec des influences de droit germanique. Contrôle par la Cour constitutionnelle des actes législatifs.

Participation à des organisations de droit international

N'a pas soumis de déclaration de compétence à la CIJ. Accepte la compétence de la CPI.

Citoyenneté

Nationalité uniquement par filiation: au moins un parent doit être citoyen moldave. Double nationalité reconnue: non. Condition de résidence pour la naturalisation: 10 ans.

Droit de vote: 18 ans. Universel.

Exécutif

Chef d'État: présidente Maia Sandu (depuis le 24 décembre 2020).

Chef du gouvernement: Premier ministre Natalia Gavrilita (depuis le 6 août 2021).

Cabinet: cabinet proposé par le Premier ministre désigné, nommé par le Président, approuvé par un vote de confiance.

Élections/nominations parlementaires: Président élu au suffrage universel direct pour un mandat de 4 ans (éligible pour un second mandat). Dernière élection le 15 novembre 2020. Premier ministre nommé par le Président après consultation du Parlement. Dans les 15 jours, vote de confiance sur son programme proposé à partir des résultats des élections au Parlement.

Résultats des élections : Maia Sandu élue Présidente au second tour avec 57,7 % des voix. Igor Dodon (PSRM) : 42,3 %.

Législatif

Description. Parlement monocaméral. 101 sièges. 51 représentants élus au scrutin uninominal majoritaire à un tour et 50 au scrutin proportionnel plurinominal de liste fermée. Mandat de 4 ans.

Élections. Dernière élection le 11 juillet 2021.

Résultats : PAS : 52,8 % (63 sièges), BECS (PSRM + PCRM) : 27,1 % (32), SHOR : 5,7 % (6).

Hommes : 61. Femmes : 40.

Judiciaire

Plus hautes juridictions. Cour suprême de justice composée d'un président, de 4 vice-présidents et 33 juges. Cour constitutionnelle composée de 6 juges.

Note. La Cour constitutionnelle est autonome et indépendante des pouvoirs législatif, exécutif et judiciaire. La Cour interprète sur saisine la Constitution et exerce le contrôle de la constitutionnalité des lois et des arrêtés du Parlement, des décrets du président de la République et des actes du gouvernement.

Juridictions subordonnées. Cours d'appel. Cour des comptes. Cours municipales.

Partis politiques et dirigeants

Représentés au Parlement : Parti Action et Solidarité ou PAS (Igor Grosu), Parti communiste de la République de Moldova ou PCRM (Vladimir Voronin), Parti socialiste de la République de Moldova ou PSRM (vacant), Parti Shor ou SHOR (Ilan Shor).

27 partis, non représentés au Parlement, ont participé aux dernières élections (2014-2021).

Description du drapeau

Trois bandes verticales de même largeur, bleu de Prusse (côté mât), jaune et rouge vermillon. L'emblème au centre du drapeau est un aigle romain d'or foncé (brun) entouré de noir, portant une croix jaune dans son bec, une branche d'olivier verte et un sceptre jaune dans ses serres rouges. Sur sa poitrine : un écu rouge et bleu frappé d'une tête d'auroch, une étoile entre les cornes, entourée de deux losanges, d'une rose et d'un croissant de lune jaune bordé de noir.

Inspiré de la palette de couleurs du drapeau de la Roumanie (avec laquelle la Moldavie partage une histoire et une culture), mais la bande bleue de la Moldavie est plus claire. Le revers du drapeau affiche l'image des armoiries en miroir.

Note. Il s'agit de l'un des trois drapeaux nationaux dont l'avers diffère du revers. Les deux autres sont ceux du Paraguay et de l'Arabie saoudite.

Symboles nationaux

Auroch (espèce de bovidé disparue sous sa forme sauvage). Couleurs nationales : bleu, jaune, rouge.

Hymne national

Limba noastră («Notre langue»). Paroles/musique : Alexei Mateevici/Alexandru Cristea.

Note. Adopté en 1994.

Patrimoine national

1 site inscrit au patrimoine mondial : Arc géodésique de Struve.

ÉCONOMIE

Aperçu

Malgré des progrès récents, la Moldavie reste l'un des pays les plus pauvres d'Europe. Grâce à son climat tempéré et à ses terres fertiles, l'économie de la Moldavie repose fortement sur le secteur agricole : fruits, légumes, vin, blé et tabac. Elle bénéficie également d'envois annuels de fonds (environ 1,2 milliard de dollars – près de 15 % du PIB) d'un million d'expatriés travaillant en Europe, en Israël, en Russie et ailleurs.

Disposant de peu de ressources énergétiques naturelles, la Moldavie importe la quasi-totalité de Russie et d'Ukraine. Une dette de plus de 6 milliards de dollars envers le fournisseur de gaz naturel Gazprom souligne sa dépendance à l'énergie russe, même si elle s'explique en grande partie par une consommation de gaz naturel non remboursée dans la région séparatiste de Transnistrie.

La Moldavie et la Roumanie ont lancé un projet d'interconnexion du système de transport de gaz naturel Iaşi-Ungheni en août 2014. Le gazoduc de 43 kilomètres entre la Roumanie et la Moldavie devait permettre à la fois l'importation et l'exportation. Plusieurs retards techniques et réglementaires ont empêché le gaz d'entrer en Moldavie jusqu'en mars 2015. En 2018, la Moldavie a attribué un appel d'offres à l'entreprise roumaine Transgaz pour la construction d'un gazoduc reliant Ungheni à Chişinău. Elle cherche aussi à se connecter au réseau électrique européen.

L'objectif déclaré du gouvernement d'intégrer l'UE s'est traduit par des progrès orientés vers l'économie de marché. La Moldavie a connu une croissance économique meilleure que prévu en 2017, largement tirée par l'augmentation de la consommation, l'augmentation des revenus des exportations agricoles et l'amélioration de la perception des impôts. Au cours de l'automne 2014, la Moldavie a signé un accord d'association et un accord de libre-échange approfondi et complet avec l'UE (AA/DCFTA), garantissant l'accès des produits moldaves au plus grand marché du monde. L'AA/DCFTA de l'UE a contribué à une croissance significative des exportations de la Moldavie vers l'UE. En 2017, l'UE a acheté plus de 65 % des exportations de la Moldavie, un changement majeur au regard des 20 années précédentes où la Communauté des États indépendants[1] (CEI) recevait plus de 69 % des

1. Ou Confédération des États indépendants, organisation intergouvernementale dépourvue de personnalité juridique internationale, réunissant la Biélorussie, la Russie, l'Arménie, l'Azerbaïdjan, le Kirghizstan, le Kazakhstan, la Moldavie, l'Ouzbékistan et le Tadjikistan (2020).

exportations du pays. Fin 2014, une opération visant à démembrer les actifs des banques moldaves à hauteur d'un milliard de dollars a provoqué un choc important pour l'économie. Le sauvetage bancaire qui s'est ensuivi a accru la pression inflationniste et contribué à la dévaluation du leu ainsi qu'à une récession mineure. La croissance de la Moldavie a également été entravée par une corruption endémique qui freine le développement des entreprises et décourage les investissements étrangers, comme par les restrictions russes sur les importations de produits agricoles moldaves. Les efforts du gouvernement pour rétablir la stabilité et mettre en œuvre une réforme significative ont conduit à l'approbation en 2016 d'un programme triennal de 179 millions de dollars du FMI axé sur l'amélioration de l'environnement bancaire et fiscal, ainsi que de programmes d'assistance supplémentaires de l'UE, de la Banque mondiale et de la Roumanie. La Moldavie a reçu deux tranches de crédit du FMI en 2017, soit plus de 42,5 millions de dollars.

L'économie moldave souffre de la corruption, de l'incertitude politique, de la faiblesse de son administration, de sa dépendance aux importations d'énergie. La pression politique et économique russe, une forte dépendance aux exportations agricoles et la question du séparatisme de la région moldave de Transnistrie constituent des freins importants à son essor.

PIB réel (parité de pouvoir d'achat)

32,26 Mds$ (est. 2020).

Taux de croissance du PIB réel

4,5 % (est. 2017).

PIB réel par habitant

12 300 $ (est. 2020).

PIB (taux de change officiel)

11,982 Mds$ (est. 2019).

Taux d'inflation (prix à la consommation)

4,8 % (est. 2019).

PIB – composition, par secteur d'origine

Agriculture : 17,7 %. Industrie : 20,3 %. Services : 62 % (est. 2017).

Production agricole

Maïs, blé, graines de tournesol, raisins, pommes, betterave sucrière, lait, pommes de terre, orge, prunes/prunelles.

Industries

Industrie sucrière, production d'huile végétale, agroalimentaire, machines agricoles, matériel de fonderie, réfrigérateurs et congélateurs, machines à laver, bonneterie, chaussures, textiles.

Taux de chômage

4,99 % (est. 2019).

Population sous le seuil de pauvreté

7,3 % (est. 2018).

Budget

Revenus : 2,886 Mds$. Dépenses : 2,947 Md$ (est. 2017).

Excédent (+) ou déficit (–) budgétaire

– 0,6 % du PIB (est. 2017).

Dette publique

31,5 % du PIB (est. 2017).

Impôts et autres revenus

30,2 % du PIB (est. 2017).

Exportations

3,24 Mds$ (est. 2020).

Exportations – partenaires

Roumanie : 27 %. Russie : 9 %. Italie : 9 %. Allemagne : 9 %. Turquie : 6 %. Pologne : 5 % (2019).

Exportations – produits de base

Conducteurs électriques isolés, graines de tournesol, vin, maïs, sièges (2019).

Importations

5,93 Mds$ (est. 2020).

Importations – partenaires

Roumanie : 20 %. Russie : 10 %. Ukraine : 9 %. Allemagne : 8 %. Chine : 7 %. Turquie : 6 %. Italie : 6 % (2019).

Importations – marchandises

Pétrole raffiné, voitures, conducteurs électriques isolés, médicaments, équipements de télécommunications (2019).

Réserves de devises et d'or

2,803 Mds$ (est. au 31 décembre 2017).

Dette externe

7,232 Mds$ (est. 2019).

ÉNERGIE

Accès à l'électricité

Électrification – population totale : 100 % (2020).

Production d'électricité

5,49 Mds de kWh (est. 2016).

Consommation d'électricité

4,4 Mds de kWh (est. 2016).

Électricité – exportations

0 kWh (est. 2016).

Électricité – importations

4 M de kWh (est. 2016).

Électricité – capacité de production installée

515 000 kW (est. 2016).

Note. Transnistrie sécessionniste exclue.

Électricité – à partir de combustibles fossiles

86 % de la capacité totale installée (est. 2016).

Électricité - à partir de combustibles nucléaires

0 % de la capacité totale installée (est. 2017).

Électricité - provenant de centrales hydroélectriques

12 % de la capacité totale installée (est. 2017).

Électricité - provenant d'autres sources renouvelables

2 % de la capacité totale installée (est. 2017).

Pétrole brut - production

0 (est. 2018).

Pétrole brut - exportations

0 (est. 2015).

Pétrole brut - importations

20 barils/jour (est. 2015).

Pétrole brut - réserves prouvées

0 (est. 2018).

Produits pétroliers raffinés - production

232 barils/jour (est. 2015).

Produits pétroliers raffinés - consommation

18 000 barils/jour (est. 2016).

Produits pétroliers raffinés - exportations

275 barils/jour (est. 2015).

Produits pétroliers raffinés - importations

18 160 barils/jour (est. 2015).

Gaz naturel - production

11,33 M de m^3 (est. 2017).

Gaz naturel - consommation

2,52 Mds de m^3 (est. 2017).

Note. Transnistrie sécessionniste exclue.

Gaz naturel - exportations

0 m^3 (est. 2017).

Gaz naturel - importations

2,52 Mds de m^3 (est. 2017).

Note. Transnistrie sécessionniste exclue.

Gaz naturel - réserves prouvées

Non renseigné.

COMMUNICATIONS

Systèmes de télécommunications

Le taux de chômage élevé et les pressions économiques ont réduit les dépenses de consommation sur le marché des télécommunications. Les tentatives d'adhésion à l'UE ont produit une réglementation conforme aux normes de l'UE. Le marché de la téléphonie mobile s'est étendu en dehors des villes et dans la majeure partie du pays. Services LTE disponibles. Marché concurrentiel, la fibre représente 62 % de toutes les connexions haut débit fixes et la plupart des revenus des télécommunications proviennent du marché mobile. Importateur d'équipements de diffusion en provenance de Chine (2020).

Audiovisuel. 1 chaîne de télévision et 1 radio publiques. 70 chaînes de télévision et une cinquantaine de stations de radio. Des chaînes russes et roumaines sont également disponibles (2019).

TRANSPORTS

Aéroports

7 (2013).

Pipelines

Essence : 2 026 km (2021).

Chemins de fer

1 171 km (2014).

Chaussées

9 352 km (2012).

Voies navigables

558 km, ouvertes au public sur le Danube, le Dniestr et le Prut (2011).

Marine marchande

Total : 147. Par type : 5 vraquiers. 5 porte-conteneurs. 97 cargos polyvalents. 7 pétroliers. Autres : 33 (2021).

MILITAIRE ET SÉCURITÉ

Forces militaires et de sécurité

Forces armées de Moldavie : armée de terre, de l'air, marine (embryonnaire). Ministère de l'Intérieur : troupe de carabiniers qui a également un statut officiel de service des forces armées en temps de guerre. C'est une gendarmerie quasi militarisée chargée de protéger les bâtiments publics, de maintenir l'ordre et d'autres fonctions de sécurité nationale (2021).

Dépenses militaires

0,4 % du PIB (est. 2020).

Points forts du personnel militaire et des services de sécurité

7500 militaires en service actif (2021).

Inventaires et acquisitions d'équipements militaires

Équipement limité, principalement hérité de l'ère soviétique. Depuis 2000, la Moldavie importe une quantité limitée d'équipements en provenance d'autres pays, dont les États-Unis (2021).

Âge et obligation du service militaire

18 ans pour le service militaire. 17 pour l'engagement volontaire. Obligation de service d'un an (2021). En 2019, les femmes représentaient environ 20 % du personnel militaire à temps plein.

Remarque. La Moldavie est constitutionnellement neutre, mais entretient des relations avec l'OTAN depuis 1992. La coopération bilatérale a commencé lorsque la Moldavie a rejoint le programme de Partenariat pour la paix de l'OTAN en 1994. L'armée moldave fournit un petit contingent à la Force de l'OTAN au Kosovo (KFOR) depuis 2014. Un bureau de liaison civil de l'OTAN s'est établi en Moldavie en 2017 à la demande du gouvernement moldave afin de promouvoir la coopération pratique et faciliter le soutien aux réformes entreprises par le pays (2021).

QUESTIONS INTERNATIONALES

Litiges internationaux

La Moldavie et l'Ukraine exercent un contrôle conjoint de leur frontière (postes de douane) pour surveiller le transit des personnes et des marchandises à travers la région sécessionniste de la Transnistrie, qui reste sous les auspices d'une mission de maintien de la paix mandatée par l'Organisation pour la sécurité et la coopération en Europe composée de Moldaves, Transnistriens, Russes et Ukrainiens.

Réfugiés et déplacés internes

Réfugiés: 387 151 en provenance d'Ukraine (au 29 mars 2022). Apatrides: 3 372 (mi-2021).

Médicaments illicites

Culture limitée de pavot à opium et de cannabis, principalement pour la consommation de la CEI. Transit des drogues en provenance d'Asie du Sud-Ouest via l'Asie centrale vers la Russie, l'Europe occidentale et éventuellement les États-Unis. Criminalité organisée et activité économique souterraine.

ESTONIE

CONTEXTE HISTORIQUE

Après des siècles de domination danoise, suédoise, allemande et russe, l'Estonie a accédé à l'indépendance en 1918. Incorporée de force à l'URSS en 1940 – une action jamais reconnue par les États-Unis et de nombreux autres pays – elle a retrouvé sa liberté en 1991 avec l'effondrement de l'Union soviétique. Depuis le départ des dernières troupes russes en 1994, l'Estonie est libre de développer des liens économiques et politiques avec l'Occident. Elle a rejoint l'OTAN et l'UE au printemps 2004, l'OCDE fin 2010 et a adopté l'euro comme monnaie officielle le 1er janvier 2011.

GÉOGRAPHIE

Emplacement

Europe de l'Est, bordant la mer Baltique et le golfe de Finlande, entre la Lettonie et la Russie.

Superficie

45 228 km². Terre : 42 388 km². Eau : 2 840 km².

Frontières terrestres

657 km. 2 pays frontaliers : Lettonie (333 km), Russie (324 km).

Littoral

3 794 kilomètres.

Climat

Maritime. Hivers humides et modérés. Étés frais.

Élévation

Point le plus haut : Suur Munamagi, 318 m. Point le plus bas : mer Baltique, 0 m. Altitude moyenne : 61 m.

Ressources naturelles

Schiste bitumineux, tourbe, terres rares, phosphorite, argile, calcaire, sable, dolomite, terres arables, boue marine.

Risques naturels

Risques d'inondations au printemps.

POPULATION ET SOCIÉTÉ

Population

1 220 042 (est. juillet 2021).

Nationalité

Nom : Estonien. Adjectif : estonien.

Groupes ethniques

Estoniens : 68,7 %. Russes : 24,8 %. Ukrainiens : 1,7 %. Biélorusses : 1 %. Finlandais : 0,6 %. Autres : 1,6 %. Non spécifié : 1,6 % (est. 2011).

Langues

Estonien (officiel) : 68,5 %. Russe : 29,6 %. Ukrainien : 0,6 %. Autres : 1,2 %. Non spécifiée : 0,1 % (est. 2011).

Religions

Orthodoxes : 16,2 %. Luthériens : 9,9 %. Autres chrétiens : 2,2 %. Autres : 0,9 %. Aucune : 54,1 %. Non spécifiée : 16,7 % (est. 2011).

Pyramide des âges (est. 2020)

0-14 ans : 16,22 % (hommes 102 191/femmes 97 116).

15-24 ans : 8,86 % (hommes 56 484/femmes 52 378).

25-54 ans : 40,34 % (hommes 252 273/femmes 243 382).

55-64 ans : 13,58 % (hommes 76 251/femmes 90 576).

65 ans et plus : 21 % (hommes 89 211/femmes 168 762).

Taux de croissance de la population

– 0,69 % (est. 2021).

Taux de migration nette

– 2,85 migrants/1 000 habitants (est. 2021).

Répartition de la population

Assez uniforme dans la majeure partie du pays, les zones urbaines attirant des populations plus importantes et plus denses.

Grandes zones urbaines – population

Tallinn (capitale) : 452 000 (2022).

ENVIRONNEMENT

Enjeux actuels

Air pollué par le dioxyde de soufre provenant des centrales électriques brûlant des schistes bitumineux dans le nord-est. Cependant, les quantités de polluants émis dans l'air ont chuté de façon spectaculaire et la charge polluante des eaux usées dans les stations d'épuration a considérablement diminué grâce à l'amélioration de la technologie et de la surveillance environnementale. L'Estonie compte plus de 1 400 lacs naturels et artificiels, dont les plus petits, situés dans les zones agricoles, doivent être surveillés. L'eau de mer côtière est polluée à certains endroits.

Exploitation des terres

Terres agricoles : 22,2 %. Forêt : 52,1 %. Autre : 25,7 % (est. 2018).

Urbanisation

Population urbaine : 69,6 % de la population totale (2021).

Revenus des ressources forestières

0,85 % du PIB (est. 2018).

Revenus du charbon

0 % du PIB (est. 2018).

GOUVERNEMENT

Nom du pays

Forme longue conventionnelle : République d'Estonie.

Forme courte conventionnelle : Estonie.

Étymologie : le nom du pays peut provenir des Aesti, un peuple ancien qui vivait le long de la mer Baltique orientale au cours des premiers siècles de notre ère.

Type de gouvernement

République parlementaire.

Capitale

Nom : Tallinn. Étymologie : pourrait dériver de *taani-linn* (signifiant à l'origine « château danois », aujourd'hui « ville danoise »), de *tali-linn* (« château d'hiver » ou « ville d'hiver ») ou *talu-linn* (« château natal » ou « ville natale »).

Divisions administratives

15 communes urbaines (*linnad*), 64 communes rurales (*vallad*).

Indépendance

24 février 1918 (de la Russie soviétique). 20 août 1991 (déclarée de l'Union soviétique). 6 septembre 1991 (reconnue par l'Union soviétique).

Fête nationale

Fête de l'Indépendance, 24 février (1918).

Note. Le 24 février 1918 est la date à laquelle l'Estonie a déclaré son indépendance de la Russie soviétique et établi son statut d'État. Le 20 août 1991 est la date à laquelle le pays a déclaré son indépendance de l'Union soviétique, rétablissant son statut d'État.

Constitution

Adoptée par référendum le 28 juin 1992.

Système légal

Système de droit civil.

Participation à des organisations de droit international

Accepte la juridiction obligatoire de la Cour internationale de Justice avec des réserves. Accepte la compétence de la Cour pénale internationale.

Citoyenneté

Nationalité uniquement par filiation : au moins un parent doit être citoyen estonien. Condition de résidence pour la naturalisation : 5 ans.

Droit de vote

18 ans. Universel. 16 ans pour les élections locales.

Exécutif

Chef d'État : président Alar Karis (depuis le 11 octobre 2021).

Chef du gouvernement : Premier ministre Kaja Kallas (depuis le 26 janvier 2021).

Cabinet : Cabinet nommé par le Premier ministre, approuvé par le Parlement.

Élections/nominations : Président élu par le Parlement pour un mandat de 5 ans (éligible pour un second mandat). Si un candidat n'obtient pas les deux tiers des voix après 3 tours de scrutin, un collège électoral composé de parlementaires et de conseillers locaux élit le Président en choisissant entre les 2 candidats ayant obtenu le plus grand nombre de voix. Dernière élection les 30 et 31 août 2021. Au premier tour, le Parlement n'a pas réussi à élire un président, au second tour, seul candidat, Alar Karis a obtenu 72 voix sur 101. Karis a été intronisé le 11 octobre 2021.

Le Premier ministre est nommé par le Président et approuvé par le Parlement.

Législatif

Description. Parlement monocaméral. 101 sièges. Représentants élus au scrutin proportionnel plurinominal de liste ouverte. Mandat de 4 ans.

Élections. Dernière tenue le 3 mars 2019 (prochaines dates en mars 2023).

Judiciaire

Plus hautes juridictions. Cour suprême de justice composée de 19 juges, dont le président, organisée en chambres civile, pénale, administrative et de contrôle constitutionnel.

Juridictions subordonnées. Cours d'appel. Tribunaux administratifs, de comté, de ville et spécialisés.

Partis politiques et dirigeants

Parti du centre d'Estonie (Juri Ratas), Estonie 200 (Kristina Kallas), Parti populaire conservateur estonien (Martin Helme), Parti de la réforme d'Estonie (Kaja Kallas), Parti libre (Kaul Nurm), Pro Patria-Isamaa (Helir-Valdor Seeder), Parti social-démocrate (Andrek Saar).

Description du drapeau

Trois bandes horizontales de même hauteur, bleue (au sommet), noire et blanche. Diverses interprétations sont liées aux couleurs du drapeau. Le bleu représente la foi, la loyauté et la dévotion, tout en rappelant le ciel, la mer et les lacs du pays. Le noir symbolise le sol et un sombre passé, les souffrances endurées par le peuple estonien. Le blanc fait référence à l'effort vers l'illumination et la vertu. C'est aussi la couleur de l'écorce de bouleau et de la neige, ainsi que des nuits d'été éclairées par le soleil de minuit.

Symboles nationaux

Hirondelle rustique, bleuet. Couleurs nationales : bleu, noir, blanc.

Hymne national

Mu isamaa, mu onn ja room («Ma terre natale, ma fierté et ma joie»). Paroles/musique : Johann Voldemar Jannsen/Fredrik Pacius.

Patrimoine national

2 sites inscrits au patrimoine mondial: Centre historique (vieille ville) de Tallinn. Arc géodésique de Struve.

ÉCONOMIE

Aperçu

L'Estonie, membre de l'UE depuis 2004 et de la zone euro depuis 2011, possède une économie de marché moderne et l'un des niveaux de revenu par habitant les plus élevés d'Europe centrale et de la région balte, mais son économie est fortement dépendante du commerce, ce qui la rend vulnérable aux chocs externes. Les gouvernements successifs de l'Estonie ont mis en place un programme économique favorable aux entreprises et adopté une politique budgétaire saine qui ont abouti à un budget équilibré et au ratio dette/PIB le plus bas de l'UE.

L'économie s'appuie sur des secteurs solides tels que l'électronique et les télécommunications et bénéficie de liens commerciaux forts avec la Finlande, la Suède, l'Allemagne et la Russie. La croissance du PIB de 4,9 % en 2017 a été la plus rapide des six dernières années, meilleur résultat de l'économie estonienne depuis la crise financière 10 ans plus tôt. Pour la première fois depuis de nombreuses années, la productivité du travail a augmenté plus rapidement que les coûts de main-d'œuvre. L'inflation a également grimpé en 2017 pour atteindre 3,5 %, parallèlement à la hausse des prix mondiaux des aliments et de l'énergie qui représentent une part importante de la consommation estonienne.

L'Estonie est confrontée à une pénurie de main-d'œuvre qualifiée et non qualifiée, bien que le gouvernement ait modifié sa loi sur l'immigration pour faciliter l'embauche de travailleurs étrangers hautement qualifiés, et malgré une croissance des salaires supérieure aux gains de productivité. Le gouvernement poursuit ses efforts pour stimuler la croissance de la productivité en se concentrant sur les innovations, mettant en avant les start-ups technologiques et le commerce électronique.

PIB réel (parité de pouvoir d'achat)

47,44 Mds$ (est. 2020).

Taux de croissance du PIB réel

5 % (est. 2019).

PIB réel par habitant

35 600 $ (est. 2020).

PIB (taux de change officiel)

31,461 Mds$ (est. 2019).

Taux d'inflation (prix à la consommation)

2,2 % (est. 2019).

PIB – composition, par secteur d'origine

Agriculture : 2,8 %. Industrie : 29,2 %. Services : 68,1 % (est. 2017).

Production agricole

Blé, lait, orge, colza, seigle, avoine, pois, pommes de terre, porc, triticale.

Industries

Alimentation, ingénierie, électronique, bois et produits du bois, textiles, informatique, télécommunications.

Taux de chômage

4,94 % (est. 2019).

Population sous le seuil de pauvreté

21,7 % (est. 2018).

Budget

Revenus : 10,37 Mds$ (est. 2017). Dépenses : 10,44 Mds$ (est. 2017).

Dette publique

9 % du PIB (est. 2017).

Impôts et autres revenus

39,9 % du PIB (est. 2017).

Exportations

21,69 Mds$ (est. 2020).

Exportations - partenaires

Finlande : 13 %. Suède : 9 %. Lettonie : 8 %. Russie : 8 %. États-Unis : 7 %. Lituanie : 6 %. Allemagne : 6 % (2019).

Exportations - produits de base

Équipements de télécommunications, pétrole raffiné, huile de goudron de houille, voitures, bâtiments préfabriqués (2019).

Importations

21,73 Mds$ (est. 2020)

Importations - partenaires

Russie : 12 %. Allemagne : 10 %. Finlande : 9 %. Lituanie : 7 %. Lettonie : 7 %. Suède : 6 %. Pologne : 6 %. Chine : 6 % (2019).

Importations - marchandises

Véhicules et équipements de transport, pétrole raffiné, huile de goudron de houille, machines et équipements électroniques, médicaments (2019).

Réserves de devises et d'or

345 M$ (est. 2017).

Dette externe

23,944 Mds$ (est. 2019).

ÉNERGIE

Accès à l'électricité

Électrification – population totale : 100 % (2020).

Production d'électricité

11,55 Mds de kWh (est. 2016).

Consommation d'électricité

8,795 Mds de kWh (est. 2016).

Électricité - exportations

5,613 Mds de kWh (est. 2016).

Électricité - importations

3,577 Mds de kWh (est. 2016).

Électricité - capacité de production installée

2,578 M de kW (est. 2016).

Électricité - à partir de combustibles fossiles

72 % de la capacité totale installée (est. 2016).

Électricité - à partir de combustibles nucléaires

0 % de la capacité totale installée (est. 2017).

Électricité - provenant de centrales hydroélectriques

0 % de la capacité totale installée (est. 2017).

Électricité - provenant d'autres sources renouvelables

28 % de la capacité totale installée (est. 2017).

Pétrole brut - production

0 baril/jour (est. 2018).

Pétrole brut - exportations

0 baril/jour (est. 2015).

Pétrole brut - importations

0 baril/jour (est. 2017).

Pétrole brut - réserves prouvées

0 baril (est. 2018).

Produits pétroliers raffinés - production

0 baril/jour (est. 2017).

Produits pétroliers raffinés - consommation
28 300 barils/jour (est. 2017).

Produits pétroliers raffinés - exportations
27 150 barils/jour (est. 2017).

Produits pétroliers raffinés - importations
35 520 barils/jour (est. 2017).

Gaz naturel - production
0 m^3 (est. 2017).

Gaz naturel - consommation
481,4 M de m^3 (est. 2017).

Gaz naturel - exportations
0 m^3 (est. 2017).

Gaz naturel - importations
481,4 M de m^3 (est. 2017).

Gaz naturel - réserves prouvées
0 m^3 (est. 2016).

COMMUNICATIONS

Systèmes de télécommunications

Aperçu. Le service de télécommunications s'est grandement amélioré grâce à une série de mesures destinées à favoriser la concurrence et les investissements étrangers. Un des marchés de téléphonie mobile les plus avancés d'Europe avec un fort taux de pénétration du haut débit. Le gouvernement a investi 20 millions d'euros dans les services mobiles à haut débit en milieu rural. Les opérateurs soutiennent l'infrastructure de réseaux de basse communication à longue portée et le lancement de services intelligents. Services 5G dans les grandes villes. Le gouvernement assure la connexion Internet des écoles et des bibliothèques (2020).

Audiovisuel. Le service public de radio-télévision exploite 3 chaînes et 5 stations de radio. Augmentation des stations de radio privées diffusant à l'échelle nationale, régionale et locale. Transition complète vers la télévision numérique en 2010. Les chaînes de télévision privées nationales élargissent leur service, une gamme de chaînes s'adresse aux téléspectateurs russophones. En 2016, 42 services à la demande étaient disponibles en Estonie, dont 19 services TVOD et SVOD payants. Environ 85 % des foyers ont accédé à des services de télévision numérique.

TRANSPORTS

Aéroports

18 (2013).

Héliports

1 (2012).

Pipelines

Essence : 2 360 km (2016).

Chemins de fer

2 146 km (2016).

Chaussées

58 412 km (2011).

Voies navigables

335 km (2011).

Marine marchande

Total : 68. Par type : 2 vraquiers, 4 pétroliers. Autres : 62 (2021).

Ports et terminaux

Principaux ports maritimes : Kuivastu, Kunda, Muuga, Parnu Reid, Sillamae, Tallinn.

MILITAIRE ET SÉCURITÉ

Forces militaires et de sécurité

Forces de défense estoniennes : armée de terre, marine, armée de l'air, Ligue de défense estonienne (réserve). Ministère de l'Intérieur : gardes-frontières (2021).

Dépenses militaires

2,3 % du PIB (est. 2021).

Points forts du personnel militaire et des services de sécurité

Les forces de défense estoniennes comptent environ 6 500 militaires en service actif (2021).

Inventaires et acquisitions d'équipements militaires

Les forces de défense estoniennes disposent d'un nombre limité de systèmes d'armement hérités de l'ère soviétique et d'équipements plus récents provenant des pays d'Europe occidentale (2021).

Déploiements militaires

Mali : 100 (opération Barkhane / MINUSMA / EUTM) (2021).

Âge et obligation du service militaire

Hommes de 18 à 27 ans pour le service militaire obligatoire. 8 à 11 mois selon le niveau d'études. Les sous-officiers, officiers de réserve et spécialistes servent 11 mois. Les femmes peuvent s'engager dans n'importe quel corps d'armée depuis 2018 (2021).

Note. Les conscrits représentent environ la moitié (3 000 à 3 300) des 6 500 forces d'active de l'armée estonienne et servent dans tous les corps, à l'exception de l'armée de l'air. En 2020, les femmes représentaient environ 10 % de la force militaire professionnelle à temps plein.

Remarque. L'Estonie est officiellement devenue membre de l'OTAN en 2004.

Depuis 2017, l'Estonie accueille un groupe tactique multinational de forces terrestres de l'OTAN dirigé par le Royaume-Uni dans le cadre de l'initiative de présence avancée renforcée de l'organisation.

L'OTAN assure également la protection aérienne de l'Estonie depuis 2004 par le biais de sa mission de police de l'air. Les pays membres de l'OTAN qui possèdent des forces de combat aériennes contribuent volontairement à la mission sur des rotations de 4 mois. Des avions de combat de l'OTAN sont hébergés sur la base aérienne d'Ämari depuis 2014.

QUESTIONS INTERNATIONALES

Litiges internationaux

La Russie et l'Estonie ont signé en mai 2005 un accord technique sur les frontières, mais en juin 2005 la Russie a retiré sa signature après que le parlement estonien a ajouté à sa loi de ratification nationale un préambule historique faisant référence à l'occupation soviétique et aux frontières d'avant-guerre de l'Estonie en vertu du traité de Tartu de 1920 : la Russie soutient que le préambule permet à l'Estonie de revendiquer des territoires appartenant à la Russie, tandis que les responsables estoniens nient que le préambule ait un impact juridique sur le traité. La Russie exige un meilleur traitement de la population russophone en Estonie. État membre de l'UE, l'Estonie applique les règles frontalières de l'espace Schengen avec la Russie.

Réfugiés et déplacés internes

Apatrides : 71 873 (mi-2021).

Note. Après l'indépendance en 1991, la citoyenneté automatique ne s'applique qu'aux Estoniens d'avant l'occupation soviétique de 1940 et à leurs descendants. Des centaines de Russes de souche sont restés apatrides lorsqu'ils furent contraints de choisir entre passer des tests de langue et de citoyenneté estonienne ou demander la citoyenneté russe. Par ailleurs obtenir la citoyenneté estonienne ne leur permettait pas de voyager sans visa en Russie. Les résidents apatrides peuvent voter aux élections locales mais pas aux élections générales. S'ils habitent en Estonie depuis au moins cinq ans, ils peuvent demander la citoyenneté pour leurs enfants (avant 15 ans).

Médicaments illicites

Producteur de drogues de synthèse. Zone de transit importante pour le cannabis, la cocaïne, les opiacés et les drogues de synthèse depuis l'adhésion à l'Union européenne et à l'accord de Schengen. Le probable blanchiment d'argent lié au crime organisé et au trafic de drogue est préoccupant, tout comme l'utilisation possible du secteur des jeux d'argent pour blanchir des fonds. Grande consommation d'opiacés et d'ecstasy.

LETTONIE

CONTEXTE HISTORIQUE

Plusieurs tribus de la Baltique orientale se sont unies à l'époque médiévale pour former le noyau ethnique du peuple letton (environ VIIIe-XIIe siècles après J.-C.). La région passa ensuite sous le contrôle des Allemands, des Polonais, des Suédois et enfin des Russes. Une république lettone a émergé après la Première Guerre mondiale, avant d'être annexée par l'URSS en 1940. La Lettonie a retrouvé son indépendance en 1991 suite à l'éclatement de l'Union soviétique. Bien que les dernières troupes russes aient quitté le pays en 1994, le statut de la minorité russe (quelque 26 % de la population) reste un sujet de préoccupation pour Moscou. La Lettonie a adhéré à la fois à l'OTAN et à l'UE au printemps 2004. Elle a rejoint la zone euro en 2014 et l'OCDE en 2016. Une loi sur la double nationalité a été adoptée en 2013, facilitant la naturalisation des enfants nés de parents étrangers.

GÉOGRAPHIE

Emplacement

Europe de l'Est, bordant la mer Baltique, entre l'Estonie et la Lituanie.

Superficie

64 589 km². Terre : 62 249 km². Eau : 2 340 km².

Frontières terrestres

1 370 km. 4 pays frontaliers : Biélorussie (161 km), Estonie (333 km), Lituanie (544 km), Russie (332 km).

Littoral

498 km.

Climat

Climat tempéré. Hivers humides et modérés.

Altitude

Point le plus haut : Gaizinkalns, 312 m. Point le plus bas : mer Baltique, 0 m. Altitude moyenne : 87 m.

Ressources naturelles

Tourbe, calcaire, dolomie, ambre, hydroélectricité, bois, terres arables.

Risques naturels

Risque d'inondation d'une part importante des champs cultivés. Drainage nécessaire le cas échéant.

POPULATION ET SOCIÉTÉ

Population

1 862 687 (est. juillet 2021).

Nationalité

Nom : Letton. Adjectif : letton.

Groupes ethniques

Lettons : 62,7 %. Russes : 24,5 %. Biélorusses : 3,1 %. Ukrainiens : 2,2 %. Polonais : 2 %. Lituaniens : 1,1 %. Autres : 1,8 %. Non spécifié : 2,6 % (est. 2021).

Langues

Letton (officiel) : 56,3 %. Russe : 33,8 %. Autres : 0,6 % (polonais, ukrainien, biélorusse…). Non spécifiée : 9,4 %.

Religions

Luthériens : 36,2 %. Catholiques romains : 19,5 %. Orthodoxes : 19,1 %. Autres chrétiens : 1,6 %. Autres : 0,1 %. Non spécifiée : 23,5 %. (est. 2017).

Pyramide des âges (est. 2020)

0-14 ans : 15,32 % (hommes 148 120/femmes 140 028).
15-24 ans : 9 % (hommes 87 372/femmes 81 965).
25-54 ans : 40,41 % (hommes 380 817/femmes 379 359).
55-64 ans : 14,77 % (hommes 125 401/femmes 152 548).
65 ans et plus : 20,5 % (hommes 128 151/femmes 257 471).

Taux de croissance de la population

– 1,1 % (est. 2021).

Taux de migration nette

– 5,32 migrants/1 000 habitants (est. 2021).

Répartition de la population

Forte concentration dans la capitale, Riga, son port et ses alentours. Petites agglomérations disséminées dans tout le pays.

Grandes zones urbaines – population

Riga (capitale) : 625 000 (2022).

ENVIRONNEMENT

Enjeux actuels

Forte pollution des terres, de l'eau et de l'air. Amélioration de la qualité de l'eau potable, du traitement des eaux usées, de la gestion des déchets ménagers et dangereux. Réduction de la pollution atmosphérique. La protection de la nature, la gestion des ressources en eau et la protection de la mer Baltique sont des sujets de préoccupation importants.

Exploitation des terres

Terres agricoles : 29,2 %. Forêt : 54,1 %. Autres : 16,7 % (est. 2018).

Urbanisation

Population urbaine : 68,5 % de la population totale (2022).

Revenus forestiers

0,85 % du PIB (est. 2018).

Revenus du charbon

0 % du PIB (est. 2018).

GOUVERNEMENT

Nom du pays

Forme longue conventionnelle : République de Lettonie. Forme conventionnelle courte : Lettonie.

Étymologie : le nom « Lettonie » vient des anciens Latgaliens, l'une des quatre tribus de la Baltique orientale qui formaient le noyau ethnique du peuple letton (VIIIe-XIIe siècles après J.-C.).

Type de gouvernement

République parlementaire.

Capitale

Nom : Riga. Étymologie : parmi les nombreuses théories sur l'origine du nom, la plus probable est celle qui fait référence au rôle de la ville dans le commerce de la mer Baltique et de la mer du Nord : du mot letton *rija* qui signifie entrepôt, le « j » étant devenu un « g » sous l'influence allemande au début du XXe siècle.

Divisions administratives

119 municipalités (*novads*) et 9 villes au statut spécial de ville républicaine.

Indépendance

18 novembre 1918 (de la Russie soviétique), 4 mai 1990 (de l'Union soviétique), 6 septembre 1991 (reconnue par l'Union soviétique).

Fête nationale

Fête de l'Indépendance : 18 novembre (1918).

Constitution

Adoptée le 6 septembre 1991.

Système légal

Système de droit civil.

Participation à des organisations de droit international

N'a pas soumis de déclaration de compétence à la Cour internationale de Justice, accepte la compétence de la Cour pénale internationale.

Citoyenneté

Nationalité uniquement par filiation : au moins un parent doit être citoyen letton. Double nationalité reconnue : non. Condition de résidence pour la naturalisation : 5 ans. Droit de vote : 18 ans. Universel.

Exécutif

Chef d'État : président Egils Levits (depuis le 8 juillet 2019).

Chef du gouvernement : Premier ministre Arturs Krisjanis Karins (depuis le 23 janvier 2019).

Cabinet : Conseil des ministres nommé par le Premier ministre.

Élections/nominations : Président élu par le Parlement (*Saeima*) pour un mandat de 4 ans (renouvelable une fois). Dernière élection le 29 mai 2019. Premier ministre désigné par le Président et approuvé par le Parlement.

Résultat des élections : Egils Levits élu président avec 61 voix. Didzis Smits : 24 voix. Juris Jansons : 8 voix. Arturs Krisjanis Karins confirmé Premier ministre : 61-39.

Législatif

Description. Parlement monocaméral : 100 sièges. Représentants élus au scrutin proportionnel plurinominal de liste ouverte. Mandat de 4 ans.

Dernière élection le 6 octobre 2018.

Judiciaire

Plus hautes juridictions. Cour suprême composée de 36 juges nommés par le président de la Cour et approuvés par le Parlement. Les juges siègent jusqu'à 70 ans, mais leur mandat peut être prolongé de 2 ans.

Cour constitutionnelle composée de 7 juges. 3 sont désignés par le Parlement, 2 par le Conseil des ministres et 2 par le plénum de la Cour suprême. Ils doivent être approuvés par la majorité du Parlement.

Tribunaux subordonnés. Tribunaux de district municipaux et régionaux.

Partis politiques et dirigeants

Développement/Pour ! ou AP (Daniels Pavluts et Juris Puce), Alliance nationale Tous pour la Lettonie ! ou Pour la patrie et la liberté ou LNNK (Raivis Dzintars), Nouveau parti conservateur ou JKP (Janis Bordans), Parti social-démocrate « Harmonie » (Janis Urbanovics), Union des verts et des paysans ou ZZS (Armands Krauze), Unité (Arvils Aseradens), Qui possède l'État ? ou KPV LV (dissous en 2021).

Description du drapeau

Trois bandes horizontales, rouge grenat (au sommet et en bas), blanche (au milieu). C'est l'une des plus anciennes bannières du monde. Une chronique médiévale mentionne un étendard rouge à bande blanche porté par les tribus lettones vers 1280.

Symboles nationaux

Bergeronnette blanche (oiseau). Couleurs nationales : marron, blanc.

Hymne national

Dievs, sveti Latviju! («Dieu, bénis la Lettonie»). Paroles et musique : Karlis Baumanis.

Adopté en 1920. Restauré en 1990. Joué pour la première fois en 1873 alors que la Lettonie appartenait à la Russie. Interdit pendant l'occupation soviétique de 1940 à 1990.

Patrimoine national

2 sites inscrits au patrimoine mondial : Centre historique de Riga. Arc géodésique de Struve.

ÉCONOMIE

Aperçu

La Lettonie est une petite économie ouverte dont les exportations contribuent à plus de la moitié du PIB. En raison de sa situation géographique, les services de transports en commun sont très développés, ainsi que le secteur du bois, l'agriculture et les produits alimentaires, la fabrication de machines et les industries électroniques. La corruption continue d'être un obstacle pour attirer les investissements étrangers et le faible taux de natalité et la diminution de la population du pays constituent des défis majeurs pour sa vitalité économique à long terme.

L'économie lettone a connu une croissance annuelle du PIB de plus de 10 % en 2006 et 2007, mais est entrée dans une grave récession en 2008 en raison d'un déficit courant insoutenable et d'un endettement important dans un contexte de ralentissement de l'économie mondiale. Avec l'effondrement de la deuxième plus grande banque du pays, le PIB a plongé de plus de 14 % en 2009 et, malgré une forte croissance depuis 2011, l'économie a dû attendre 2017 pour retrouver son niveau d'avant-crise. La vigueur de l'investissement et de la consommation – alimentée par la hausse des salaires – a permis une croissance de plus de 4 % en 2017, tandis que l'inflation atteignait 3 %. La poursuite des gains de compétitivité et des investissements sera essentielle pour maintenir la croissance économique, en dépit des tendances démographiques défavorables (notamment l'émigration de travailleurs qualifiés) et d'une inégalité des revenus parmi les plus élevées de l'UE.

À la suite de la crise de 2008-2009, le FMI, l'UE, la Banque mondiale et plusieurs gouvernements européens ont fourni une aide financière substantielle à la Lettonie dans le cadre d'un accord arrimant la monnaie à l'euro en échange de l'engagement du gouvernement letton à prendre des mesures d'austérité strictes. Le programme s'est conclu avec succès en décembre 2011, bien que les mesures d'austérité aient engendré des coûts sociaux importants. La majorité des entreprises, des banques et de l'immobilier a été privatisée, même si l'État détient toujours des participations importantes dans quelques grandes entreprises, notamment 80 % de la compagnie aérienne nationale. La Lettonie a rejoint l'Organisation mondiale du commerce en février 1999, l'UE en mai 2004, la zone euro en 2014 et l'OCDE en 2016.

PIB réel (parité de pouvoir d'achat)

56,92 Mds$ (est. 2020).

Taux de croissance du PIB réel

2,08 % (est. 2019).

PIB réel par habitant

29 900 $ (est. 2020).

PIB (taux de change officiel)

34,084 Mds$ (est. 2019).

Taux d'inflation (prix à la consommation)

2,8 % (est. 2019).

PIB – composition, par secteur d'origine

Agriculture : 3,9 %. Industrie : 22,4 %. Services : 73,7 % (est. 2017).

Production agricole

Blé, lait, colza, orge, avoine, pommes de terre, seigle, haricots, porc, volaille.

Industries

Agro-alimentaire, produits dérivés du bois, textiles, produits issus de la sidérurgie, produits pharmaceutiques, matériel ferroviaire, fibres synthétiques, électronique.

Taux de chômage

6,14 % (est. 2019).

Population sous le seuil de pauvreté

22,9 % (est. 2018).

Budget

Revenus : 11,39 Mds$ (est. 2017). Dépenses : 11,53 Mds$ (est. 2017).

Excédent (+) ou déficit (-) budgétaire

– 0,5 % du PIB (est. 2017).

Dette publique

36,3 % du PIB (est. 2017).

Impôts et autres revenus

37,5 % du PIB (est. 2017).

Exportations

20,23 Mds$ (est. 2020).

Exportations - partenaires

Lituanie : 16 %. Estonie : 10 %. Russie : 9 %. Allemagne : 7 %. Suède : 6 %. Royaume-Uni : 6 % (est. 2019).

Exportations - produits de base

Bois, équipements de télécommunications, whisky et autres alcools forts, blé, médicaments (2019).

Importations

19,84 Mds$ (est. 2020).

Importations - partenaires

Russie : 21 %. Lituanie : 14 %. Allemagne : 9 %. Pologne : 7 %. Estonie : 7 % (2019).

Importations - marchandises

Pétrole raffiné, équipements de radiodiffusion, voitures de tourisme et autres véhicules, médicaments, avions (2019).

Réserves de devises et d'or

4,614 Mds$ (est. au 31 décembre 2017).

Dette externe

40,164 Mds$ (est. 2019).

ÉNERGIE

Accès à l'électricité

Électrification – population totale : 100 % (2020).

Production d'électricité

6,241 Mds de kWh (est. 2016).

Consommation d'électricité

6,798 Mds de kWh (est. 2016).

Électricité - exportations

3,795 Mds de kWh (est. 2016).

Électricité - importations

4,828 Mds de kWh (est. 2016).

Électricité - capacité de production installée

2,932 M de kW (est. 2016).

Électricité - à partir de combustibles fossiles

39 % de la capacité totale installée (est. 2016).

Électricité - à partir de combustibles nucléaires

0 % de la capacité totale installée (est. 2017).

Électricité - provenant de centrales hydroélectriques

53 % de la capacité totale installée (est. 2017).

Électricité - provenant d'autres sources renouvelables

8 % de la capacité totale installée (est. 2017).

Pétrole brut - production
0 baril/jour (est. 2018).

Pétrole brut - exportations
0 baril/jour (est. 2017).

Pétrole brut - importations
0 baril/jour (est. 2017).

Pétrole brut - réserves prouvées
0 baril (est. 1er janvier 2018).

Produits pétroliers raffinés - production
0 baril/jour (est. 2017).

Produits pétroliers raffinés - consommation
44 600 barils/jour (est. 2017).

Produits pétroliers raffinés - exportations
16 180 barils/jour (est. 2017).

Produits pétroliers raffinés - importations
54 370 barils/jour (est. 2017).

Gaz naturel - production
0 m^3 (est. 2017).

Gaz naturel - consommation
1,218 Mds de m^3 (est. 2017).

Gaz naturel - exportations
0 m^3 (est. 2017).

Gaz naturel - importations
1,246 Mds de m^3 (est. 2017).

Gaz naturel - réserves prouvées
0 m^3 (est. 2014).

COMMUNICATIONS

Systèmes de télécommunications

Aperçu. Apparition de la concurrence dans le secteur des télécommunications. Face au développement croissant du service de téléphonie mobile, le nombre de téléphones fixes a diminué. Les politiques et le cadre réglementaire de l'UE ont produit des directives pour soutenir la croissance. Le gouvernement a adopté des mesures pour construire un réseau national à haut débit en fibre, partiellement financé par la Commission européenne. Nouvelle concurrence sur les marchés mobiles avec des technologies LTE-A étendues et une croissance des services 5G. L'objectif est de développer dans tout le pays une économie numérique sophistiquée et de rendre les services administratifs accessibles en ligne. Les opérateurs travaillent sur le câble vers Sakhaline en Extrême-Orient russe (2020).

Audiovisuel. Plusieurs chaînes de télévision privées nationales et régionales appartiennent à des étrangers. 2 chaînes nationales publiques et plusieurs chaînes de télévision régionales et locales privées. Services de télévision multicanaux par câble et satellite avec diffusions nationales et étrangères. Le service public exploite 4 réseaux de radios comprenant des dizaines de stations à travers le pays. Il existe également des dizaines de radiodiffuseurs privés.

TRANSPORTS

Aéroports

42 (2013).

Héliports

1 (2013).

Pipelines

Gaz : 1 213 km. Produits raffinés : 417 km (2018).

Chemins de fer

1 860 km (2018).

Chaussées

70 244 km (2018).

Voies navigables

300 km (navigables toute l'année) (2010).

Marine marchande

Total: 70. Par type: 22 vraquiers. 9 pétroliers. Autres: 39 (2021).

Ports et terminaux

Principaux ports maritimes: Riga, Ventspils.

MILITAIRE ET SÉCURITÉ

Forces militaires et de sécurité

Forces armées nationales: forces terrestres, force navale (comprend une unité de garde-côtes), force aérienne, Garde nationale (réserve) (2021).

Dépenses militaires

2,27 % du PIB (est. 2021).

Points forts du personnel militaire et des services de sécurité

Estimation d'un total de 6 500 hommes en service actif. Terre: 5 500. Navales/garde-côtes: 500. Aviation: 500. Garde nationale: 8 200 (2021).

Inventaires et acquisitions d'équipements militaires

Inventaire limité, composé d'un mélange d'équipements de l'ère soviétique et d'autres plus modernes, principalement d'occasion, en provenance d'Europe et des États-Unis. Depuis 2010, le pays a reçu une petite quantité d'équipements de plusieurs pays européens, ainsi que des États-Unis (2021).

Âge et obligation du service militaire

18 ans pour le service volontaire masculin et féminin. Pas de conscription (abolie en 2007) (2021). En 2019, les femmes représentaient environ 16 % du personnel militaire à plein temps.

Remarque. La Lettonie est officiellement devenue membre de l'OTAN en 2004.

Depuis 2017, le pays accueille un groupement tactique de forces terrestres de l'OTAN dirigé par le Canada dans le cadre de l'initiative de Présence avancée renforcée.

L'OTAN assure également la protection aérienne de la Lettonie depuis 2004 par le biais de sa mission de police de l'air. Les pays membres de l'OTAN qui possèdent une force aérienne contribuent volontairement à la mission sur des rotations de 4 mois.

QUESTIONS INTERNATIONALES

Litiges internationaux

La Russie exige un meilleur traitement des Russes de souche en Lettonie. Frontière délimitée avec la Lettonie et la Lituanie. Le parlement letton n'a pas ratifié son traité de délimitation maritime de 1998 avec la Lituanie, en raison d'une inquiétude sur les droits d'exploration pétrolière. État membre de l'UE, la Lettonie applique les règles frontalières de l'espace Schengen vis-à-vis de la Russie.

Réfugiés et déplacés internes

Apatrides : 209 168 (mi-2021).

Note. Les Lettons d'avant l'occupation soviétique de 1940 et leurs descendants ont été reconnus comme citoyens lettons après l'indépendance de 1991. Les citoyens de l'ex-Union soviétique résidant en Lettonie qui n'ont ni la nationalité lettone ni une autre nationalité sont considérés comme des non-citoyens (officiellement, il n'y a pas d'apatrides en Lettonie) et ont droit à des passeports de non-citoyens. Les enfants nés après l'indépendance de la Lettonie de parents apatrides ont droit à la nationalité lettone à la demande de leurs parents. Les non-ressortissants ne peuvent pas voter ou occuper certains emplois publics et sont exemptés du service militaire mais peuvent voyager sans visa dans l'UE, en vertu de l'accord de Schengen, comme les citoyens lettons.

Médicaments illicites

Territoire de transit et de destination pour la cocaïne, les drogues de synthèse, les opiacés et le cannabis en provenance d'Asie du Sud-Ouest, d'Europe occidentale, d'Amérique latine et des pays baltes voisins. Malgré une législation renforcée, le blanchiment d'argent reste une pratique courante en raison de moyens encore insuffisants pour la faire appliquer et d'une réglementation relativement faible des sociétés offshore et de l'industrie du jeu. Le crime organisé sévissant dans la CEI (contrefaçon, corruption, extorsion, trafic de voitures volées, prostitution inclus) constitue la principale source de blanchiment.

LITUANIE

CONTEXTE HISTORIQUE

Les terres lituaniennes ont été réunies sous Mindaugas en 1236. Au cours du siècle suivant, par le biais d'alliances et de conquêtes, la Lituanie a étendu son territoire pour inclure la majeure partie de la Biélorussie et de l'Ukraine actuelles. À la fin du XIVe siècle, la Lituanie était le plus grand État d'Europe. Une alliance avec la Pologne en 1386 conduisit les deux pays à s'unir sous un souverain commun. En 1569, la Lituanie et la Pologne sont devenues officiellement un seul État, la République des Deux Nations. Cette entité a survécu jusqu'en 1795. Ses vestiges ont ensuite été divisés par les pays voisins. La Lituanie a retrouvé son indépendance après la Première Guerre mondiale, avant d'être annexée par l'URSS en 1940. Le 11 mars 1990, la Lituanie est devenue la première des républiques soviétiques à proclamer son indépendance, reconnue par Moscou en septembre 1991 (suite au coup d'État avorté à Moscou). Les dernières troupes russes se sont retirées en 1993. La Lituanie a ensuite restructuré son économie pour s'intégrer aux institutions d'Europe occidentale. Elle a rejoint l'OTAN et l'UE au printemps 2004, la zone euro en 2015, et l'Organisation de coopération et de développement économiques en 2018.

GÉOGRAPHIE

Emplacement

Europe de l'Est, bordant la mer Baltique, entre la Lettonie et la Russie, à l'ouest de la Biélorussie.

Superficie

65 300 km^2. Terre : 62 680 km^2. Eau : 2 620 km^2.

Frontières terrestres

1 545 km. 4 pays frontaliers : Biélorussie (640 km), Lettonie (544 km), Pologne (100 km), Russie (Kaliningrad) (261 km).

Littoral

90 kilomètres.

Climat

Climat continental, hivers et étés humides et modérés.

Altitude

Point le plus haut : Aukstojas, 294 m. Point le plus bas : mer Baltique, 0 m. Altitude moyenne : 110 m.

Ressources naturelles

Tourbe, terre arable, ambre.

Principaux lacs (superficie km^2)

Lac d'eau salée : lagune de Courlande, partagée avec la Russie, 1 620 km^2.

Risques naturels

Inondations occasionnelles, sécheresses.

POPULATION ET SOCIÉTÉ

Population

2 711 566 (est. juillet 2021).

Nationalité

Nom : Lituanien. Adjectif : lituanien.

Groupes ethniques

Lituaniens : 84,1 %. Polonais : 6,6 %. Russes : 5,8 %. Biélorusses : 1,2 %. Autres : 1,1 %. Non spécifiés : 1,2 % (est. 2011).

Langues

Lituanien (officiel) : 82 %. Russe : 8 %. Polonais : 5,6 %. Autres : 0,9 %. Non spécifiée : 3,5 % (est. 2011).

Religions

Catholiques romains : 77,2 %. Orthodoxes russes : 4,1 %. Vieux croyants : 0,8 %. Évangéliques luthériens : 0,6 %. Réformistes évangéliques : 0,2 %. Autres (y compris musulmans sunnites, juifs, catholiques grecs et karaïtes) : 0,8 %. Aucune : 6,1 %. Non spécifiée : 10,1 % (est. 2011).

Pyramide des âges (est. 2020)

0-14 ans : 15,26 % (hommes 213 802/femmes 202 948).
15-24 ans : 10,23 % (hommes 144 679/femmes 134 822).
25-54 ans : 38,96 % (hommes 528 706/femmes 535 485).
55-64 ans : 15,1 % (hommes 183 854/femmes 228 585).
65 ans et plus : 20,45 % (hommes 190 025/femmes 368 558).

Taux de croissance de la population

– 1,04 % (est. 2021).

Taux de migration nette

– 4,75 migrants/1 000 habitants (est. 2021).

Répartition de la population

Répartition assez uniforme de la population dans tout le pays. Concentrations un peu plus importantes dans les villes du sud de Vilnius et Kaunas et dans le port occidental de Klaipėda.

ENVIRONNEMENT

Enjeux actuels

Pollution de l'eau et de l'air. Déforestation, espèces animales et végétales menacées. Les produits chimiques et les déchets rejetés dans l'environnement contaminent le sol et les eaux souterraines. Dégradation et érosion des sols.

Utilisation des terres

Terres agricoles : 44,8 %. Forêt : 34,6 %. Autres : 20,6 % (est. 2018).

Urbanisation

Population urbaine : 68,5 % de la population totale (2022).

Revenus forestiers

0,31 % du PIB (est. 2018).

Revenus du charbon

0 % du PIB (est. 2018).

GOUVERNEMENT

Nom du pays

Forme longue conventionnelle : République de Lituanie. Forme courte conventionnelle : Lituanie.

Étymologie : la signification du nom « Lietuva » reste floue et fait débat. Il peut provenir de la Lietava, un ruisseau du centre-est de la Lituanie.

Type de gouvernement

République semi-présidentielle.

Capitale

Nom : Vilnius. Étymologie : du nom de la rivière Vilnia, qui se jette dans la Neris à Vilnius, et qui dérive du mot lituanien *vilnis* qui signifie « crue subite ».

Divisions administratives

60 communes.

Indépendance

16 février 1918 (de la Russie soviétique et de l'Allemagne). 11 mars 1990 (déclarée de l'Union soviétique). 6 septembre 1991 (reconnue par l'Union soviétique).

Dates antérieures notables. 6 juillet 1253 : couronnement de Mindaugas, date traditionnelle de la naissance du pays. 1er juillet 1569 : création de la République des Deux Nations, union du royaume de Pologne et du grand-duché de Lituanie.

Fête nationale

Fête de l'Indépendance : 16 février (1918).

Constitution

Adoptée par référendum le 25 octobre 1992. Entrée en vigueur le 2 novembre 1992.

Système légal

Système de droit civil, les actes législatifs peuvent faire l'objet d'un recours devant la Cour constitutionnelle.

Participation à des organisations de droit international

Accepte la juridiction obligatoire de la Cour internationale de Justice avec des réserves, accepte la compétence de la Cour pénale internationale.

Citoyenneté

Nationalité uniquement par filiation : au moins un parent doit être citoyen lituanien. Condition de résidence pour la naturalisation : 10 ans. Droit de vote : 18 ans. Universel.

Exécutif

Chef d'État : président Gitanas Nausėda (depuis le 12 juillet 2019).

Chef du gouvernement : Premier ministre Ingrida Šimonytė (depuis le 24 novembre 2020).

Cabinet : Conseil des ministres nommé par le Premier ministre, lui-même désigné par le Président et approuvé par le Parlement.

Élections/nominations : Président élu au suffrage universel direct à la majorité absolue en 2 tours si nécessaire pour un mandat de 5 ans. Dernière élection les 12 et 26 mai 2019.

Résultats des élections : Gitanas Nausėda (indépendant) élu Président au second tour avec 66,7 % des voix. Ingrida Šimonytė (indépendante) : 33,3 %.

Législatif

Description. Parlement monocaméral : 141 sièges. 71 représentants élus au scrutin uninominal majoritaire à un tour et 70 au scrutin proportionnel plurinominal. Mandat de 4 ans.

Élections. Dernière élection le 25 octobre 2020.

Judiciaire

Plus hautes juridictions. Cour suprême composée de 37 juges nommés par le Président et le Parlement pour un mandat renouvelable de 5 ans.

Cour constitutionnelle composée de 9 juges. 3 sont nommés par le président de la République, 3 par le président du Parlement et le dernier tiers par le président de la Cour suprême. Mandat de 9 ans non renouvelable. Un tiers des membres renouvelé tous les 3 ans.

Juridictions inférieures. Cour d'appel, tribunaux de district et locaux.

Partis politiques et dirigeants

Action électorale polonaise de Lituanie ou LLRA (Valdemar Tomasevski), Union lituanienne agraire et des verts ou LVZS (Ramunas Karbauskis), Parti de la liberté ou LP (Ausrine Armonaite), Union de la patrie-Chrétiens démocrates lituaniens ou TS-LKD (Gabrielius Landsbergis), Parti du travail travailliste ou DP (Viktor Uspaskich), Parti lituanien du centre ou LCP (Naglis Puteikis), Parti vert lituanien ou LZP (Ieva Budraite), Mouvement libéral de la République de Lituanie ou LRLS (Viktorija Cmilyte), Liste lituanienne ou LL, Parti social-démocrate lituanien ou LSDP (Gintautas Paluckas), Parti des régions lituaniennes ou LRP, Ordre et justice (Remigijus Zemaitaitis).

Description du drapeau

Trois bandes horizontales de même hauteur, jaune (au sommet), verte et rouge. Le jaune symbolise les champs dorés, ainsi que le soleil, la lumière et la bonté. Le vert représente les forêts, en plus de la nature, de la liberté et de l'espoir. Le rouge, le courage et le sang versé pour la défense de la patrie.

Symboles nationaux

Chevalier connu sous le nom de Vytis (le chasseur). Cigogne blanche. Couleurs nationales : jaune, vert, rouge.

Hymne national

Tautiska giesme («Le chant national»). Paroles et musique : Vincas Kudirka. Adopté en 1918. Revisité en 1990. Écrit en 1898 alors que la Lituanie faisait partie de la Russie. Interdit pendant l'occupation soviétique de 1940 à 1990.

Patrimoine national

4 sites inscrits au patrimoine mondial : Centre historique de Vilnius. Isthme de Courlande. Site archéologique de Kernavė. Arc géodésique de Struve.

ÉCONOMIE

Aperçu

Après sa déclaration d'indépendance de l'Union soviétique en 1990, la Lituanie a dû affronter les remous du passage à l'économie de marché. La politique de stabilisation, comprenant une privatisation de la plupart des entreprises d'État, et une parfaite rigueur imposée par l'office monétaire ont débouché sur une économie ouverte à croissance rapide et augmenté la demande des consommateurs. L'investissement étranger et le financement de l'UE ont aidé à la transition. La Lituanie a rejoint l'OMC en mai 2001, l'UE en mai 2004, la zone euro en janvier 2015, et cherche à présent à compléter la feuille de route d'accession à l'OCDE qui lui a été donnée en juillet 2005. En 2017, elle intègre le groupe de travail de l'OCDE sur la corruption, étape importante dans le processus d'adhésion à l'organisation.

L'économie lituanienne a été durement touchée par la crise financière mondiale de 2008-2009, mais a rebondi pour devenir l'une des plus dynamiques de l'UE. Les augmentations des exportations, des investissements, des salaires – qui ont soutenu la consommation – ont permis une croissance de 3,6 % en 2017. En

2015, la Russie était le principal partenaire commercial de la Lituanie, suivie de la Pologne, de l'Allemagne et de la Lettonie. Les échanges de biens et de services entre les États-Unis et la Lituanie ont atteint 2,2 milliards de dollars.

La Lituanie a ouvert un terminal de gaz naturel liquéfié autofinancé en janvier 2015, fournissant le premier approvisionnement en gaz naturel non russe des États baltes. La Lituanie est ainsi passée d'une dépendance de 100 % vis-à-vis du gaz russe à 30 % en 2016.

La reprise en cours dépend de la poursuite des efforts engagés pour améliorer le climat des affaires, notamment la libéralisation du droit du travail, l'augmentation de la compétitivité et la croissance des exportations (entravée par le ralentissement économique dans l'UE et en Russie). En outre, l'exode constant de jeunes et de personnes hautement qualifiées entraîne une pénurie de main-d'œuvre qui, combinée au vieillissement rapide de la population, pourrait peser sur les finances publiques et freiner la croissance à long terme.

PIB réel (parité de pouvoir d'achat)

102,66 Mds$ (est. 2020).

Taux de croissance du PIB réel

4,33 % (est. 2019).

PIB réel par habitant

36 700 $ (est. 2020).

PIB (taux de change officiel)

54,597 Mds$ (est. 2019).

Taux d'inflation (prix à la consommation)

2,3 % (est. 2019).

PIB – composition, par secteur d'origine

Agriculture : 3,5 %. Industrie : 29,4 %. Services : 67,2 % (est. 2017).

Production agricole

Blé, lait, betterave à sucre, colza, orge, triticale, pommes de terre, avoine, pois, haricots.

Industries

Machines-outils pour la coupe des métaux, moteurs électriques, téléviseurs, réfrigérateurs et congélateurs, raffinage du pétrole, construction navale (petits navires), meubles, textiles, agroalimentaire, engrais, machines agricoles, équipements optiques, lasers, composants électroniques, ordinateurs, bijoux d'ambre, technologie de l'information, développement de jeux vidéo, développement d'applications/de logiciels, biotechnologie.

Taux de croissance de la production industrielle

5,9 % (est. 2017).

Taux de chômage

8,4 % (est. 2019).

Population sous le seuil de pauvreté

20,6 % (est. 2018).

Budget

Revenus : 15,92 Mds$. Dépenses : 15,7 Mds$ (est. 2017).

Excédent (+) ou déficit (–) budgétaire

0,5 % du PIB (est. 2017).

Dette publique

39,7 % du PIB (est. 2017).

Impôts et autres revenus

33,7 % du PIB (est. 2017).

Exportations

41,48 Mds$ (est. 2020).

Exportations – partenaires

Russie : 13 %. Lettonie : 9 %. Pologne : 8 %. Allemagne : 7 %. Estonie : 5 % (est. 2019).

Exportations - produits de base

Pétrole raffiné, meubles, cigarettes, blé, polyéthylène (2019).

Importations

36,06 Mds$ (est. 2020).

Importations - partenaires

Pologne : 12 %. Russie : 12 %. Allemagne : 12 %. Lettonie : 7 %. Pays-Bas : 5 % (2019).

Importations - marchandises

Pétrole brut, voitures, médicaments, pétrole raffiné, électricité (2019).

Réserves de devises et d'or

4,45 Mds$ (est. au 31 décembre 2017).

Dette externe

37,859 Mds$ (est. 2019).

ÉNERGIE

Accès à l'électricité

Électrification – population totale : 100 % (2020).

Production d'électricité

3,131 Mds de kWh (est. 2016).

Consommation d'électricité

10,5 Mds de kWh (est. 2016).

Électricité - exportations

730 M de kWh (est. 2015).

Électricité - importations

11,11 Mds de kWh (est. 2016).

Électricité - capacité de production installée

3,71 M de kW (est. 2016).

Électricité - à partir de combustibles fossiles

73 % de la capacité totale installée (est. 2016).

Électricité - à partir de combustibles nucléaires

0 % de la capacité totale installée (est. 2017).

Électricité - provenant de centrales hydroélectriques

4 % de la capacité totale installée (est. 2017).

Électricité - provenant d'autres sources renouvelables

23 % de la capacité totale installée (est. 2017).

Pétrole brut - production

2000 barils/jour (est. 2018).

Pétrole brut - exportations

1002 barils/jour (est. 2015).

Pétrole brut - importations

182900 barils/jour (est. 2015).

Pétrole brut - réserves prouvées

12 M de barils (est. 1er janvier 2018).

Produits pétroliers raffinés - production

196500 barils/jour (est. 2015).

Produits pétroliers raffinés - consommation

58000 barils/jour (est. 2016).

Produits pétroliers raffinés - exportations

174800 barils/jour (est. 2015).

Produits pétroliers raffinés - importations

42490 barils/jour (est. 2015).

Gaz naturel - production

0 m^3 (est. 2017).

Gaz naturel - consommation

2,492 Mds de m^3 (est. 2017).

Gaz naturel - exportations

0 m^3 (est. 2017).

Gaz naturel - importations

2,492 Mds de m^3 (est. 2017).

Gaz naturel - réserves prouvées

0 m^3 (est. 2016).

COMMUNICATIONS

Systèmes de télécommunications

Aperçu. Le petit marché des télécommunications lituanien est l'un des plus avancés d'Europe, avec un accès universel au LTE, un vaste réseau de fibre optique et des zones de couverture 5G. Les opérateurs se concentrent sur les vitesses de données. Demande accrue d'Internet haut débit pour l'éducation, les divertissements et les achats pendant la pandémie, qui a eu pour effet d'augmenter les revenus grâce à la fibre optique. Importateur d'équipements de télécommunications et d'écrans vidéo des pays voisins de l'UE (2020).

Audiovisuel. 3 chaînes de télévision publiques, dont 1 par satellite. Plusieurs chaînes privées nationales et régionales. Services de télévision par câble et satellite multicanaux. 3 radios publiques. Nombreuses stations privées.

TRANSPORTS

Aéroports

61 (2013).

Pipelines

Essence : 1 921 km. Produits raffinés : 121 km (2013).

Chemins de fer

1 768 km (2014).

Chaussées

84 166 km (2012).

Voies navigables

441 km (2007).

Marine marchande

Total : 64. Par type : 4 porte-conteneurs. 24 cargos. 2 pétroliers. Autres : 34 (2021).

Ports et terminaux

Principal port maritime : Klaipeda. Terminal pétrolier : Butinge. Terminal GNL (importation) : Klaipeda.

MILITAIRE ET SÉCURITÉ

Forces militaires et de sécurité

Armée lituanienne : forces terrestre, navale, aérienne. Forces spéciales. Force de défense nationale volontaire. Union des tireurs de Lituanie (force paramilitaire qui agit comme une force de réserve supplémentaire) (2021).

Dépenses militaires

2,03 % du PIB (est. 2021).

Points forts du personnel militaire et des services de sécurité

Environ 16 000 hommes en service actif (2021).

Inventaires et acquisitions d'équipements militaires

Systèmes d'armement occidentaux et équipements hérités de l'ère soviétique (majoritairement des avions et des hélicoptères). À partir de 2021, l'Europe et les États-Unis deviennent les principaux fournisseurs d'armes à la Lituanie (2021).

Déploiements militaires

Contingent de 350 à 550 soldats à la brigade militaire conjointe lituanienne, polonaise et ukrainienne (LITPOLUKRBRIG). Créée en 2014, la brigade a son siège en Pologne et est composée d'un état-major international, de trois bataillons et d'unités spécialisées (2021).

Âge et obligation du service militaire

19-26 ans pour la conscription (hommes). Durée : 9 mois. En 2015, la Lituanie a professionnalisé son armée et rétabli le service militaire obligatoire. 18-38 ans pour le service volontaire (hommes et femmes) (2021).

En 2019, les femmes représentaient environ 12 % du personnel militaire.

Remarque. La Lituanie est officiellement devenue membre de l'OTAN en 2004.

Depuis 2017, le pays accueille un groupement tactique de forces terrestres de l'OTAN dirigé par l'Allemagne dans le cadre de l'initiative de Présence avancée renforcée.

L'OTAN assure également la protection aérienne de la Lituanie depuis 2004 par le biais de sa mission de police de l'air. Les pays membres de l'OTAN qui possèdent une force aérienne contribuent volontairement à la mission sur des rotations de 4 mois. Des avions de combat de l'OTAN sont hébergés sur la base aérienne lituanienne de Šiauliai.

QUESTIONS INTERNATIONALES

Litiges internationaux

La Lituanie et la Russie se sont engagées à délimiter leur frontière en 2006, conformément au traité terrestre et maritime ratifié par la Russie en mai 2003 et par la Lituanie en 1999. La Lituanie applique un régime de transit simplifié pour les ressortissants russes voyageant de l'enclave côtière de Kaliningrad vers la Russie, tout en se conformant, en tant qu'État membre de l'UE, aux règles de l'espace Schengen. Frontière délimitée avec la Lettonie et la Lituanie. En janvier 2007, la démarcation au sol de la frontière avec la Biélorussie a été achevée et cartographiée.

Réfugiés et déplacés internes

Apatrides : 2 721 (mi-2021).

Médicaments illicites

Pays d'origine des comprimés d'amphétamine.

CINQUIÈME PARTIE

ANALYSES, FAITS ET CHIFFRES : FINLANDE

FINLANDE

CONTEXTE HISTORIQUE

La Finlande était une province puis un grand-duché rattaché à la Suède du XIIe au XIXe siècle, puis un grand-duché autonome de Russie après 1809. Elle a obtenu son indépendance complète en 1917. Pendant la Seconde Guerre mondiale, la Finlande a défendu son indépendance en coopérant avec l'Allemagne et résisté aux invasions ultérieures de l'Union soviétique, perdant au passage une partie de son territoire. Au cours du demi-siècle suivant, le pays est passé d'une économie agricole/forestière à une économie industrielle moderne diversifiée. Le revenu par habitant est parmi les plus élevés d'Europe occidentale. Membre de l'UE depuis 1995, la Finlande a été le seul État nordique à adopter la monnaie unique dès janvier 1999. Au XXIe siècle, les principales caractéristiques de l'État-providence moderne de la Finlande sont une éducation de haute qualité, la promotion de l'égalité, et un système de sécurité sociale national – actuellement menacé par une population vieillissante et les fluctuations d'une économie axée sur l'export.

GÉOGRAPHIE

Emplacement

Europe du Nord, bordant la mer Baltique, le golfe de Botnie et le golfe de Finlande, entre la Suède et la Russie.

Superficie

338 145 km². Terre : 303 815 km². Eau : 34 330 km².

Frontières terrestres

2 563 km. 3 pays frontaliers : Norvège (709 km), Suède (545 km), Russie (1 309 km).

Littoral

1 250 km.

Climat

Tempéré froid, potentiellement subarctique mais relativement doux en raison de l'influence modératrice du courant de l'Atlantique Nord, de la mer Baltique et de plus de 60 000 lacs.

Altitude

Point le plus haut : Halti, 1 328 m. Point le plus bas : mer Baltique, 0 m. Altitude moyenne : 164 m.

Ressources naturelles

Bois, minerai de fer, cuivre, plomb, zinc, chromite, nickel, or, argent, calcaire.

Principaux lacs

Lacs d'eau douce : Saimaa (1 760 km²), Paijanne (1 090 km²), Inarijarvi (1 000 km²), Oulujarvi (900 km²), Pielinen (850 km²).

Risques naturels

Hivers rigoureux dans le Nord.

POPULATION ET SOCIÉTÉ

Population

5 587 442 (est. 2021).

Nationalité

Nom : Finlandais. Adjectif : finnois.

Groupes ethniques

Finnois, Suédois, Russes, Estoniens, Roms, Samis.

Langues

Finnois (officiel) : 86,9 %. Suédois (officiel) : 5,2 %. Russe : 1,5 %. Autres : 6,4 % (est. 2020).

Religions

Luthériens : 67,8 %. Grecs orthodoxes : 1,1 %. Autres : 1,7 %. Non spécifiée : 29,4 % (est. 2020).

Pyramide des âges

0-14 ans : 16,41 % (hommes 467 220/femmes 447 005).
15-24 ans : 10,95 % (hommes 312 179/femmes 297 717).
25-54 ans : 37,37 % (hommes 1 064 326/femmes 1 017 545).
55-64 ans : 13,02 % (hommes 357 687/femmes 367 610).
65 ans et plus : 22,26 % (hommes 543 331/femmes 697 045).

Taux de croissance de la population

0,26 % (est. 2021).

Taux de migration nette

2,46 migrants/1 000 habitants (est. 2021).

Répartition de la population

La grande majorité se trouve dans le sud. Les zones intérieures du Nord restent peu peuplées.

Grandes zones urbaines – population

L'agglomération urbaine de Helsinki compte 1,328 million d'habitants (2022).

ENVIRONNEMENT

Environnement – enjeux actuels

Pollution de l'air limitée dans les centres urbains. Une certaine pollution de l'eau par les déchets industriels, les produits chimiques agricoles. Menaces sur l'habitat naturel des animaux sauvages.

Exploitation des terres

Terres agricoles : 7,5 %. Forêt : 72,9 %. Autres : 19,6 % (est. 2018).

Urbanisation

Population urbaine : 85,7 % de la population totale (2022).

Revenus forestiers

0,36 % du PIB (est. 2018).

Revenus du charbon

0 % du PIB (est. 2018).

GOUVERNEMENT

Nom du pays

Forme longue conventionnelle : République de Finlande. Forme courte conventionnelle : Finlande. Étymologie : peut dériver du nom des anciens peuples Fenni vivant dans le nord-est de l'Europe au début de l'ère chrétienne.

Type de gouvernement

République parlementaire.

Capitale

Nom : Helsinki. Étymologie : à l'origine, Helsinki s'appelait « Helsingfors » qui reste, jusqu'à aujourd'hui, le nom officiel en suédois. Helsingfors proviendrait du nom d'une paroisse voisine, Helsinge (qui aurait donné le nom finnois Helsinki), et de *fors*, rapides en suédois (qui auraient traversé le village d'origine).

Divisions administratives

19 régions : Åland, Carélie du Nord, Carélie du Sud, Finlande centrale, Finlande du Sud-Ouest, Cajanie, Kanta-Häme, Laponie, Ostrobotnie, Ostrobotnie centrale, Ostrobotnie du Nord, Ostrobotnie du Sud, Päijät-Häme, Pirkanmaa, Satakunta, Savonie du Nord, Savonie du Sud, Uusimaa, Vallée de la Kymi.

Indépendance

6 décembre 1917.

Fête nationale

Jour de l'Indépendance, 6 décembre.

Constitution

L'acte constitutif original date de 1919 et fut mis en vigueur le 1er mars 2000.

Système légal

Système de droit civil fondé sur le modèle suédois.

Participation à des organisations de droit international

Accepte la juridiction de la Cour international de la Justice avec des réserves. Accepte la compétence de la Cour pénale internationale.

Citoyenneté

Nationalité uniquement par filiation : au moins un parent doit être citoyen finlandais. Double nationalité reconnue : oui. Condition de résidence pour la naturalisation : 6 ans. Droit de vote : 18 ans. Universel.

Exécutif

Chef d'État : président Sauli Niinisto (depuis le 1er mars 2012).

Chef du gouvernement : Premier ministre Sanna Marin (depuis le 10 décembre 2019).

Cabinet : Conseil d'État ou Valtioneuvosto nommé par le Président, responsable devant le Parlement.

Élections/nominations : Président élu au suffrage universel direct pour un mandat de 6 ans (éligible à un second mandat). Les dernières élections ont eu lieu le 28 janvier 2018. Le Premier ministre est élu par le Parlement.

Résultat des élections : Sauli Niinisto réélu Président avec 62,7 % des voix. Pekka Haavisto (Vihr) : 12,4 %. Laura Huhtasaari (PS) : 6,9 %. Paavo Vayrynen (indépendant) : 6,2 %. Matti Vanhanen (Kesk) : 4,1 %. Autres : 7,7 %.

Législatif

Description. Parlement unicaméral ou Eduskunta. 200 sièges. 199 représentants élus au scrutin proportionnel plurinominal et 1 membre dans la province d'Åland élu au scrutin uninominal direct à la majorité simple. Mandat de 4 ans.

Élections. Dernière élection le 14 avril 2019.

Judiciaire

Plus hautes juridictions. Cour suprême composée du président du tribunal et de 18 juges. Cour administrative suprême composée de 21 juges, dont le président de la cour, et organisée en 3 chambres. La Finlande a un système judiciaire double : tribunaux civils et juridictions pénales ; tribunaux administratifs compétents pour les litiges entre les individus et les organes administratifs de l'État et des communautés.

Tribunaux subordonnés. 6 cours d'appel. 8 tribunaux administratifs régionaux. 27 tribunaux de district. Tribunaux spéciaux pour les litiges relatifs aux marchés, au travail, aux assurances, à la mise en accusation, à la terre, à la location et aux droits à l'eau.

Partis politiques et dirigeants

Coalition allandaise (coalition de plusieurs partis politiques sur les îles Åland), Parti du centre ou Kesk (Annika Saarikko), Démocrates-chrétiens ou KD (Sari Essayah), Parti finlandais ou PS (Riikka Purra), Ligue verte ou Vihr (Maria Ohisalo), Alliance de gauche ou Vas (Li Andersson), Parti de la coalition nationale ou Kok (Petteri Orpo), Parti social-démocrate ou SDP (Sanna Marin), Parti populaire suédois ou RKP ou SFP (Anna-Maja Henriksson).

Description du drapeau

Blanc orné d'une croix bleue. La partie verticale de la croix est décalée vers le côté mât dans le style du Dannebrog (drapeau danois). Le bleu représente les milliers de lacs dispersés à travers le pays, tandis que le blanc évoque la neige qui recouvre la terre en hiver.

Symboles nationaux

Lion. Couleurs nationales : bleu, blanc.

Hymne national

Maamme («Notre Terre»). Paroles/musique : Johan Ludvig Runeberg/Fredrik Pacius. En usage depuis 1848. Bien qu'il n'ait jamais été officialisé par la loi, l'hymne est populaire depuis qu'il a été chanté pour la première fois par un groupe d'étudiants en 1848. L'hymne estonien utilise la même mélodie.

Patrimoine national

7 sites inscrits au patrimoine mondial : Forteresse de Suomenlinna. Ancienne Rauma. Vieille église de Petäjävesi. Usine de traitement de bois et de carton de Verla. Site funéraire de l'âge de bronze de Sammallahdenmäki. Haute Côte/Archipel de Kvarken. Arc géodésique de Struve.

ÉCONOMIE

Aperçu

La Finlande possède une économie hautement industrialisée, largement libérale, avec un PIB par habitant presque aussi élevé que celui de l'Autriche et des Pays-Bas et légèrement supérieur à celui de l'Allemagne et de la Belgique. Le commerce est important, les exportations représentant ces dernières années plus d'un tiers du PIB. Le gouvernement est ouvert aux investissements étrangers et se montre très actif dans les mesures prises pour les attirer.

La Finlande dispose d'un secteur manufacturier très compétitif, en particulier dans les domaines du bois, des métaux, de l'ingénierie, des télécommunications et de l'électronique. Le pays excelle dans l'exportation de technologies et promeut activement ses start-ups dans les secteurs des technologies de l'information et des communications, des jeux, des technologies propres et de la biotechnologie. À l'exception du bois et de plusieurs minéraux, la Finlande dépend des importations de matières premières, d'énergie et de certains composants pour les produits manufacturés. En raison du climat froid, le développement agricole se limite au maintien de l'autosuffisance en produits de base. L'industrie forestière, tournée vers l'export, constitue une occupation secondaire pour la population rurale.

La Finlande était l'une des économies les plus performantes de l'UE avant 2009. Banques et marchés financiers ont évité le pire de la crise financière. Cependant, le ralentissement mondial a durement touché les exportations et la demande intérieure, entraînant une récession (de 2012 à 2014) qui a affecté les finances publiques et le taux d'endettement. La croissance est revenue en 2017 avec une hausse du PIB de 3,3 %, soutenue par une forte augmentation de l'investissement, de la consommation privée et des exportations nettes.

Les principaux défis de la Finlande seront de réduire les coûts de main-d'œuvre élevés et de stimuler la demande pour ses exportations. En juin 2016, le gouvernement a promulgué un Pacte de compétitivité visant à réduire les coûts de main-d'œuvre, à augmenter les heures travaillées et à introduire plus de flexibilité dans le système de négociation salariale. En conséquence, la croissance des salaires est restée quasiment stable en 2017. Le gouvernement cherchait également à réformer le système de soins de santé et les services sociaux. À long terme, la Finlande doit faire face au vieillissement rapide de la population et à la baisse de la productivité dans les industries traditionnelles, qui menacent la compétitivité, la viabilité budgétaire et la croissance économique.

PIB réel (parité de pouvoir d'achat)

261,39 Mds$.

Taux de croissance du PIB réel

1,15 % (est. 2019).

PIB réel par habitant

47 300 $ (est. 2020).

PIB (taux de change officiel)

269,259 Mds$ (est. 2019).

Taux d'inflation (prix à la consommation)

1 % (estimation 2019).

PIB – composition, par secteur d'origine

Agriculture : 2,7 %. Industrie : 28,2 %. Services : 69,1 % (est. 2017).

Production agricole

Lait, orge, avoine, blé, pommes de terre, betterave à sucre, seigle, porc, volaille, bœuf.

Industries

Industries du bois et des métaux, électronique, équipements technologiques, construction navale, pâte à papier et papier, denrées alimentaires, produits chimiques, textiles, vêtements.

Taux de chômage

6,63 % (est. 2019).

Population sous le seuil de pauvreté

12,2 % (est. 2019).

Budget

Revenus : 134,2 Mds$. Dépenses : 135,6 Mds$ (est. 2017).

Excédent (+) ou déficit (–) budgétaire

– 0,6 % du PIB (est. 2017).

Dette publique

61,3 % du PIB (est. 2017).

Impôts et autres revenus

53,1 % du PIB.

Exportations

108,22 Mds$ (est. 2019)

Exportations - partenaires

Allemagne : 14 %. Suède : 10 %. États-Unis : 8 %. Pays-Bas : 6 %. Chine : 6 %, Russie : 5 % (2019).

Exportations - produits de base

Produits pétroliers raffinés, produits à base de papier et de pâte de bois, voitures, acier inoxydable, bois d'œuvre (2019).

Importations

107,39 Mds$ (est. 2019)

Importations - partenaires

Allemagne : 16 %. Suède : 14 %. Russie : 13 %. Chine : 6 %. Pays-Bas : 6 % (2019).

Importations - marchandises

Pétrole brut, voitures, véhicules et pièces, pétrole raffiné, équipements de télécommunications, médicaments (2019).

Réserves de devises et d'or

10,51 Mds$.

Dette externe

631,549 Mds$.

ÉNERGIE

Accès à l'électricité

Électrification – population totale : 100 % (2020).

Production d'électricité

66,54 Mds de kWh (est. 2016).

Consommation d'électricité

82,79 Mds de kWh (est. 2016).

Électricité - exportations
3,159 Mds de kWh (est. 2016).

Électricité - importations
22,11 Mds de kWh (est. 2016).

Électricité - capacité de production installée
16,27 M de kW (est. 2016).

Électricité - à partir de combustibles fossiles
41 % de la capacité totale installée (est. 2016).

Électricité - à partir de combustibles nucléaires
17 % de la capacité totale installée (est. 2017).

Électricité - provenant de centrales hydroélectriques
20 % de la capacité totale installée (est. 2017).

Électricité - provenant d'autres sources renouvelables
23 % de la capacité totale installée (est. 2017).

Pétrole brut - production
0 baril/jour (est. 2018).

Pétrole brut - exportations
0 baril/jour (est. 2015).

Pétrole brut - importations
236 700 barils/jour (est. 2017).

Pétrole brut - réserves prouvées
0 baril (est. 2018).

Produits pétroliers raffinés - production
310 600 barils/jour (est. 2017).

Produits pétroliers raffinés - consommation
217 100 barils/jour (est. 2017).

Produits pétroliers raffinés - exportations
166 200 barils/jour (est. 2017).

Produits pétroliers raffinés - importations

122 200 barils/jour (est. 2017).

Gaz naturel - production

0 m^3 (est. 2017).

Gaz naturel - consommation

2,35 Mds de m^3 (est. 2017).

Gaz naturel - exportations

4 M de m^3 (est. 2017).

Gaz naturel - importations

2,322 Mds de m^3 (est. 2017).

Gaz naturel - réserves prouvées

Non renseigné.

COMMUNICATIONS

Systèmes de télécommunications

Le marché finlandais des télécommunications est l'un des plus efficients d'Europe grâce à une réglementation favorable et à une forte innovation technologique. 5G et services LTE dans la majeure partie du pays. Forte pénétration du haut débit (universel de 5 Mb/s) et du mobile (2020).

Audiovisuel. 3 chaînes de télévision publiques et de nombreuses chaînes de télévision privées. Plusieurs chaînes payantes gratuites et thématiques, services d'abonnement multicanaux par câble et satellite. Télévision via Internet, comme Netflix et autres. La radiodiffusion publique exploite un réseau de 13 stations à l'échelle nationale et 25 radios régionales.

TRANSPORTS

Aéroports

148 (2013).

Pipelines

Gazoducs (transport): 1 288 km. Gazoducs (distribution): 1 976 km (2016).

Chemins de fer

5 926 km (2016).

Chaussées

454 000 km (2012).

Voies navigables

8 000 km. Partie sud louée à la Russie. Transport par bateaux fréquemment utilisé en été et remplacé par des traîneaux sur la glace en hiver. 187 888 lacs couvrent 31 500 km^2. La Finlande entretient également 8 200 km de chenaux côtiers (2013).

Marine marchande

Total: 272. Par type: 9 vraquiers. 1 porte-conteneur. 74 cargos polyvalents. 4 pétroliers. Autres: 184 (2021).

Ports et terminaux

Principaux ports maritimes: Helsinki, Kotka, Naantali, Porvoo, Raahe, Rauma.

MILITAIRE ET SÉCURITÉ

Forces militaires et de sécurité

Forces de défense finlandaises (FDF): terrestres, marines, aériennes. Ministère de l'Intérieur: gardes-frontières (2021).

Dépenses militaires

2 % du PIB (est. 2021)

Points forts du personnel militaire et des services de sécurité

Environ 22 000 hommes en service actif. Terre: 15 000. Marine: 4 000. Air: 3 000 (2021). 180 000 en temps de guerre.

Inventaires et acquisitions d'équipements militaires

Systèmes d'armement modernes américains, européens et nationaux. L'industrie de défense finlandaise produit une variété d'équipements militaires, comprenant des véhicules blindés à roues et des navires de guerre (2021).

Âge et obligation du service militaire

Service obligatoire de 5 mois et demi à 12 mois pour les hommes âgés de 18 ans dans l'armée ou les gardes-frontières (la durée dépend de l'affectation). Les femmes de 18 à 29 ans peuvent se porter volontaires. Possibilité de service citoyen d'une durée de 8 mois et demi à 11 mois et demi. Les Finlandais sont ensuite mobilisables jusqu'à l'âge de 50 ans pour les soldats et 60 pour les sous-officiers et les officiers (2021).

Remarque. La Finlande n'est pas membre de l'OTAN, mais coopère activement aux opérations de maintien de la paix, participe à des exercices et échange avec l'Organisation analyses et informations. Le pays a rejoint le programme Partenariat pour la paix de l'OTAN en 1994. Les forces armées finlandaises ont participé à des opérations et missions militaires dirigées par l'OTAN dans les Balkans, en Afghanistan et en Irak.

La Finlande est signataire de la politique de sécurité et de défense commune (PSDC) de l'UE et participe aux missions et opérations de gestion de crise.Les forces armées finlandaises coopèrent étroitement avec les armées d'autres pays nordiques par le biais de la Coopération nordique de défense (NORDEFCO), créée en 2009, qui comprend le Danemark, la Finlande, l'Islande, la Norvège et la Suède. Les domaines de coopération comprennent l'armement, l'éducation, les ressources humaines, la formation, les exercices et les opérations.

QUESTIONS INTERNATIONALES

Litiges internationaux

Divers groupes de pression veulent réunifier la Carélie et récupérer d'autres régions cédées à l'Union soviétique après la Seconde Guerre mondiale, mais le gouvernement finlandais ne revendique officiellement aucun territoire.

Réfugiés et déplacés internes

Apatrides : 3 416 (mi-2021).

Composition et mise en pages : Le vent se lève...

Reproduit et achevé d'imprimer
par Normandie Roto Impression s. a. s.
en avril 2022.
Numéro d'imprimeur : 2201917.

Imprimé en France